山东商务这十年:走在前　开新局
(2012～2022)

山东省商务发展研究院　编

山东大学出版社
SHANDONG UNIVERSITY PRESS
·济南·

图书在版编目(CIP)数据

山东商务这十年:走在前　开新局(2012～2022)/山东省商务发展研究院编. —济南:山东大学出版社,2022.9

ISBN 978-7-5607-7648-4

Ⅰ. ①山…　Ⅱ. ①山…　Ⅲ. ①商业经济—经济发展—研究—山东Ⅳ. ①F727.52

中国版本图书馆 CIP 数据核字(2022)第 188350 号

责任编辑　祝清亮
封面设计　乔　一

山东商务这十年:走在前　开新局(2012～2022)
SHANDONG SHANGWU ZHESHINIAN:ZOUZAIQIAN　KAIXINJU(2012～2022)

出版发行　山东大学出版社
社　　址　山东省济南市山大南路 20 号
邮政编码　250100
发行热线　(0531)88363008
经　　销　新华书店
印　　刷　山东和平商务有限公司
规　　格　720 毫米×1000 毫米　1/16
　　　　　18.75 印张　313 千字
版　　次　2022 年 9 月第 1 版
印　　次　2022 年 9 月第 1 次印刷
定　　价　66.00 元

《山东商务这十年：走在前　开新局（2012～2022）》
编委会

序

习近平总书记指出，要推动形成以国内大循环为主体、国内国际双循环相互促进的新发展格局。构建新发展格局是事关全局的系统性、深层次变革，是立足当前、着眼长远的战略谋划。商务工作联通内外、贯通城乡、对接产销，是国内大循环的重要组成部分，是联结国内国际双循环的重要枢纽，在构建新发展格局中发挥着重要作用。

在2012～2022这十年的前进征程上，商务工作始终处于改革开放的最前沿，经受的冲击最直接，感受的变化最明显。十年，在历史长河中只是弹指一挥间，但对山东商务工作来讲，是非比寻常和砥砺奋进的非凡十年。这十年，山东外贸新业态新模式不断壮大。这十年，山东利用外资溢出效应不断增强。这十年，山东高能级开放平台不断升级赋能。这十年，山东内贸流通规模质效双跃升。这十年，山东商务重塑发展新优势，奋力走在前，开新局。十年砥砺奋进，十年矢志不渝，全省商务工作的高质量发展蓝图正徐徐展开。

我们要牢记习近平总书记殷殷嘱托，按照省委、省政府部署要求，围绕中心工作，全力推动商务工作再上新台阶。山东省商务发展研究院汇集了全省十年来的商务发展历程和亮点工作，供大家回顾来时路，重整行装再出发，以实际行动献礼党的二十大。

2022年9月9日

前　言

党的十八大以来，在习近平总书记擘画指引下，山东省坚持开放发展，矢志不渝地扩大开放，主动服务国家开放大局，以开放倒逼改革攻坚，推动制度型开放迈出新步伐，实现山东商务高质量发展的新突破。

踔厉奋发、勇毅前行。十年间，山东商务工作成果非凡。对外贸易规模屡创历史新高，民营企业活力持续增强，外贸新业态快速发展。利用外资卓有成效，外资规模稳定增长，产业结构持续优化，区域布局更趋均衡。对外投资合作平稳发展，"一带一路"建设走深走实，境外经贸合作区提质升级，"走出去"带动"引进来"有序推进。消费市场稳步向好，城乡体系日趋完善，餐饮品牌提质升级，电商发展成效显著。对外开放新高地建设亮点纷呈，开发区改革更加聚焦主责主业，自贸试验区推动特色产业加速发展，上合示范区"四个中心"建设稳步推进，跨国公司领导人青岛峰会、儒商大会、连线世界500强等活动不断擦亮山东名片，山东"朋友圈"不断壮大，山东发展的磅礴力量奔涌集聚。

奋进新征程，建功新时代。展望未来，山东将以习近平新时代中国特色社会主义思想为指导，立足新发展阶段，完整、准确、全面贯彻新发展理念，服务融入新发展格局，面对纷繁复杂的国际国内形势和新冠肺炎疫情的交织叠加影响，勇于在危机中育先机，于变局中开先局。商务工作坚决稳住外资外贸基本盘，深化"一带一路"经贸合作，建设高水平开放平台，提升传统消费能级，培育新型消费增长点，全力推进全省商务工作高质量发展，以实际行动迎接党的二十大胜利召开！

本书汇集了山东省、山东16地市、自贸试验区、上合示范区、省级以上经济开发区、综合保税区和部分优秀企业的商务工作经验和发展历程，对各方面的支持与配合，在此表示诚挚的感谢！

编　者

2022年8月

目　录

综合篇

区域篇

园区篇

企业篇

综合篇

山东商务锐意进取砥砺奋进的十年

——谈全省打造对外开放新高地的主要成就

（山东省商务厅研究室）

党的十八大以来，山东省坚持以习近平新时代中国特色社会主义思想为指导，坚决贯彻落实习近平总书记重要指示批示要求，牢固树立开放强省的鲜明导向，主动服务国家开放大局，全力打造高能级开放平台，积极构建开放型经济新体制，开放的大门越开越大，开放的步伐越走越实。

一、突出顶层设计，注重谋篇布局，构建起高质量开放的“四梁八柱”

十年来，省委、省政府坚决贯彻落实习近平总书记重要指示要求，坚持以开放促改革，以开放求发展，多次专题研究开放工作，聚力打造对外开放新高地。2015 年召开外经外贸工作座谈会，专题部署外经贸稳增长、促转型。2016 年省委专题调研开放型经济，出台《中共山东省委、山东省人民政府关于推进新一轮高水平对外开放的意见》。2017 年召开全省开放型经济发展大会，对推动新一轮高水平对外开放作出了部署。2018 年召开全省“双招双引”大会，积极搭建平台，吸引海内外客商投资山东、创业山东。2019 年，省委、省政府把“打造对外开放新高地”列为八大发展战略之一。2020 年把“开放倒逼改革”作为九大改革攻坚行动的重要内容，省委十一届十一次全会专题研究对外开放工作，出台《关于深化改革创新打造对外开放新高地的意见》，推出 45 条实打实的政策措施，构建起山东高水平扩大开放的“四梁八柱”。2021 年把深化改革开放作为“七个求突破”的重要内容，成立省对外开放工作领导小组，出台《山东省对外开放工作领导小组 2021～2022 年工作要点》，实施更大范围、更宽领域、更深层次的对外开放。2022 年明确提出了“在增强经济社会发展创新力上走在前列”的系统方案，全面部署“十大创新”，向全省发出了创新引领走在前、聚力实现新突破的动员令。

二、顶住外部压力，坚持稳中求进，开放型经济实现高质量发展

十年来，有效应对中美经贸摩擦，有力防控疫情冲击，被国务院办公厅表彰激励："促进外贸、外资稳定增长，积极优化营商环境成效明显。"外贸进出口逆势增长。2012～2021 年，我省外贸进出口规模由 1.55 万亿元增至 2.93 万亿元，增量达 1.38 万亿元，增幅达 89%，年均增长率为 7.3%，占全国份额由 6.4%提高至7.5%，提高 1.1 个百分点。其中，2019 年进出口首次突破 2 万亿元，2020 年达到 2.2 万亿元；2021 年达到 2.9 万亿元，出口规模首次超过上海，居全国第 4 位，进口规模首次突破 1 万亿元。实际使用外资位次提升。2012～2021 年，我省实际使用外资由 53.8 亿美元增至 215.2 亿美元，增量达 161.4 亿美元，增幅达 3 倍，年均增长率 16.7%，占全国份额由 4.8%提高至 12.4%，提高 7.6 个百分点。其中，2019 年外资规模首次由全国第 6 位升至第 4 位。2021 年首次突破 200 亿美元大关，增速好于全国、领跑东部省市。对外投资合作稳妥有序。2012～2021 年，我省对外直接投资由 30.6 亿美元增至 69.8 亿美元，占全国比重由 4%升至 6.1%，年均增长率为 9.6%；对外承包工程营业额由 81.8 亿美元增至 93.1 亿美元，年均增长率为 1.5%。

三、坚持化"危"为"机"，规模屡创新高，外贸基本盘稳固提质

十年来，面对复杂严峻的国际经贸形势，坚持问题导向，及早谋划、创新作为，助力企业纾困发展。农产品出口额连续 23 年蝉联全国冠军，示范省新模式成为全国经验。2017 年 6 月 16 日，山东成为全国首个"出口食品农产品质量安全示范省"。从"安丘模式""威海经验"到"山东示范省新模式"，山东开创性地提出质量安全区域化管理概念，为构建中国特色出口食品农产品管理体系提供了可借鉴、可复制、可推广的成功模式和经验。山东经验已在全国 291 个县（市、区）推广，2017 年出口食品农产品质量安全示范省建成，成为年度"国家十大质量事之一"，2018 年 6 月 7 日，《人民日报》头版头条对示范省经验做法进行了专题报道。2021 年，山东省农产品出口额为 1238.4 亿元，占全国农产品出口总值的 22.7%，在全国各省市位居第 1 位，连续 23 年蝉联冠军。

有效应对中美经贸摩擦，国际市场份额更趋巩固。2018 年以来中美经贸摩擦逐步升级，商务厅牵头组建工作专班，制定应对预案，出台"稳外贸"25 条措施，有力提振了企业信心。2020 年 8 月，美国重返我省第一大出口市场；2021 年

全省对美出口增速达到36.4%,占到全省出口的15.5%。积极开拓东盟、非洲、拉丁美洲等新兴市场,2021年全省对前六大市场进出口均实现两位数增长,东盟连续3年成为我省最大的贸易伙伴。

全力应对疫情冲击,外贸队伍稳中有增。坚持多措并举为企纾困,2020年以来上线运行“稳外贸稳外资服务平台”,覆盖企业数量由2600家扩充到32000余家。针对国际物流不畅难题,建立国际物流需求对接平台,促进航运企业、外贸企业精准有效对接、科学组织航线、提高出口速度。创新推出“鲁贸贷”“汇率避险担保试点”“齐鲁进口贷”等政策措施,精准发力、解决问题,市场主体活力明显增强。2021年,全省有进出口实绩的企业达到6.1万家,较上年增加4946家。其中,民营企业进出口增长35.6%,占全省进出口的71.2%,占比提升1.7个百分点。

新业态新模式不断开花结果。从顶层设计、育强企业主体、健全跨境电商产业链、优化海外仓全球布局、加大人才培育等方面多维发力,推动外贸新业态新模式加快发展。2017年,省政府与阿里巴巴集团签订战略合作协议,全国首创“互联网+外贸”信用保障机制。山东省出台《山东省对外贸易创新发展实施方案(2021～2022年)》《跨境电商等新业态提升三年行动计划》,连续举办山东跨境电商生态大会,搭建山东省海外仓综合服务平台。青岛、威海等9市获批国家跨境电商综试区,临沂商城工程物资市场等3个市场获批国家市场采购贸易试点,数量分别居全国第4位和第3位。2021年,全省跨境电商、市场采购贸易规模双过“千亿”,成为稳住外贸基本盘的重要力量。济南、青岛、威海获批国家深化服务贸易创新发展试点,“助力远洋船舶维护维修业集群式发展”“发挥出口基地品牌效应　助力陶瓷文化走向世界”等改革经验在全国复制推广。

四、强化产业招商,深化区域合作,利用外资溢出效应不断增强

坚持制造业招商引资不动摇,聚焦“十强”产业及重点国别地区,举办重大活动,优化投资环境,2021年全省制造业实际使用外资增长72.9%,占比由上年的21.4%提高到30.4%。利用外资溢出效应不断增强。2021年,全省规模以上工业外资企业2600多家,数量占全省规模以上工业企业的8.8%,但贡献了全省规模以上工业约16%的营业收入、16%的就业和26%的利润。目前全省制造业外资企业超过7500家,占比接近外企总数的50%,世界500强企业在山东投资制造业项目327个,带动形成了一批具有较大影响力的产业集群。

成功举办三届跨国公司领导人青岛峰会。2019年，山东省成功举办首届跨国公司领导人青岛峰会，习近平主席致贺信，韩正副总理宣读习近平主席贺信并致辞，115家世界500强和284家行业领军企业、国际组织代表5000多人参会。2021年7月，成功举办第二届跨国公司领导人青岛峰会，胡春华副总理出席峰会开幕式并讲话，390家世界500强企业及517家全球行业领军企业领导人参加，参会企业数量分别增长239.1%、82%。2022年6月，成功举办第三届跨国公司领导人青岛峰会，国务委员王勇出席峰会开幕式并致辞，签约重点外资项目99个，总投资156亿美元，合同外资53.1亿美元。

推动地方经贸合作机制化。充分利用我省毗邻日韩的区位优势和合作基础，2015年推动威海中韩地方经济合作示范区写入中韩自贸协定，2017年推动烟台中韩产业园纳入中韩自贸区框架。2015年与韩国产业资源通商部商定建立部省合作机制，不断完善高层部省合作机制、司局级定期磋商机制、第三方市场合作机制、经济咨询顾问会议制度等9方面机制化安排，推动区域合作推向深入。2021年全省实际使用日韩投资18.2亿美元，增长52.4%，占全国实际使用日韩资的23%。在全国率先出台省级层面《落实RCEP先期行动计划》，设立全国首家RCEP企业服务中心，举办"RCEP经贸合作高层对话会"，推广"RCEP鲁贸通"，打响RCEP地方合作山东品牌。高层推动深化鲁港合作，累计举办"香港山东周"活动10届，香港持续巩固我省第一大外资来源地。累计举办23届新加坡-山东经贸理事会活动，建立健全实务磋商和信息交通制度，新加坡跃升至外资来源地第2位。

加强与500强企业战略合作。出台《深化与世界500强合作行动方案(2015～2017年)》，先后与华润集团、日本三菱、现代汽车、富士康等跨国企业建立常态联系合作机制。聚焦"十强"产业及重点国别地区，2020年以来精心打造"山东与世界500强连线"活动品牌，连续举办10个专场，省委、省政府主要领导连线对话，深化与海内外投资者沟通交流，拓展合作新领域、新空间。出台跨国公司地区总部外资奖励政策，加大重大外资项目财政支持力度，强化外资大项目招引力度。建立重大外资项目评价机制，强化"要素跟着项目走"，对制约项目落地的土地、能耗指标短缺等突出问题，实施攻坚突破，推动项目早日落地开工。截至目前，累计吸引223家世界500强在山东投资企业861家，对推动山东高质量发展发挥了积极作用。

持续优化投资环境。2020年疫情初期，全国率先出台19条推进外资企业复工复产的措施，该措施被商务部在全国推广。建立健全38个省直部门(单位)与基层“双招双引”挂钩联动机制，充实驻外经贸代表处专业招商力量，构建起精准有效的招引推介网络。持续扩大“山东省稳外贸稳外资服务平台”覆盖面，在平台注册的外企已达14800家。全面落实准入前国民待遇加负面清单管理制度，健全完善外商投资服务体系，打造公开、透明、可预期的外商投资环境，让外商投资放心、发展安心。

五、共建“一带一路”，优化国际布局，对外投资合作稳妥有序推进

自2013年以来，共建“一带一路”从“大写意”到“工笔画”，取得了一系列丰硕成果。“一带一路”经贸规模不断扩大。2021年全省对“一带一路”市场进出口增长32.9%，占全省的35.2%，进出口规模首次超过1万亿元，达到10318.9亿元。对“一带一路”沿线国家实际投资17.9亿美元，占比25.7%，高于全国7.8个百分点；完成营业额58.8亿美元，同比增长5.6%，占比63.1%，高于全国5.2个百分点。出台对非经贸合作三年行动计划，2021年对非洲出口增长41.9%，高于全省7.1个百分点。中国电建集团核电工程有限公司承建华能山东如意巴基斯坦萨希瓦尔燃煤电站项目，合同额14亿美元，被称为中巳经济走廊上的璀璨“明珠”。山东电建承担的沙特萨拉曼国王国际综合港务设施项目，合同额超过30亿美元，将建设世界上规模最大的“超级船厂”。山东电力建设第三工程有限公司承建沙特红海公用事业基础设施项目，合同额13.3亿美元，是全球最大规模离网型综合智慧能源项目。山东外经集团承建的塞尔维亚瓦列沃快速路项目纳入《中国-中东欧国家领导人峰会成果清单》。烟建集团援建塔吉克斯坦议会大楼项目金额8.2亿元，是迄今中国政府对外援助第三大项目。

推进境外经贸合作区高质量发展。出台《推进境外经贸合作区高质量发展行动计划(2020～2022)》，截至目前，省级境外经贸合作区13家，数量居全国前列。实施“合作区＋”工程，积极引导推动境外经贸合作区创新发展模式，中欧商贸物流园率先推出“跨境电商＋中欧班列＋海外仓”新业态，2021年底园区入驻企业176家，完成中欧班列开行37列，带动国内企业出口14.9亿美元。截至2021年底，全省纳入商务部统计的13家园区累计完成投资56.7亿美元，入园企业433家，区内从业人数3.4万人，当年带动出口28亿美元。

“走出去”带动“引进来”取得新进展。2020年出台《加快培育山东本土跨国公司三年行动计划(2020～2022)》《鼓励境外并购回归建设产业园若干措施》，

支持有实力的企业围绕跨国并购、引进先进技术走出去。2021年全省跨国并购实际投资12.6亿美元，占比18.1%。山东俊富非织造材料有限公司并购世界第四大医疗无纺布生产企业沙特先进非织造材料公司，获取医用和卫生用无纺布技术、知识产权和销售网络。潍柴集团并购德国凯傲集团获取的高端叉车技术，回归济南建设高端新能源叉车制造基地，2021年底投产运营。烟台联测控股有限公司并购新加坡联合科技控股有限公司，回归建设烟台半导体封测产业园，2022年11月底将竣工投产。

企业国际化经营水平进一步提升。十年间，海尔、潍柴、兖矿、万华、魏桥、重汽、歌尔、海信等不断提高国际资源优化配置能力，成为国际化经营的"领头雁"。海尔集团目前在全球拥有30个工业园、122个制造中心、108个营销中心，全球销售网络遍布200多个国家和地区，2021年国外市场创收1147.26亿元，占总营收比例50.42%。据欧洲权威市场调研机构欧睿国际数据显示，海尔已经连续13年蝉联全球大型家电第一品牌。潍柴集团相继收购法国老牌发动机设计和制造企业博杜安、入股全球第一游艇品牌意大利法拉帝和知名的工业用叉车制造商德国凯傲集团及林德液压等国际企业。潍柴将用5～10年时间实现"海外市场1/3，主营业务中国市场1/3，服务售后市场1/3"目标。

六、深化改革创新，增强动力活力，高能级开放平台集聚作用明显

坚持平台思维，把平台建设作为打造对外开放新高地的基础工程，加快集聚全球技术、人才、创新资源要素。推动自贸试验区创新发展。2019年8月26日，中国（山东）自由贸易试验区正式获批设立。3年间，聚焦制度创新，出台《中国（山东）自由贸易试验区条例》。全国首创"负面清单"放权模式，作为改革典型案例编入《中国营商环境报告》。截至目前，112项试点任务实施110项，形成189项制度创新成果，"多方联动构筑海洋生物资源大养护格局"入选全国"最佳实践案例"，国务院部际联席会议推广我省3项创新做法，17项获国家部委认可。聚焦联动发展，省外济南自贸片区与澳门-横琴片区推动中医药产业合作、青岛自贸片区与南沙片区合作共建全球溯源中心、烟台片区与海南三亚崖州湾科技城开展海洋种业合作，省内3个片区与部分国家级和省级功能区签订联动创新框架协议，大力培育医疗康养、国际贸易、海洋经济等特色产业。聚焦先行先试，对标《全面与进步跨太平洋伙伴关系协定》（Comprehensive and Progressive Agreement for Trans-Pscific Partnership，CPTPP）在货物贸易、服务贸易、数字贸易、投资、知识产权、公平竞争、环境保护、国有企业8大领域研究提出的83条

创新举措，商务部给予充分肯定。

“做实、做好、做美、做响”上合示范区。2018年6月10日，习近平主席在山东青岛出席上海合作组织成员国元首理事会第十八次会议期间，宣布中国政府支持在青岛建设中国-上海合作组织地方经贸合作示范区。4年间，省政府出台支持上合示范区建设的18项政策措施，建立省、市、区三级联动工作机制和省部合作工作协调机制，对上积极争取国家部委支持，对下压实青岛主体责任，“四个中心”建设取得长足进展。先后获批国家先进制造业和现代服务业融合发展试点，国家服务业标准化试点，国家商贸服务型物流枢纽和“一带一路”（青岛）中小企业合作区。聚焦“贸易先行”，开展多式联运“一单制”改革试点，开通中老国际班列（上合示范区—老挝万象），中欧班列开行数量增长45.6%。引进10家贸易平台、4家跨境电商平台，乌兹别克斯坦国家商品原料交易所青岛分所揭牌，新型易货贸易实现新突破。成功举办上合组织国际投资贸易博览会，发布中国对上合组织成员国贸易发展指数。首创“上合·银关通”关税保函业务，搭建起国内首个与上合组织国家间跨境征信平台。中国-上海合作组织经贸学院落地建设。

深化开发区改革创新。省委十一届九次全会对开发区改革创新做出专题部署，2019年选择54家试点，2020年全面推开，截至2020年底，全省开发区体制机制改革基本完成，普遍建立“党工委（管委会）＋”管理体制，压减内设机构58.7%、代管乡镇50.7%、管辖面积48%，更加聚焦“主责主业”，动力活力逐步释放，山东开发区改革试点创造可复制可推广经验被评为全省首批“改革试点成果”。先后培育30个省级特色园区，认定4个国际合作园区，推动10对开发区合作共建，经济发展明显提速，稳外贸稳外资主阵地作用更加稳固。2021年，全省开发区实际使用外资、进出口占比由改革前的49.5%、60.2%提高到75.6%、72.8%。13家综合保税区发挥政策功能和产业优势，落实《“一区一策”工作方案》，聚焦外贸新业态，保税维修、跨境电商等快速发展、提速升级。在2020年度全国综合保税区发展绩效评估中，9家参与评估的综合保税区，A类4家，较2019年增加2家，8家排名较2019年度实现提升；2021年进出口增速高于全省61.4个百分点，占全省进出口的16.7%，较2020年提升5.3个百分点，对全省外贸增长贡献度达到32.9%。

七、坚持扩大内需，增强消费内生潜力，消费市场规模跃升发展

十年来，山东始终聚焦培育内需大市场，出台大力拓展消费市场加快塑造

内需驱动型经济新优势意见、构建现代流通体系实施意见、促进电子商务高质量发展若干措施等系列扩内需、促消费措施，激活消费内生潜力，消费市场规模持续扩大，消费对经济增长基础性作用更加凸显。这十年，山东社会消费品零售总额接连跨越2万亿元、3万亿元两级台阶，年均增速达到8.8%，比全国高0.2个百分点，增量超过从新中国成立到2011年间增量的总和，十年稳居全国第三大消费市场。

城乡消费市场发展更加协同。落实乡村振兴战略，建设改造一批乡镇商贸中心，培育认定“乡镇商贸中心建设引领县”“现代流通十强县”，完善县乡村三级物流体系，深化城乡高效配送专项行动，加强到村物流站点建设，带动工业品下行、农产品上行，乡村消费市场持续高速增长，发展速度快于城镇，十年来乡村市场社会消费品零售总额年均增长8.5%，高于城镇市场年均增速9.8个百分点。结合老城改造、城市升级，打造一刻钟便民生活圈，推动31条省级步行街改造提升，青岛台东路被授予国家级步行街改造提升试点。实施商圈优化行动，建设省级示范智慧商圈，大力发展夜间经济、首店经济，2021年城镇实现社会消费品零售总额28081亿元，十年来年均增长8.5%。

市场主体规模不断壮大。十年来，山东持续深化“放管服”改革，降低企业经营成本，营造公平环境，市场主体竞相发展。2020年，我省批发和零售业法人代表21036家，商品销售额48585.3亿元，分别比2012年增长54.2%、99.4%。连锁经营成为现代流通业发展的主流业态。2020年，全省连锁批发零售、住宿餐饮企业214家，比2013年(有统计以来)增加52家，增长32.1%；拥有连锁门店数19419家，从业人员20.8万人，营业面积3374.8万平方米，分别比2013年增长(12171)59.6%、(201246)3.5%和(1361.7)1.5倍。目前山东连锁企业已覆盖全国30个省和直辖市。

新模式新热点持续涌现。网上消费迎来十年黄金发展期，成为重要消费增长级。加快建设35个国家级电子商务进农村示范县，大力发展直播电商等新业态新模式。应对突如其来的新冠肺炎疫情，线上销售、团购外卖、预制菜等餐饮新业态新模式快速发展。这十年，我省网络零售额年均增速比社会消费品零售总额增速快20.8个百分点，比全国、苏浙粤分别快4.7、3.5、9.4、5.9个百分点。2021年，全省实现实物商品网上零售额4763.3亿元，年均增长27.2%，占社会消费品零售额比重14.1%，比2015年提高8.9个百分点。

附表

党的十八大以来全省商务主要指标统计表

序号	指标名称	2012 年		2021 年		年均增长率
		规模	占全国比重	规模	占全国比重	
1	进出口	15502.7 亿元	6.3%	29304.1 亿元	7.5%	7.3%
2	出口	8126.6 亿元	6.3%	17582.7 亿元	8.1%	9.0%
3	进口	7376.1 亿元	6.4%	11721.4 亿元	6.7%	5.3%
4	实际使用外资	53.8 亿美元	4.8%	215.2 亿美元	12.4%	16.7%
5	对外直接投资	30.6 亿美元	4.0%	69.8 亿美元	6.1%	9.6%
6	对外承包工程完成营业额	81.1 亿美元	7.0%	93.1 亿美元	6.0%	1.5%

超前谋划　大胆创新　山东外贸发展逆势向前

（山东省商务厅对外贸易处）

十年来，面对严峻复杂的国际形势和新冠肺炎疫情的严重冲击，山东省实现外贸逆势上扬，主要指标争先进位、量质齐升。全省进出口规模由2012年的1.55万亿元增长至2021年的2.93万亿元，占全国份额由6.4%提高至7.5%，出口规模位次由第五位上升至第四位，年进口规模突破万亿元，稳外贸突出表现受到国务院督查激励。

一、坚持创新引领，培育外贸增长新动能

省委、省政府坚决贯彻习近平总书记重要指示要求，省主要领导亲自挂帅，建立高层次外贸工作领导小组，纵向联动、横向协同，凝聚外贸创新发展强大合力，以政策创新、模式创新、监管创新优化行业生态、释放企业活力，为全国外贸创新发展贡献"山东经验"。

——聚集企业主体，聚焦产业转型，释放跨境电商发展潜力。注重顶层设计、谋篇布局，省政府先后两次出台跨境电商发展三年行动计划，与阿里集团签订战略合作协议，首创"互联网＋外贸"信用保障机制，为阿里国际站1400多家山东卖家额外授信1.7亿美元。着力搭建跨境电商发展的广阔平台和产业生态，唯品会、京东、天猫、抖音等主流电商平台先后落地，培育本土跨境电商等新业态企业2万余家，打造石油装备、工程机械等行业垂直电商平台、独立站20个，建设集研发设计、数字营销、仓储物流等要素于一体的跨境电商产业园30个。创新开展特色产业带跨境电商培育行动，深入假发、渔具、草柳编等特色产业带，一对一"把脉问诊"，引导支持企业上线亚马逊、Wish、eBay、Shopee等平台实现精准营销，带动传统产业数字化转型。

——全球布局公共海外仓，畅通"山东制造"出海新通道。注重政策引领，在全国率先出台《山东省推动海外仓高质量发展实施意见》，为全省海外仓发展注入"强心剂"。建设山东省海外仓综合服务平台，帮助海外仓企业和各类商家

线上对接，提高货物流转效率。探索开展“保险＋融资”承保、“链式”承保模式创新，提升海外仓境外资产、出口收汇风险保障能力。重点培育认定 70 个省级公共海外仓，搭建数字化营销服务网络，创新推动“前展后仓”运营模式，实现线上撮合、线下展销、直播推介一体化发展。目前山东省企业在 60 多个国家和地区建设海外仓 200 多个，总面积达到 130 万平方米，基本形成覆盖全球、协同发展的新型外贸物流网络。

——优化政策支持，提升市场开放水平，推动市场采购贸易扩容升级。积极放大市场采购贸易试点政策红利，引导全省特色产业在试点市场开展业务，推动市场采购贸易政策全省共享。针对贸易模式和市场主体特殊性，研究出台支持市场采购贸易出口信用保险政策，发挥“鲁贸贷”等政策杠杆作用，为各类市场主体提供金融保险支持。首推“采购地申报、口岸验放、通关一体化”监管，创新“市场采购贸易＋跨境电商＋海外仓（海外商城）”融合发展模式，试行“市场采购＋跨境电商”组合拼箱出口业务，有效降低企业成本，提升贸易便利化水平。

近年来，青岛、威海等 9 市获批国家跨境电商综试区，临沂商城工程物资市场等 3 个市场获批国家市场采购贸易试点，济宁等 3 市获批国家二手车出口试点。2021 年，全省跨境电商、市场采购贸易规模双过“千亿”，占全省进出口比重达到 9.4％，成为稳住外贸基本盘的重要力量，外贸新业态实现“从无到有、从小到大”的转变。

二、修炼内功夯实基础，塑造外贸竞争新优势

在稳住外贸基本盘的基础上，山东省着眼长远，以高质量发展为核心，下好先手棋、掌握主动权，推动形成外贸发展内生动力。

——创建全国首个“出口食品农产品质量安全示范省”。为解决出口农产品质量安全问题，开创性提出质量安全区域化管理概念，十年间经历“区域化”“示范区”“示范市”“示范省”四个阶段，从“安丘模式”“威海经验”上升到“山东示范省新模式”。全省共创建省级示范区 106 个，占全省 129 个涉农县（市、区）的 82.2％，其中国家级示范区 49 个。全省出口农产品检验检疫合格率连续多年保持在 99.95％以上，区域性、系统性和行业性重大质量安全风险得到有效控制。2017 年成功创建为我国首个“出口食品农产品质量安全示范省”。2021 年，全省农产品出口 1238.4 亿元，占全国农产品出口总值的 22.7％，连续 23 年

位居全国首位。

——推动产业集聚夯实外贸发展根基。省委、省政府出台深化改革创新打造对外开放新高地、加快培育外贸竞争新优势、推动外贸创新发展、加强国际自主品牌建设、促进加工贸易创新发展等政策文件，构建起高质量发展的制度框架和政策体系。加快培育外贸优势产业集群，全省57个基地获评国家外贸转型升级基地，数量居全国第2位。积极推进国际自主品牌建设，重点培育了海尔、海信、潍柴等300多个具有较高国际知名度的自主品牌。推动加工贸易转型升级，引导企业由简单的加工组装向技术、品牌、营销型企业转变，全省加工贸易“委托设计＋自主品牌”出口占比大幅提升。

——内外联动积极拓展新市场。针对疫情对线下展会影响，研究制定线上展洽会实施方案，积极探索展会举办新模式，提升企业参展成效。疫情以来，围绕机电产品、农产品、日用消费品等优势行业及“一带一路”、区域全面经济伙伴关系协定（RCEP）区域等重点市场，举办山东出口商品系列“云展会”“线上＋线下”展会100余场，1.4万家企业参展，达成意向成交额近40亿元。抢抓RCEP签署机遇，在全国率先出台《落实〈区域全面经济伙伴关系协定〉先期行动计划》，对来自RCEP缔约方的空运快件“6小时”通关，成立全国首家RCEP综合服务平台，创办日本、韩国及RCEP进口博览会。积极响应国家战略，省政府与商务部联合在济南、青岛举办“外贸优品汇　扮靓步行街”出口产品转内销活动，支持外贸企业对接国内供应链，融入新发展格局。

三、强化全方位服务，助力企业“温暖过冬”

面对复杂严峻的国际经贸形势，山东省及早谋划，创新作为，与企业同舟共济，主动“向上走”争取国家部委政策支持，“向外走”学习借鉴先进省市经验，“向下走”摸清基层情况，调动各方面积极性，全力解决企业困难诉求。2021年，全省有进出口实绩企业达到6.1万家，是2011年底的2倍。

——完善政策助企业快速发展。省政府梯次出台落实“六稳”“六保”促进高质量发展的政策清单，国际海运及航空航线补贴、外贸创新主体奖励、先进技术设备进口贴息等稳外贸政策落地实施，为企业发展提供重要保障。建立财政、银行、保险多方优势互补、风险共担机制，创新推出“鲁贸贷”“出口订单融资封闭贷款”等融资避险政策，有效缓解企业融资压力。建立小微外贸企业出口信用保险统保平台，通过出口信保服务支持小微企业数、“单一窗口”线上服务企业数均居全国首位。

——畅通渠道为企业纾困解难。建立省领导联系重点外贸企业制度，先后为海尔集团、烟台万华集团等骨干企业解决物流、融资、土地、保税维修等难题，有力稳住基本盘。上线运行“山东省稳外贸稳外资服务平台”，实行“分类限时办结＋定期电话回访＋跟踪督导落实”制度，服务外贸企业范围由2335家基本盘企业扩大到2万家，“一企一策”高效解决问题1900多个。搭建外贸运行调查监测平台，每月对3000多家样本企业订单、生产要素等方面变化进行分析，主动研判形势，加强政策储备。强化国际物流保障，成立交通运输服务外贸出口专班，每年安排2亿元专项资金支持新开、加密国际航线。

——对标国际一流优化营商环境。与口岸、海关、税务等部门形成合力，大力推进跨境贸易便利化，围绕通关、退税、外汇开展流程再造，稳步推进“提前申报”“两步申报”“两段准入”等改革措施，深入推进集装箱“抵港直装”和“船边直提”试点。提升国际贸易“单一窗口”功能，优化上线跨境电商、市场采购、离岸贸易等新业态特色应用，为企业快速通关提供便利。2021年12月，山东省进出口整体通关时间分别为36.72、1.9小时，比2017年压缩了63.59%、91.26%；出口退税平均用时压缩到4个工作日，约99%的退税业务实现了“一次不用跑、全程网上办”。

优服务促增长　山东使用外资不断迈上新台阶

（山东省商务厅外国投资管理处）

近十年来，山东省全面落实准入前国民待遇加负面清单管理制度，健全完善外商投资服务体系，打造公开、透明、可预期的外商投资环境，吸收外商投资规模稳定增长、结构不断优化、区域发展更加协调，为全省经济社会发展及产业转型升级作出积极贡献。

一、规模稳定增长

2012～2021 年，山东省利用外资保持稳步增长势头，累计实际使用外资 1174 亿美元。2021 年实际使用外资 215.2 亿美元，居全国第 4 位，比 2012 年增长了 300%，年均增长 16.7%（见图 1）。

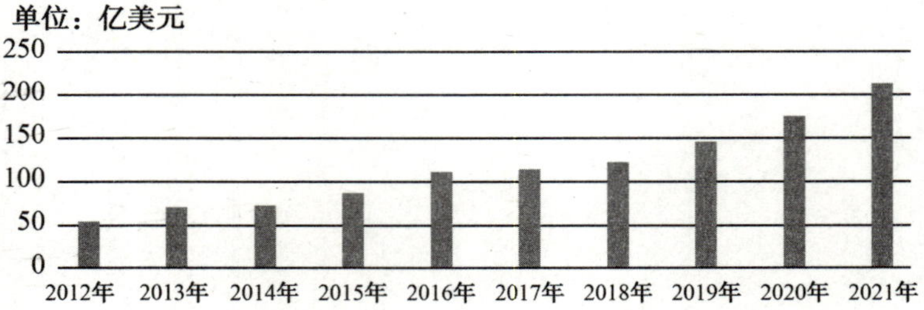

图 1　2012～2021 年山东省实际使用外资规模

十年间，共有 103 家世界 500 强企业在山东投资企业 371 家，投资总额 472 亿美元，实际使用外资 161 亿美元。其中，美国思科、IBM、雅培、江森自控、谷歌，日本软银，英国 BP，德国博世、赢创，荷兰路易达孚，法国施耐德等 16 家世界 500 强企业首次落户山东，投资领域涵盖新一代信息技术、机械制造、食品生产、新能源等领域。

二、结构不断优化

山东省加快转方式调结构步伐，利用外资产业结构更加优化，质量水平明显提升。一、二、三产业实际使用外资比重由 2012 年的 1.6∶60.9∶37.5 调整为 2021 年的 0.1∶39.3∶60.6（见图 2、图 3）。

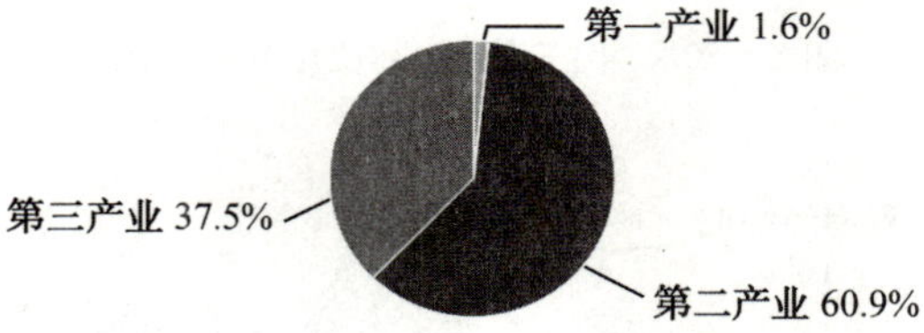

图 2　2012 年一、二、三产业实际使用外资比

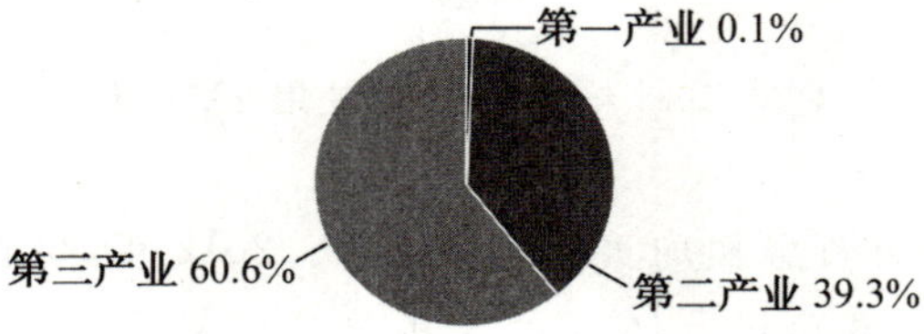

图 3　2021 年一、二、三产业实际使用外资比重

制造业实际使用外资由 2012 年的 30.2 亿美元增长到 2021 年的 65.4 亿美元，增长了 116.7%，年均增长 9%。服务业实际使用外资金额由 2012 年的 20.1 亿美元，增长到 2021 年的 130.3 亿美元，增长了 546.8%，年均增长 23.1%。高技术制造业实际使用外资由 3.9 亿美元增长到 13.9 亿美元，增长了 256%，年均增长 15.2%。高技术服务业实际使用外资由 1.4 亿美元增长到 24.4 亿美元，增长了 16.6 倍，年均增长 37.6%。

三、区域发展更加均衡

2021 年，胶东经济圈、省会经济圈、鲁南经济圈实际使用外资分别由 2012 年的 35.9 亿美元、12.9 亿美元、5.0 亿美元，增长到 2021 年的 121.1 亿美元、59.5 亿美元、34.5 亿美元，较 2012 年分别增长 237.5%、362%和 588.7%，占比由 2012 年的 66.7∶24∶9.3 调整为 2021 年的 56.3∶27.7∶16，区域协调发展成果显现（见图 4、图 5）。

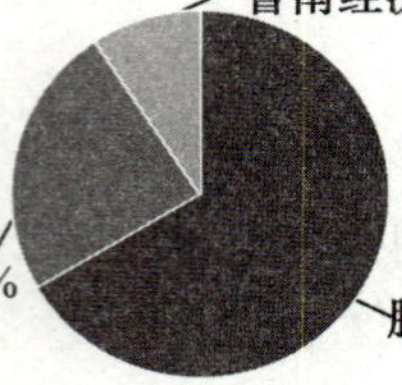

图 4　2021 年“三圈”实际使用外资比重

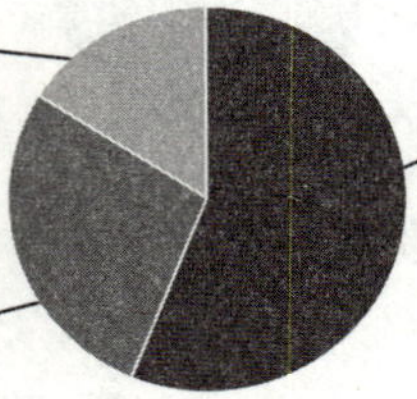

图 5　2021 年“三圈”实际使用外资比重

16 市实际使用外资金额均实现大幅增长。2012 年，全省仅青岛市实际使用外资过 10 亿美元，3 市过 5 亿美元，7 市过 2 亿美元。2021 年，全省有 3 市（青、济、烟）过 25 亿美元，7 市过 10 亿美元，11 市过 5 亿美元。青岛市实际使用外资总量始终居全省第 1 位，由 2012 年的 16.8 亿美元增长到 2021 年的 61.7 亿美元。济南、烟台由不足 10 亿美元增长到超过 25 亿美元。临沂、济宁由不足 2 亿美元增长到超过 10 亿美元。枣庄、东营、德州、聊城、菏泽 5 市由不足 1 亿美元增长到过 4 亿美元，其中聊城市由 2012 年的 1284 万美元增长到 2021 年的 4.6 亿美元，增长了 34.5 倍，年均增长 48.7％。

四、主要外资来源地贡献突出

2012 年，我省前五大外资来源地为中国香港、韩国、日本、新加坡、美国，合计实际使用外资 43.4 亿美元，占全省 80.6％。2021 年，前五大外资来源地为中国香港、新加坡、日本、韩国、英国，合计实际使用外资 200.4 亿美元，占全省 93.2％。香港为我省外资第一大来源地，2021 年实际使用外资 162.5 亿美元，占全省实际使用外资的 75.5％，鲁港投资合作广度与深度不断加强。新加坡投资实现突破性进展，实际使用外资由 2012 年的 4.2 亿美元增长到 2021 年的 14.9 亿美元，增长了 249.2％，年均增长 14.9％，由 2012 年第四大外资来源地上升到

2021年第二大外资来源地（见图6、图7）。

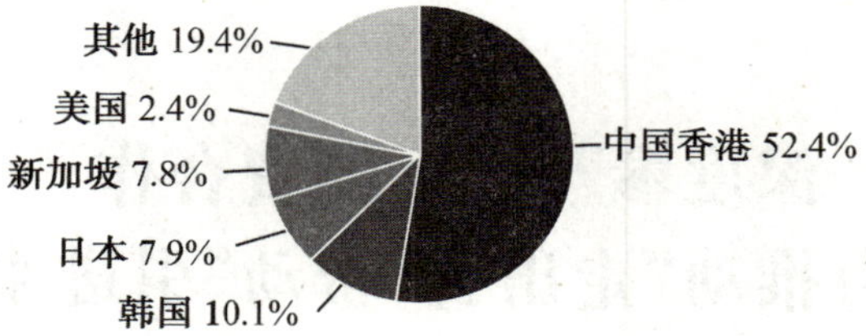

图6　2012年主要外商投资来源地情况

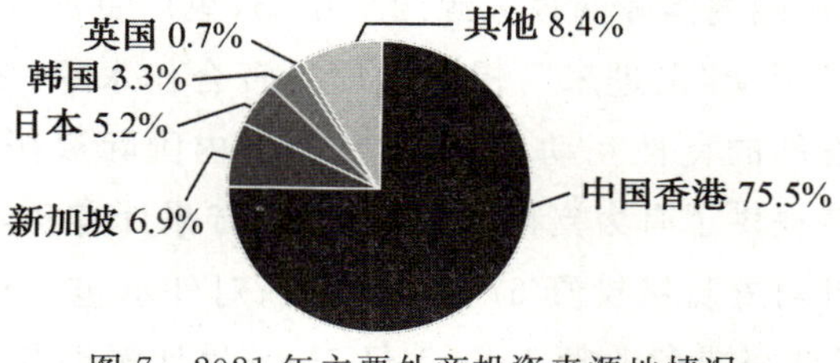

图7　2021年主要外商投资来源地情况

五、营商环境不断改善

"十二五"期间，编制了省级外资审批行政权力清单，两次下放外商投资审批权限。2016年，按照《外商投资企业设立及变更备案管理暂行办法》的规定，对相关外资企业实行告知性备案。2018年，实现外商投资企业商务备案与工商登记"单一窗口、单一表格"，推行"互联网＋审批"模式。2020年，《中华人民共和国外商投资法》正式实施，全面取消外资准入审批备案，实施外商投资信息报告制度。充分发挥高层推进机制作用，连年举办"香港山东周""儒商大会""跨国公司领导人青岛峰会"等活动，创新举办"山东与世界500强联系"系列活动。先后制定出台《关于新时期积极利用外资若干措施的通知》《引进重大外资项目奖励政策实施细则》《山东省进一步做好利用外资工作的若干措施》《山东省重点外资项目要素保障实施细则》等政策文件。持续开展了"访千家外企促增资发展""外商投资环境提升年""优化营商环境，拓展外商投资企业发展空间"等优化外商投资环境系列活动，建立了重点外商投资企业"服务大使"制度，聘请国际知名咨询机构普华永道开展山东省外商投资环境综合评价。2020年，新冠肺炎疫情发生后，上线运行"山东省稳外贸稳外资服务平台"，"一企一策"解决企业生产经营中遇到的困难问题，着力为外资企业纾困解难，坚定企业投资信心。

深度参与国际经贸合作
着力推动“走出去”带动“引进来”

（山东省商务厅对外投资和经济合作处）

近年，全省利用国内国际两种资源两个市场，更广更深参与国际经贸合作，通过推动“走出去”带动“引进来”，提高国际投资合作水平，实现对外经贸与全省经济相互促进发展的良性互动，为全省畅通国内国际双循环、实施新一轮全方位对外开放战略提供了有力支撑。十年来，全省累计有实际出资的境外投资企业2667家，累计对外直接投资670.4亿美元；对外承包工程累计新签合同额1239.4亿美元，累计完成营业额1086.1亿美元；累计派出各类劳务56.6万人。对外直接投资、对外承包工程完成营业额、外派劳务规模分别居全国第4位、第3位、第2位。

一、对外投资结构持续优化

（一）对外投资集中在国际产能合作、国际营销网络等领域

全省国际产能合作累计投资219.6亿美元，占比32.8%。其中，海尔集团、海信集团分别在俄罗斯、印度、南非等国家投资设立生产工厂、营销中心、产业园；青岛赛轮、烟台玲珑轮胎等14家企业在越南、泰国等国家建设轮胎生产基地，境外轮胎年产能6730万条；青岛即发集团、泰安岱银集团、潍坊桑莎集团等38家企业在缅甸、柬埔寨、越南、马来西亚、孟加拉等国家投资建设纺织服装生产基地和服装工业园，境外纺织服装及面料等年产能3.2亿件（套）。国际营销网络累计投资169.1亿美元，占比25.2%。海尔集团投资整合新西兰斐雪派克、日本三洋、美国通用电气家电等公司，获取高端品牌、核心技术及销售网络，在全球设立28个工业园区、122个制造中心、108个营销中心、23万个销售网络，完成研发、制造、销售“三位一体”全球化布局等。境外资源开发累计投资112.1亿美元，占比16.7%。截至目前，全省在澳大利亚、几内亚、蒙古、老挝等国家形成资源权益储量煤炭28.2亿吨、铁矿165亿吨、铝土矿9.9亿吨、钾盐矿15亿

吨、林区面积 330.4 万公顷(见图 1)。

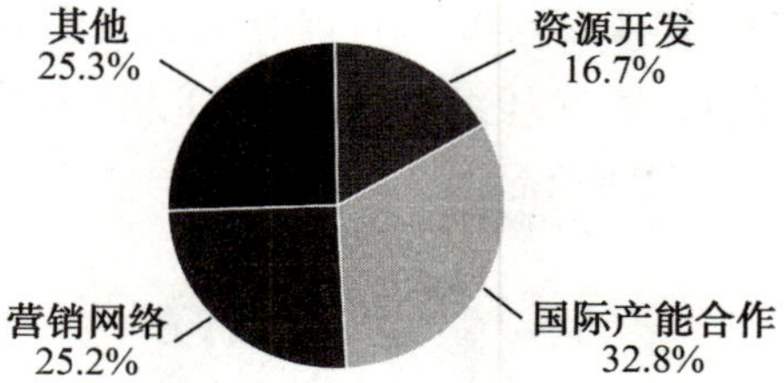

图 1　近十年全省对外投资领域情况

(二)跨国并购逐渐成为对外投资重要方式

全省新设境外投资企业 2103 家,投资 506.4 亿美元,占比 75.5%;跨国并购投资 164 亿美元,占比 24.5%(见图 2)。淄博蓝帆集团投资并购新加坡柏盛国际集团,成为全球心血管支架领域对标美敦力、雅培、波士顿科学的中国医疗器械生产企业。威海威高集团投资并购美国爱琅医疗公司,获得美国 FDA 认可的外周血管触壁血栓切除系统,实现我国血管介入器械的进口替代。潍柴集团收购德国凯傲集团、林德液压公司,获取全球领先的工业叉车和液压技术;收购法国博杜安公司,填补船舶发动机技术空白。同时,将并购获取的高端技术“引回来”投资,打造了济南高端新能源叉车研发制造基地、潍坊高端系列船用发动机生产基地,实现资金、技术、管理、人才回归,带动产业升级。

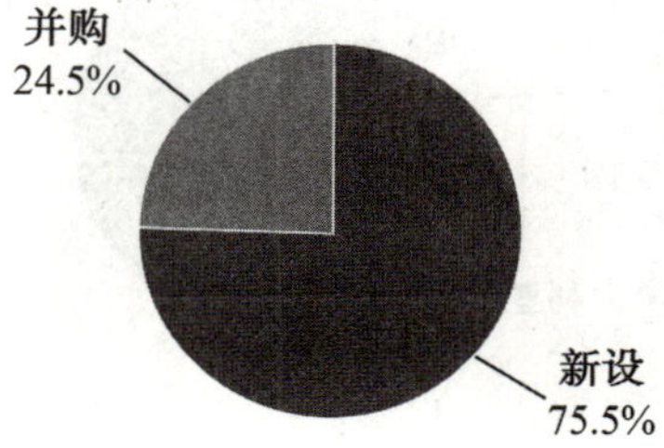

图 2　近十年全省对外投资方式占比情况

(三)民营企业成为对外投资主力军

全省民营企业设立 2182 家境外企业(机构),累计投资 379.6 亿美元,占比 56.6%;国有企业设立 284 家境外企业(机构),累计投资 190 亿美元,占比 28.3%。山东重工集团、山东能源集团、山东高速集团、海尔集团、烟台万华集团、滨州魏桥集团、烟台南山集团等大型企业积极走出去开展境外投资,取得良好效果。2020 年民营企业实现境外营业收入 401.3 亿美元，利润额 15.4 亿美元，分别是 2010 年的 13.1 倍、20.5 倍；国有企业实现境外营业收入 796.3 亿美元，利润额 18.6 亿美元，是 2010 年的 12 倍、4.8 倍（见图 3）。

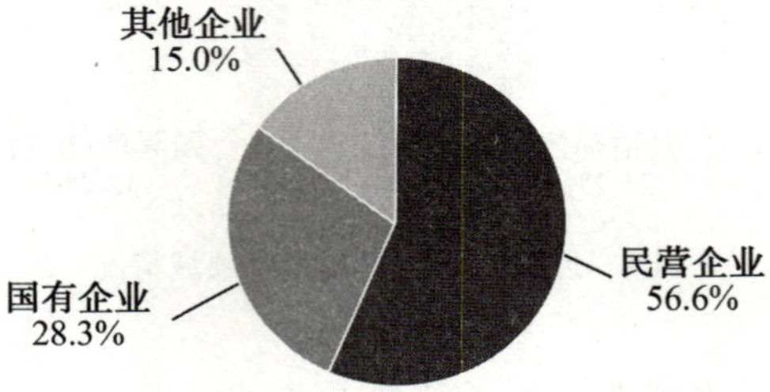

图 3　近十年全省对外投资主体情况

（四）对外投资区域分布广泛

全省对外投资分布在我国香港和东盟、澳大利亚、美国、欧盟、非洲等 135 个国家和地区。十年来，累计对我国香港投资 295.8 亿美元，占比 44.1%；对东盟投资 115.2 亿美元，占比 17.2%；对澳大利亚投资 60.4 亿美元，占比 8.9%；对美国投资 39.9 亿美元，占比 6%；对欧盟投资 29.3 亿美元，占比 4.4%；对非洲投资 9.1 亿美元，占比 1.4%（见图 4）。

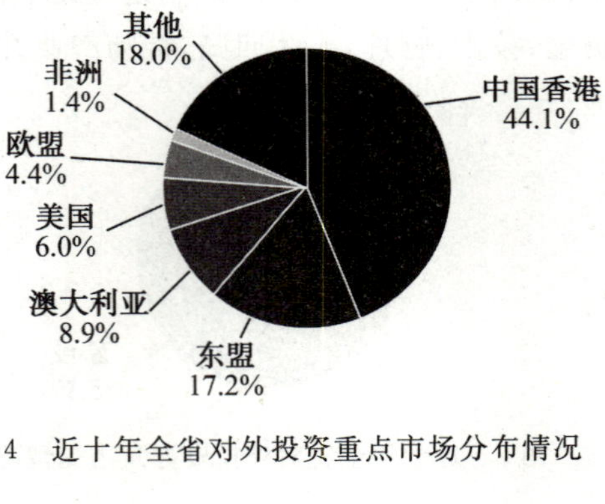

图 4　近十年全省对外投资重点市场分布情况

二、对“一带一路”投资合作稳步推进

2013～2021 年，全省累计对“一带一路”沿线国家实际投资 129.6 亿美元，占全省累计实际投资总额的 21.2%。对“一带一路”沿线国家地区对外承包工程累计新签合同额 556.2 亿美元，占全省累计对外承包工程新签合同额的

52.2%;对外承包工程累计完成营业额546.6亿美元,占全省累计对外承包工程完成营业额的58.8%(见图5)。

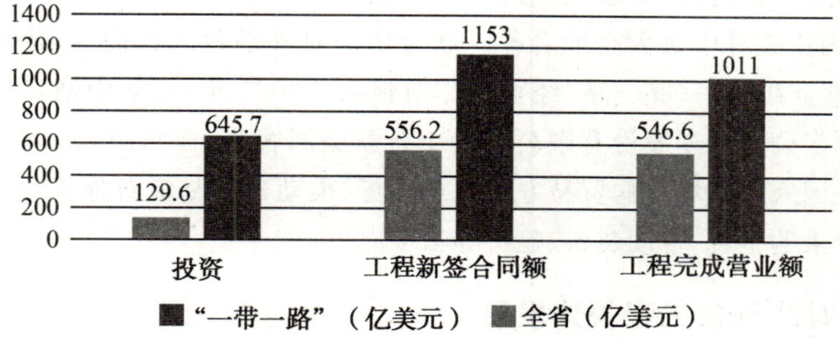

图5　2013～2021年全省对"一带一路"沿线国家地区对外投资合作情况

(一)有序推动国际产能合作

支持纺织服装、橡胶轮胎、造纸建材等资源依赖度较高、受贸易摩擦影响较大的劳动密集型产业,到东南亚、非洲等资源富集地区建立产能合作生产基地,加速国际化布局,规避市场壁垒,获得更大市场空间和发展机会。推动企业在"一带一路"沿线国家开展资源合作开发,建立境外能源资源生产基地,实现紧缺资源回运。滨州魏桥集团、烟台南山集团分别依托印度尼西亚丰富的铝土矿资源,建设年产200万吨氧化铝、100万吨电解铝生产基地。

(二)境外经贸合作区承载功能提升

支持全省龙头企业在"一带一路"沿线国家投资建设境外经贸合作区,引导境外经贸合作区创新发展模式,带动中小企业聚集发展及货物出口。截至目前,全省认定省级境外经贸合作区13家,其中,"一带一路"沿线国家境外经贸合作园区7家,累计完成投资50.9亿美元,占全省比重的83.6%;实现总产值219.1亿美元,占全省比重的87.3%;带动国内货物出口68亿美元,占全省比重的53.4%。海尔-鲁巴经济区、中航林业中俄托木斯克木材工贸合作区、山东帝豪匈牙利中欧商贸物流园和烟台万华中匈宝思德经贸合作区等四家园区被认定为国家境外经贸合作区,成为"一带一路"上的丝路明珠。

(三)基础设施互联互通发展良好

发挥全省在交通路桥、电力建设、建筑安装等工程施工优势,主动对接"一带一路"建设,支持企业积极参与沿线国家和地区的基础设施互联互通建设,推动中国电建集团核电工程有限公司华能山东如意巴基斯坦萨希瓦尔燃煤电站、山东电建集团沙特萨拉曼国王国际综合港务设施、山东高速集团塞尔维亚E763高速公路等一批电力、交通、建筑领域标志性项目。深化与央企合作，深化与中建总、中国中铁等中央大企业合作。联合中国对外承包工程商会，连续举办八届山东-央企共建“一带一路”经贸合作对接会。2021年，推动中通客车有限公司中标澳门公共汽车股份有限公司361台新能源客车，合同额3.7亿元。发挥临沂商城国家级市场采购贸易方式试点优势，推动建设临沂对外承包工程物资装备集中采购平台，带动装备、建材等物资出口。

三、对外承包工程快速发展

（一）对外承包工程主体实力不断增强

十年来，通过推动省内重点工程企业通过EPC、第三方市场合作、与央企及其他省外龙头工程企业合作等方式，积极开拓海外市场，打响了山东在全国范围内对外承包工程品牌。山东高速集团有限公司、青建集团股份公司、烟建集团有限公司、山东科瑞石油装备有限公司、威海国际经济技术合作股份有限公司、山东淄建集团有限公司、天元建设集团有限公司等企业多次入选全球最大250家国际承包商名单，全省入选地方企业数量多年位居全国前列。山东电力建设第三工程公司、青建集团、山东高速集团、科瑞集团等企业已成为全省电力、建筑、交通、石化等领域龙头，四家企业对外承包工程完成营业额分别为109.2亿美元、100.8亿美元、62.2亿美元、5.9亿美元。

（二）对外承包工程行业优势凸显

全省电力、建筑、交通、石化等四大领域对外承包工程完成营业额423.6亿美元、332.3亿美元、139亿美元、67.3亿美元，分别占全省比重的39%、30.6%、12.8%、6.2%（见图6）。电力领域，中国电建集团核电工程有限公司承建巴基斯坦萨希瓦尔燃煤电站项目，合同额14亿美元，被称为中巴经济走廊上的璀璨“明珠”。建筑领域，青建集团承建新加坡多项公寓等住宅项目，截至目前累计合同额51.1亿美元。交通领域，山东电建承担的沙特萨拉曼国王国际综合港务设施项目，合同额超过30亿美元，将建设世界上规模最大“超级船厂”；山东外经集团承建的塞尔维亚瓦列沃快速路项目纳入《中国-中东欧国家领导人峰会成果清单》。石化领域，山东科瑞石油装备有限公司承建巴西UPGN天然气处理场站工程项目，合同额6.2亿美元，是迄今为止巴西最大天然气处理项目。

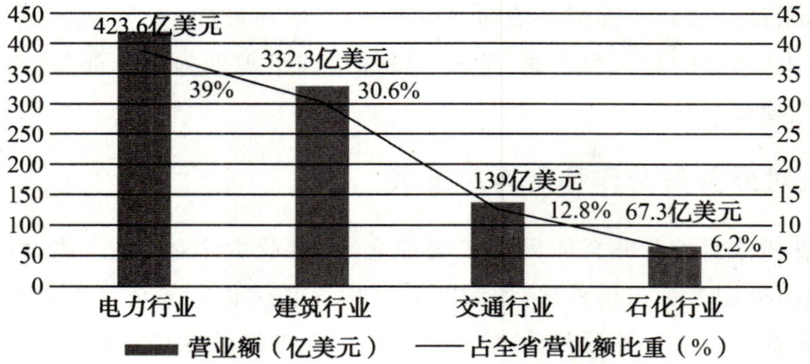

图 6　近十年全省主要行业对外承包工程完成营业额

（三）对外承包工程市场开拓稳步推进

全省对亚洲、非洲、拉丁美洲对外承包工程完成营业额分别为 609.3 亿美元、357.3 亿美元、59.7 亿美元，分别占全省比重的 56.1%、32.9%、5.5%。其中，亚洲市场主要集中在沙特阿拉伯、印度、新加坡、印度尼西亚等国家，对外承包工程完成营业额分别为 137.5 亿美元、96.5 亿美元、96.4 亿美元、44.9 亿美元，分别占全省比重的 12.6%、8.9%、8.8%、4.1%。非洲市场主要集中在阿尔及利亚、苏丹、赤道几内亚、安哥拉，对外承包工程完成营业额分别为 58.1 亿美元、20.9 亿美元、21.4 亿美元、19.7 亿美元，分别占全省比重的 5.3%、1.9%、2%、1.8%。拉丁美洲市场主要集中在委内瑞拉、巴西等国家，对外承包工程完成营业额分别为 37.3 亿美元、8.4 亿美元，分别占全省比重的 3.4%、0.8%。

四、对外经济援助综合效应提升

积极推动中国电建山东电力建设公司、中铁十局、青建集团、烟建集团、青岛澳柯玛等 32 家企业新获得援外成套项目或援外物资项目总包资质。其中，援外成套项目总承包资质企业 19 家，援外物资项目总承包资质企业 14 家。围绕国家外交大局，支持企业积极承担国家援外项目，全省企业共参与 139 个援外项目，总金额 65.1 亿元。其中，烟建集团援塔吉克斯坦议会大楼项目金额 8.2 亿元，是迄今中国政府对外援助第三大项目；烟建集团援建的斯里兰卡国家艺术剧院被誉为“中国政府赠送给斯里兰卡人民令人满意的珍贵礼物”；山东外经集团承担的援苏丹农业技术示范中心、援乍得议会大厦，青岛瑞昌棉业承担的援马拉维农业示范中心等援非项目得到受援国政府高度赞誉。援外培训项目发展迅速，累计完成商务部援外培训项目 282 期，培训来自 132 个国家和地区的学员 9434 人，承办的埃塞俄比亚、乌干达境外培训班被列为商务部“走出去”援外培训试点项目。

五、对外劳务合作稳定有序发展

全省树立对外劳务合作民生工程理念，持续壮大主体队伍，建设高端劳务基地，规范外派劳务市场秩序，外派劳务结构逐步优化。截至目前，全省具有经营资格企业 130 家。外派劳务主要集中在日本、新加坡、中国香港等亚洲国家和地区，全省累计对亚洲地区派出各类劳务 43.2 万人，占全省比重的 76.3%，其中，对日本、新加坡、中国香港等国家和地区分别外派 17 万人、6.5 万人、4.8 万人，分别占全省比重的 30%、11.5%、8.5%。大力开展劳务扶贫，筛选推荐 23 家优秀对外劳务合作企业作为对外劳务扶贫试点企业，山东外经集团与重庆秀山县签署对外劳务合作协议。威海国际在云南曲靖市设立 100 万元威海国际劳务扶贫基金。积极发展高端劳务，出台发展高端外派劳务培育基地建设扶持政策，实施外派劳务企业进平台、进高校工程，支持外派劳务企业积极拓展欧美、澳新等高端劳务市场，联合中国对外承包工程商会有序推动中国-以色列劳务试点工作。进一步优化外派劳务结构，支持全省有实力的外派劳务公司积极开展海员、中餐厨师、设计咨询监理、护士护理等各类高端劳务。2021 年，全省外派各类高端劳务 1.4 万人，占全省外派劳务人员总量的 45.2%。

体制机制改革促发展
开放引领产业集聚放异彩

（山东省商务厅开发区管理处）

党的十八大以来，全省开发区坚持以习近平新时代中国特色社会主义思想为指导，贯彻落实党中央、国务院关于开发区改革创新发展要求，以高质量发展为核心目标，实施一系列创新举措，提升平台载体功能，重塑体制机制优势，回归本位，实现高质量发展。国家级经开区从10家增至16家，海关特殊监管区域从6家增至14家；开展体制机制改革创新，聚焦经济发展、“双招双引”、科技创新、改革开放等主责主业加快发展；开放引领不断增强，外贸、外资占全省比重均超70％，认定首批4家省级国际合作园区，对外开放平台不断丰富；产业集聚效应凸显，形成一批百亿级产业集群，其中500亿级、1000亿级产业集群从无到有，数量分别达到28个、7个；创新创业水平不断提高，全省开发区高新技术企业数量占全省的63.43％；全力推动黄河流域生态保护和高质量发展，稳步推进开发区东西合作共建，推进沿黄重点地区工业项目入园，取得良好成效。

一、政策体系不断完善

2016年7月，山东省第十二届人民代表大会常务委员会第二十二次会议通过了《山东省经济开发区条例》，为全省经济开发区发展提供了法律保障。2016年11月，省政府办公厅印发《山东省经济开发区转型升级五年行动计划的通知》（鲁政办字〔2016〕202号）；2017年7月，省政府办公厅印发《关于促进开发区改革创新发展的实施意见》（鲁政办发〔2017〕58号）；2019年7月，省委十一届九次全会审议通过了《关于推动开发区体制机制改革创新促进高质量发展的意见》（鲁发〔2019〕14号），积极推动开发区改革创新发展。省有关部门、各市纷纷研究出台促进开发区改革创新发展的配套政策措施。2021年9月，编制印发《全省经济园区发展“十四五”规划》，指导开发区把握新机遇，应对新挑战，积极打造对外开放新高地。

二、体制机制改革成效明显

按照省委《关于推动开发区体制机制改革创新促进高质量发展的意见》(鲁发〔2019〕14 号)要求，坚持市场化改革取向和去行政化改革方向，推行“党工委(管委会)＋公司”等多种形式的管理体制。2019 年全省选择 54 家开发区开展试点，2020 年在省级以上开发区全面推开，推动开发区聚焦主责主业，瘦身强体，回归本位，全省开发区管委会内设机构压减 58.7%、人员压减 56.2%、实际管辖面积压减 48%。通过改革，建立健全更加精简高效的管理体制、更加灵活实用的开发运营机制、更加激励竞争的干部人事管理制度、更加系统集成的政策支持体系，开发区体制理顺、人员精简、效率提高、活力增强，制度优势、开放优势、创新优势得到重塑。

三、开放引领不断增强

对外开放主阵地地位更加稳固，2012 年全省开发区实现进出口额 1318.2 亿美元，占全省的 53.7%；实际到账外资 69.7 亿美元，占全省的 56.4%。经过十年发展，2021 年全省开发区进出口额 21314.9 亿元，较 2012 年增长 15 倍，占全省比重达到 72.8%，提升了 19.1 个百分点；实际使用外资 162.8 亿美元，较 2012 年增长 133.6%，占全省比重达到 75.6%，提升了 19.2 个百分点。2021 年，全省 13 家综保区实现进出口 4884.2 亿元，较 2014 年增长 184.3%。今年 1～5 月，全省开发区实际使用外资同比增长 11.2%，高于全省 2.5 个百分点；进出口同比增长 18.2%，高于全省 0.9 个百分点。全省 13 家综保区同比增长 42.7%，高于全省 25.4 个百分点，进出口增幅在前十位省市中列第 1 位。

四、产业集聚效应凸显

加快推进“现代优势产业集群＋人工智能”，培育形成百亿级以上产业集群 177 个，数量增长 10 倍，其中 500 亿级、1000 亿级产业集群从无到有，数量分别达到 28 个、7 个。其中，青岛经开区的智能家电、城阳工业园园区的轨道交通装备入围国家先进制造业集群，威海高新区高端医疗器械创新型产业集群，枣庄高新区锂电创新型产业集群，莱芜高新区智能制造装备创新型产业集群，淄博高新区生物医药与生物医学工程创新型产业集群等 4 个产业集群纳入国家创新型产业集群试点，培育认定的首批 12 个省级战略性新兴产业集群，其中 8 个位于开发区。

五、创新创业水平不断提高

推动开发区打造专业资本集聚型、大中小企业融通型、科技资源支撑型、高端人才引领型的创新创业特色载体，提高创新创业资源融通效率和质量。青岛、烟台、德州经济技术开发区等8家被评为国家级创新创业特色载体，威海、临沂经济技术开发区，新泰经济开发区等10家被评为省级创新创业特色载体。23家经济（技术）开发区的载体被认定为全省创新创业公共服务示范平台。青岛、烟台、东营、德州、潍坊滨海、日照、临沂、聊城等经开区获评全省人才工作先进单位。全省开发区加快培育高新技术企业，截至2021年底已达到12812家，占全省总数的63.43％。

六、全力推动黄河流域生态保护和高质量发展

一是推动开发区东西合作共建。推动区域协调发展，研究制定《山东省开发区东西合作共建试点方案》，聚焦产业合作对接，鼓励以强带弱。先期选取10对开发区产业进行试点，为全省开发区东西合作共建趟路子，在产业协作、项目对接、人员交流等方面务实合作，取得初步成效。二是推动集约节约用水，加快工业污染源管控治理。配合省水利厅培育遴选10家节水标杆工作园区，进一步推进高耗水企业向水资源条件允许的工业园区集中。协助省发展改革委推进沿黄重点地区工业项目入园及严控高污染、高耗水、高耗能项目。三是加强与沿黄省份区域合作。推动烟台经开区与河南濮阳经开区、威海经开区和内蒙古巴彦淖尔经开区、明水经开区与西宁经开区、临沂经开区与甘肃金昌经开区、邹平经开区与红旗渠经开区、邹平经开区与西藏普兰县人民政府、日照经开区与二连浩特边境经济合作区、东营经开区与满洲里边境经济合作区签订合作协议，在园区共建、人才交流、项目招引等方面加强合作。

潮涌当奋楫　风劲好扬帆

——山东自贸试验区助力打造全省对外开放新高地

（山东省商务厅规划指导处）

山东自贸试验区自2019年8月获批以来，坚持立足新发展阶段、贯彻新发展理念、服务新发展格局，向改革要动力，向开放要活力，深入推进试点任务实施，加速推动特色产业集聚发展，不断释放制度创新红利。经过3年建设，山东自贸试验区在服务国家开放战略，带动服务地方发展上取得显著成效，实现了投资贸易便利到营商环境全方位优化、从落实试点任务到培育特色产业、从传统贸易投资便利化到高标准“边境后”规则开放探索的递进式发展。112项试点任务已实施110项，实施率达到98.2%；共提炼总结189项创新成果，其中“多方联动构筑海洋生物资源‘大养护’格局”被评为全国“最佳实践案例”，3项被国务院自由贸易试验区工作部际联席会议简报推广，17项首创性探索获国家部委认可。2021年，区内实现进出口3843.3亿元，实际使用外资25.6亿美元，分别增长39.4%、38.1%，分别高于全国自贸试验区9.9个、19.1个百分点，分别高于全省7个、16.2个百分点。

一、持续优化营商环境，激发市场主体活力

一是推动行政审批提效提速。在全国首创“负面清单制”放权模式，三片区累计承接省级权力事项298项，中央层面523项涉企经营许可事项在片区实现全覆盖，350个高频事项在自贸试验区实现跨片区互办通办，企业获得感明显增强。推行取消施工图审查、区域评估、模拟审批、联合验收等改革举措，全国首创“一证（照）通”，59类行业申办材料减少35%，审批环节减少56%，办理时限缩减32%。二是打造高效数字政务服务。在全国率先为企业和群众建立“数字保险箱”，实现材料、证照数字化和信用信息跨部门、跨系统可传递共享，平均减少提交材料数量61%，企业开办最短用时35分钟，已为1万余家新开办企业和2万多人建立数字保险箱。三是拓展“证照同办”改革。面向职业中介公司、幼

儿园、书店等47类市场主体，率先推行“证照同办、一证准营”改革，市场准入、行业准营同步办理，通过“主题式”审批、多事一流程，企业一天内即可同时拿到营业执照和行业综合许可证。营商环境优化带动市场主体加速集聚，截至目前，山东自贸试验区内新设企业6.6万余家，存量企业13万余家。四是高标准保护知识产权。落户全国首家自贸区知识产权保护中心、自贸区知识产权检察办公室、自贸区海洋知识产权中心，建立全省首个互联网知识产权巡回审判庭、知识产权犯罪侦查大队、“易智存”区块链知识产权服务平台。畅通化工新材料等3个领域知识产权确权、维权绿色通道，实施公益性服务全流程标准化改革，实现知识产权可估值、可定价、可流通。

二、聚焦贸易投资便利，释放对外开放动能

一是推动数字化贸易发展。全国率先利用“一物一码”数字技术，推动7家保税展销中心开设；全国“首单”橡胶区块链、保税原油数字仓单质押融资业务顺利落地，推动构建“数字化仓储＋数字化交易＋数字化金融”的大宗商品数字化贸易生态；正式上线跨境易货数字贸易平台，蓄力打造全国首个“跨境易货谷”。二是丰富贸易平台建设。成功申建国家文化出口基地，搭建文化公共服务平台，签约集聚沿黄流域500多家文化企业，构建文化出海集群；上线国际经贸技术标准综合服务平台，汇集百万余项国际标准、技术法规等数据，提供国外技术性贸易措施全链条服务。三是推进口岸降本增效。首创“进口大宗商品智慧鉴定监管”，每年可产生直接经济效益约3亿元；全国首创“关保通”业务，一张保函全国“零成本”通关，实现进口货物当天申报当天放行，通关效率提高50%，盘活现金流16亿元。四是支持贸易新业态发展。完成全省首批“中欧班列＋跨境电商”B2B模式货物出口；出台意见鼓励企业开展真实、合规的新型离岸国际贸易业务；获批全国首个保税混铜业务试点，推动多业态的全球矿产品保税混配中心建设，带动大宗商品进口净增100亿元以上。五是推进投资便利化改革。全面实施外商投资准入前国民待遇加负面清单创新举措，韩国SK、欧力士、韩国新能源汽车电子等一批世界500强项目落户；全国首个德资职业技能培训机构当日申请当日拿证；山东首家外商独资旅行社不到1个小时实现“跨国落户”；首创中日韩投资“云上审批”，实现日韩投资者不出国门即可获得片区市场准入和经营资格。

三、探索金融开放创新，有效赋能实体经济

一是试点人民币跨境支付便利化措施。推动山东电建沙特子公司设立NRA账户开展跨境融资，山东商业集团、浪潮、重汽等5家公司实现跨境人民币资金池收付金额超过23亿元。成功落地对外承包工程类优质企业跨境人民币结算便利化付款业务，助力中铁十四局集团使用人民币支付尼泊尔援建工程款项。二是助力企业降低跨境融资成本。落地全国首笔中泰货币互换项下泰铢融资业务，泰国央行首次启用中泰货币互换项下泰铢融资，融资利率低于同期商业贷款利率4个百分点。三是积极探索金融产品创新。针对科创企业跨境金融服务需求，率先落地全省首笔自贸区出资型国际贸易融资风险参贷业务，仅一个月时间投放即突破2亿元。支持融资租赁全链条发展，在上游融资端落地山东首笔离岸人民币债券业务，为企业开辟SPV绿色前置审批通道，释放行业发展潜力，下游投资端出台相关意见。

四、强化人才科技支撑，塑造创新发展优势

一是构筑科技创新生态。组建山东产业技术研究院，实施新型管理体制机制；支持企业开展"卡脖子"技术攻关，助力企业突破美国限制5G高端滤波器进口瓶颈；建成全球首个智能＋5G互联工厂，获国家工信部等十部委认可；发起全球首个万种鱼基因组测序项目，设立全国唯一的国际海洋基因组学联盟；落户全国首个夏普超高清产业研究院和韩国国家级科创孵化平台；建成上海、深圳两大离岸孵化基地，设立中韩、中俄、中加等海外创新中心，孵化创新型企业近百家。二是优化人才发展环境。设立"服务金卡"专门窗口、开设"人才绿色通道"、优化出入境管理流程、开展职业资格国际互认等创新措施，为外籍特色人才提供永久居留和出入境便利；依托"业达人才码"累计为区内300余位高层次人才提供各类服务1000余次；开发全国首个人才有价平台并投入运营，率先提出人力资本服务业并纳入国家《产业结构调整指导目录》；获批国家海外人才离岸创新企业基地试点，全省首个国际人才社区投入运营。三是广泛借力智库力量。在省商务发展研究院设立自贸创新研究中心，聚焦关键领域和重点环节，调动各方力量共同开展研究。国家层面，与商务部研究院、中国社科院等建立合作关系；省级层面，与省委党校、山东大学、山东财经大学、山东工商学院等知名高校建立自贸智库联盟，同时吸纳省有关部门、三个片区和重点企业的改

革创新人才，共同组成创新联合体，为自贸试验区创新发展提供智力支撑。

五、创新引领要素集聚，加速产业转型升级

一是着力推动医疗康养产业发展。推进华熙生物在透明质酸特医食品以及功能性食品上的开发创新，实现透明质酸入食；依托互联网医保大健康平台，建立“互联网＋医保＋医疗＋医药”创新发展体系；建立澳门-横琴片区-济南片区联动机制，推动宏济堂、省药学科学院等6家企业和机构落地澳门、横琴，开展中药新药研发、转化、上市等多层次合作，拓展中医药出海新路径。二是高效推动航运物流产业发展。启用航运贸易金融数字化综合服务平台，与产业互联网平台、贸易综合服务平台、供应链金融平台、大宗商品交易平台合作，构建产业发展的数字化基础设施；新开通国际航线23条，外贸航线数量北方第一；首创海铁联运货物“全程联运提单”，实现海铁联运集装箱同比增长22.7%；新开通青岛至东京、大阪、河内全货运包机，实现日韩货机“公交化”，助力深化RCEP国家合作。三是加快推动海洋经济发展。全国首推“海工装备＋渔业服务”模式，投资百亿元人民币推进海洋牧场“百箱计划”，打造亚洲最大的海洋渔业规模化养殖基地；全国率先试点装备型海洋牧场平台确权，建立“研发、确权、融资、增信、推广”集成创新链条，相关做法被农业农村部肯定并推广；建成中国首个同时满足海水、淡水环境，兼具全品类海洋种质资源引进中转隔离场，搭建起集种业研发、引进繁育、陆海中转等多功能于一体的公共服务平台。

六、夯实发展体制机制基础，充分发挥自贸辐射带动作用

一是完善各项体制机制。在省级层面成立了工作领导小组，组长由省主要领导挂帅，成员由省直部门和济青烟三市政府组成，形成了上下协同、多方联动的工作推进机制。出台《中国（山东）自由贸易试验区条例》，对山东自贸试验区的目标定位、创新领域、保障措施等作出制度性安排。建立统计制度和特色指标体系，上线区域识别系统，与省有关部门实现数据共享，客观反映建设成效。建立对片区和省直部门改革创新评价机制，对改革试点任务推进情况加强督导，鼓励部门协同创新。建立容错纠错机制，激励干部担当作为，营造大胆闯试的良好氛围。二是加快联动创新。在省内布局建设一批联动创新区，研究制定联动创新区建设实施方案，推动3个片区与17个国家级和省级功能区开展联动创新，构建片区内外市场相通、规则相连、产业相融、创新相促的发展格局；省外

推动济南片区与澳门-横琴片区推动中医药产业合作、青岛片区与南沙片区开展创新合作共建全球溯源中心、烟台片区与海南三亚崖州湾科技城开展海洋种业合作，推动互利共赢。三是助力黄河流域高质量发展。成功举办黄河流域自贸试验区联盟启动暨对外开放高质量发展大会，组建黄河流域自贸试验区联盟，发挥自贸试验区制度创新和对外开放优势，叠加经济功能区产业、政策和空间优势，优化要素资源配置，推动区域协调发展。建立东西协同黄河文化“出海”全链条服务体系，协同打造服务黄河流域经济“端到端”全程物流新模式，有效提升沿黄流域物流运输体系的协同效率。

全力突破“四个中心”
加快建设“国际范”上合示范区

（山东省商务厅上合示范区服务协调处）

2018年6月10日，国家主席习近平在上海合作组织成员国元首理事会第十八次会议上宣布，“中国政府支持在青岛建设中国-上海合作组织地方经贸合作示范区”。2019年9月20日，《中国-上海合作组织地方经贸合作示范区建设总体方案》（以下简称《总体方案》）获国务院批复。上合示范区启动建设以来，认真贯彻落实习近平总书记重要指示要求，主动服务和融入国家开放战略，全力推进国际物流、现代贸易、双向投资合作、商旅交流发展“四个中心”建设，呈现开局良好、全面展开、加速推进的态势，得到了各级领导的充分肯定。原商务部副部长俞建华指出，“示范区在短短两年时间内，取得了新成效、呈现出新气象、开创了新局面，使习近平总书记提出的构想成为青岛大地上的生动实践”。上合组织秘书长张明指出，上合示范区有力地促进了上合组织地方经贸合作，用开放凝聚了“上合力量”。

一、聚焦主责主业，“四个中心”建设有效推进

（一）国际物流扩线增量

统筹多式联运服务功能，大力发展现代物流产业，持续拓展国际物流合作，链接起覆盖省内、辐射沿黄、横贯欧亚、联通日韩东盟的国际物流大通道。2020年以来，新开通至塔吉克斯坦杜尚别等14条国际班列线路，目前常态化开行至莫斯科等16条国际班列线路，通达上合组织和“一带一路”沿线20个国家、49个城市。推出全国首班冷鲜蔬菜专列、全省首班“中老国际班列”、全省首班跨境电商专列、全省首班“铁路快通”专列、全省首笔多式联运“一单制”提单等。2021年开行班列621列，增长54.9%；回程班列154列，较2020年增长8倍，物流产业营收647.2亿元。全省首个临空型综合保税区——青岛空港综合保税区正式获国务院批复设立。

(二)现代贸易迅猛增长

广泛搭建合作平台，探索创新贸易模式，着力做大贸易规模，吸引上合组织和“一带一路”沿线相关国家的优质资源要素、广阔市场需求。累计集聚贸易主体1700余家，引进培育上合跨境贸易服务中心等10个贸易平台、传化(上合)合贸通等4个跨境电商平台。完成全省首单跨境易货贸易通关测试。与上合组织国家贸易额由2019年的8.5亿元增至2021年的40亿元，增长近5倍。签发全省首份对韩国RCEP原产地证书、全省首份中国-新西兰自贸协定原产地声明。

(三)双向投资合作加速展开

立足上合组织国家资源禀赋和产业现状，推动产业链上下游企业在示范区集聚交织耦合。聘任首批“招商大使”，瞄准生物制药、人工智能、新能源等重点领域，推动上下游配套企业加速集聚、协同联动。2020年以来，共引进上海电气风电装备产业园、中集全球冷链高新产业平台等总投资1765亿元的52个项目，新增中国俄罗斯中心、上合(青岛)绿色香辛料交易市场等20个上合元素项目。与上合组织国家双向投资额达到2268万美元，是2020年的56倍，占青岛市的63.9%。

(四)商旅人文交流走向深入

持续深化与上合组织国家和“一带一路”沿线国家的文化相融、民心相通。拓展友城合作渠道，与上合组织国家建立友好城市4个、友好合作关系城市7个。创新搭建“云聚上合・共谋发展”“友城合作・共创未来”等对话机制，与200多位使节、200多家企业互动交流，线上线下举办200余场经贸对话活动，遍访20个上合组织相关国家驻华使馆。上合组织前秘书长诺罗夫和156位上合组织及“一带一路”沿线国家驻华大使、使节到访上合示范区。

二、强化载体支撑，高水平开放平台功能日益完善

(一)坚持互利共赢，搭建资源集聚平台

举办2021上合博览会，3个国际组织、30个国家的76位驻华使节参会，是青岛史上参会国家最多、参会驻华使节最多的专业性博览会。举办第二届“一带一路”能源部长会议，推动设立“一带一路”能源合作伙伴关系秘书处青岛办公室。举办2021中国-上合组织国家金融合作与资本市场发展论坛，全省首只QDLP基金落户上合示范区。举办“2022全国网上年货节”上合组织国家特色商品电商直播暨青岛・上合示范区网上展销活动，上合组织国家驻华使节首次

参与直播带货活动，得到了国家领导人和商务部等部委的充分肯定。

（二）坚持开放融通，搭建商事服务平台

建设上合“法智谷”，最高人民法院指定胶州市人民法院管辖一审涉港澳台、涉外的民商事案件，受理涉及10个国家和地区相关案件154件次。司法部授予上合示范区全国首批上合组织法律服务委员会交流合作基地。山东港信作为1997年以来全国首个获准设立的国内期货公司落户上合示范区。

（三）坚持广拓渠道，搭建对外交往平台

澳门葡语系国家商品馆、阿塞拜疆国家馆纳客运营，俄罗斯等8个驻华使馆授权的国家馆签约落地。举办“一带一路”能源部长会议、2021上合之夏、国际友人@Qingdao等活动50多场，上合示范区在上合组织“朋友圈”的知名度、吸引力不断提升。与俄罗斯阿拉布加经济特区、俄联邦主体“西伯利亚协定”地区间经济合作协会、塔吉克斯坦库洛布和彭知自由经济区等34个园区和行业协会签署友好合作备忘录。

（四）坚持先行先试，搭建创新发展平台

起点建设制度创新试验区，首创“信用上合”等35项上合特色改革创新举措，相关做法获中央改革办《改革工作简报》刊发。全面启动国际科技合作，建设上合海洋科学与技术国际创新转化中心，突破国家海洋监测设备领域“卡脖子”技术。

三、狠抓工作落实，推动示范区建设加快起势

（一）聚焦峰会成果抓落实

推进上合组织经贸学院建设，于2022年1月正式挂牌并成立理事会。坚持边培训、边筹建、边争取、边申报，在广泛征求上合组织国家意见建议基础上，积极开展援外培训和经贸培训。自2021年以来启动35个班次，来自95个国家的4600余人次参加培训，加速将学院打造成面向上合组织和“一带一路”沿线国家的教育合作新亮点、教育培训新典范。

（二）聚焦营商环境抓落实

加快突破制约瓶颈，通过一年半的努力，“908岸线”新修测成果通过自然资源部审核同意，并经省政府批复，受此影响的总投资719.6亿元的42个重点项目突破制约瓶颈。实行“互联网＋政务服务”，推动实现“区内事区内办”，创优“‘上’心服务·‘合’您心意”政务服务品牌。

（三）聚焦队伍建设抓落实

面向全国分三批公开选聘中层及以下干部115名。构建“管委＋平台公司＋发展研究院”紧密型一体化工作体系，围绕产业策源、综合保障、要素支撑、政策赋能四大板块优化内设机构，增强核心职能力量供给。坚持边组建、边学习、边工作、边提升，创新举办“丝路大讲堂”品牌培训活动，倡导“严真细实快”的工作作风，扎实深入开展“作风能力提升年”系列活动，努力在高质量发展中转作风、创一流、当排头。

下一步，上合示范区将坚持以习近平主席重要指示精神定向领航，切实扛起主攻担当责任，转作风、创一流、当排头，推动上合渠道拓展提升、上合特色加速集聚、上合元素日益彰显、上合气质多元开放，让“合作成果”深入民心、赢得人心，为“上合画卷”增光添彩，为打造“一带一路”国际合作新平台注入强劲动力！

消费市场十年跃升　奋力实现跨越发展

（山东省商务厅市场运行和消费促进处）

党的十八大以来，山东商务系统以习近平新时代中国特色社会主义思想为指导，全面贯彻落实省委、省政府决策部署，各级商务主管部门和广大商贸流通企业协同努力，积极推动山东消费市场高质量发展。步入“十三五”，山东围绕积极实施扩大内需战略，增强消费内生动力，推动消费提质扩容，全省消费市场发展提档升级。2020 年以来，山东积极应对新冠肺炎疫情，统筹疫情防控和经济发展，聚力深挖消费潜力，有力促进消费回补，消费市场发展通过疫情大考，绘就十年跃升跨越发展壮美画卷。

一、消费市场实现跨越发展

十年来，山东稳步出台一系列扩内需、促消费措施，积极发挥消费对经济增长的基础性作用，消费市场规模持续扩大。2012～2022 年，十年间山东社会消费品零售总额接连跨越 2 万亿元、3 万亿元两级台阶，年均增速达到 8.8%，比全国高 0.2 个百分点，增量超过从新中国成立到 2011 年间增量的总和，十年稳居全国第三大消费市场。2021 年实现社会消费品零售总额 33714.5 亿元，较 2012 年增长 1.1 倍；消费新业态蓬勃发展，2021 年实现网上零售额 4613.3 亿元，较 2015 年增长 2.6 倍；居民收入持续增长，内需拉动增势强劲，2021 年居民人均可支配收入 35705 元，较 2012 年增长 1.1 倍。2022 年上半年，受局部疫情反复影响，消费市场受到冲击，我省从需求侧发力出台多项促消费政策，提振消费市场热度，消费市场加速回暖。上半年实现社会消费品零售总额 15463.9 亿元，同比增速高于全国 0.4 个百分点，消费市场稳中向好，进中提质。

二、城乡消费市场协同发展

十年来，山东城乡一体化有效推进，城乡消费市场互促共进，城镇消费市场规模不断壮大，乡村消费市场持续高速增长。2021 年城镇实现社会消费品零售总额28081亿元，十年来年均增长8.5%，乡村实现社会消费品零售总额5633.6亿元，十年来年均增长9.8%，乡村振兴战略加快实施，乡村消费潜能加快释放，消费市场发展速度快于城镇，十年来乡村市场社会消费品零售总额年均增长8.5%，高于城镇市场年均增速9.8个百分点。城乡消费市场协同发展亮点纷呈，汽车消费表现亮眼，2020年，全省城镇居民每百户汽车拥有量61.2辆，乡村居民每百户拥有40辆，较2013年分别增长25.4辆、22.9辆，2014年开始连续7年乡村居民年增加量高于城镇居民。家电消费高速增长，2020年，全省每百户城镇居民电视机、洗衣机、空调、冰箱分别拥有量106.4台、100.9台、151.3台、106.4台，较2013年分别增加2台、9.7台、60.9台、13.2台。每百户乡村居民电视机、洗衣机、空调、冰箱分别拥有量107.6台、96.7台、95台、101台，较2013年分别增加1.1台、17.7台、69.7台、19.4台。除空调外，其他三大类家电每百户拥有量城乡居民渐趋持平。

三、消费市场结构升级提档

十年来，山东居民消费呈现从刚性消费向个性消费、从商品消费向服务消费、从注重量的满足向追求质的提升等一系列转变。消费市场需求侧改善型消费持续增长，消费市场供给侧积极顺应消费升级趋势，不断改善消费供给，消费市场品类更多、品质更优、品牌更好，消费供给结构加快升级，消费需求结构加速提档。

十年来，消费市场新模式、新热点不断涌现，网上消费迎来十年黄金发展期，成为重要消费增长极。我省网络零售额年均增速比社会消费品零售总额增速快18.4个百分点。2021年，全省实现实物商品网上零售额4763.3亿元，年均增长27.2%；占社会消费品零售额比重14.1%，比2015年提高8.9个百分点。

十年来，随着信息通讯技术发展日新月异，逐渐步入移动互联网时代，手机、计算机消费发生翻天覆地变化。2020年每百户居民家庭拥有计算机63.7台，比2013年有统计以来增长30%；每百户移动电话拥有量为234.4部，其中接入互联网196.3部，比2013年分别增长23.6%和2.7倍，每百户移动电话接入互联网占比从28.1%增至83.7%。

十年来，从吃、穿、住、用、行的分类来看，吃在消费结构的所占比重逐步下降，而吃、穿、住、用、行的消费占比逐步上升，消费升级趋势明显。限额以上单位商品零售额，十年来年均增长8.6%，其中粮油食品类零售额年均增长10.2%；

服装鞋帽针纺织品类零售额年均增长 5.5%;家具类零售额年均增长 9.6%;建筑及装潢材料类零售额年均增长 9.9%;家用电器和音像器材类零售额年均增长 8.4%;通讯器材类零售额年均增长 11.0%;体育娱乐用品类零售额年均增长 9.8%;金银珠宝类零售额年均增长 10.4%;化妆品类零售额年均增长 7.2%;中西药品类零售额年均增长 10.9%;汽车类零售额年均增长 6.3%,均保持高速增长。

四、住餐市场加快转型升级

十年来,山东贯彻执行中央"八项规定",厉行节约、反对浪费消费理念渐入人心。高端住餐市场需求减弱,企业积极转变经营理念,通过发展多元经营,优化菜品品种、开发全新品牌,开辟更加广阔的大众餐饮市场,逐步向大众化、市场化转型。2012～2019 年,全省住餐业发展速度有所放缓。至 2019 年底,全省限额以上住宿和餐饮业法人企业 2466 家,营业额 385.9 亿元,餐费收入 242.7 亿元,分别比 2012 年减少 722 家和 154.4 亿元、135.2 亿元。2020 年以来,新冠肺炎疫情严重影响住餐行业,面对危机,住餐企业通过创新经营模式、加强线上销售、增加团购外卖等,多渠道增加销售。至 2020 年底,全省限额以上住宿餐饮业法人企业 2810 家,比 2019 年增加 344 家,实现营业额 349.4 亿元,恢复至 2019 年的九成,有效应对疫情冲击。2021 年住餐业积极应对疫情反复影响,自建中央厨房扩大规模效应,大力发展预制菜产业,采取多种方式降本增效,实现营业收入 3828.2 亿元,十年来年均增长 10.2%。

五、市场主体规模不断壮大

十年来,山东持续深化"放管服"改革,努力营造公平环境,降低企业经营成本,市场主体竞相发展,规模效益不断提升,为我省消费市场发展夯定坚实根基、注入澎湃动能。2020 年,我省批发和零售业法人代表 21036 家,商品销售额 48585.3 亿元,分别比 2012 年增长 54.2%、99.4%。连锁经营成为现代流通业发展的主流业态。2020 年,全省连锁批发零售、住宿餐饮企业 214 家,比 2013 年增加 52 家,增长 32.1%;拥有连锁门店数 19419 家,从业人员 20.8 万人,营业面积 3374.8 万平方米,分别比 2013 年增长(12171)59.6%、(201246)3.5%和(1361.7)1.5 倍。目前山东连锁企业已覆盖全国 30 个省和直辖市。

六、市场运行基础更加稳固

十年来,山东着力构建省市县三级统计监测网络体系,持续做好统计监测工作。不断扩充优化统计监测样本结构，全省监测样本从2012年的832家增加至3162家，规模增长2.8倍，监测范围涵盖系统全品类，地域覆盖全省所有市、县(区)，为消费市场运行工作奠定坚实基础。“十三五”以来，加大统计监测成果转化，与国研中心等单位达成战略合作协议，与卓创联合发布商品市场监测月报，深化市场运行分析，增强分析的维度、准度、深度，为宏观决策、行业发展、企业经营、居民消费提供信息支撑和服务。2020年、2022年，积极应对两个波次新冠肺炎疫情，建立生活必需品应急监测和异常波动报告预警机制，加强受灾地区生活必需品市场运行监测分析，及时研判疫情对市场供应影响，指导灾区加强生活必需品统筹供应，每日编制重点监测零售企业运行情况专报，报省委、省政府领导决策参考。

七、应急保供能力不断提升

十年来，山东按照“找得到、调得动、运得去、供得上”的目标要求不断完善全省储备应急保供体系，2014～2019年，投入省级财政资金2500万元，构建“1个平台、5个保供基地、150家应急企业、4600个投放点”的全省储备应急保供体系，应急保供能力建设在全国商务系统处于领先地位。2017年、2018年连续两年组织山东省储备应急保供演练，2017年参加山东省应急救援综合演练，被评为先进集体。全省储备应急保供体系在2018年应对我省部分地区出现大暴雨、局部特大暴雨，2019年应对非洲猪瘟市场保供稳价、迎战利奇马台风，2020年、2022年应对两个波次新冠肺炎疫情等突发事件过程中，发挥了较好作用。2021年投入省级财政资金1500万元，按照“保障20万人5天基本生活”标准规定，建立5个应急储备存放点，储备9类3930吨生活物资，接续完善2021～2025年全省储备应急保供体系建设。

山东消费市场十年来的发展变化，印证了党和国家事业取得的历史性成就、发生的历史性变革，展望“十四五”，我们要始终高举习近平新时代中国特色社会主义思想伟大旗帜，深入贯彻习近平总书记视察山东指示精神，锚定“三个走在前”目标定位，聚焦“六个一”发展思路、“六个更加注重”策略方法、“十二个着力”重点任务，勇于担当、善于作为，埋头苦干、勇毅前行，扎实推动全省消费市场高质量发展，奋进新征程、建功新时代，为新时代社会主义现代化强省建设作出商务贡献，以实际行动迎接党的二十大胜利召开。

畅通双循环　聚力商贸流通高质量发展

（山东省商务厅流通业发展处）

习近平总书记提出，“构建新发展格局，必须把建设现代流通体系作为一项重要战略任务来抓”。党的十八大以来，流通业发展坚持以习近平新时代中国特色社会主义思想为指导，深入贯彻落实习近平总书记对山东工作的重要指示要求，落实党中央、国务院关于流通体系建设决策部署和省委、省政府工作安排，科学把握新发展阶段，坚定贯彻新发展理念，主动融入新发展格局，以畅通国内国际双循环为核心，聚力商贸流通业高质量发展，多措并举，推动全省流通体系不断提质增效。

一、现代流通体系持续完善

组织编制内贸流通“十四五”发展规划，研究出台《关于加快建设现代流通体系服务构建新发展格局的实施意见》，在全国省级层面率先提出建设城乡一体、商产融合、内外联通的现代流通体系，从优化流通网络布局、提升流通设施水平、做优做强流通主体、大力发展新业态新模式、促进城乡流通一体化、强化政策措施保障6个方面提出20条政策措施，经省政府常务会议、省委常委会审议通过，以省政府名义正式印发。组织开展现代流通强县评选认定工作，全省16市共报送39个县（市、区）参与评审，参照综合实力、流通网络、流通主体、创新发展等四方面17项指标，对参评县（市、区）进行测算排名，经征求省财政、应急管理、生态环境、市场监管、统计等5部门意见，确定2021年度现代流通强县建议名单并报省政府审批，推动县域流通体系不断完善。商贸流通成为经济增长的“压舱石”，2021年社会消费品零售总额33714.5亿元，比2011年增长96.5％，年均增长6.9％。

二、流通主体不断壮大

加快培育达限纳统商贸市场主体，2020年，限额以上批零住餐企业户均销售额19665.2万元，较2010年增长88.7%，年均增长7.3%；全省年成交额过亿元的商品交易市场383个，平均年交易额21.5亿元，较2010年增长74.8%，年均增长6.4%。2021年新增限额以上批零住餐单位8180家，比上年增长38.4%；实现零售额826.9亿元，拉动限额以上单位零售额增长5.9个百分点。开展全省物流企业调研摸底，对组织专家评审确定的52家现代物流企业培育对象，持续加强业务指导，进行重点培育。开展新设一级分拨中心认定，组织专家开展评选，明确申报条件、申报材料，12市共报送涵盖邮政、顺丰、京东等13家企业的32个一级分拨中心，联合省邮政管理局对申报材料进行梳理核对，并赴济南、潍坊、临沂开展实地调研。完成流通供应链平台评审申报工作，组织专家审核材料、实地考察、答辩评审，充分发挥风向标作用，提升供应链集成服务能力。

三、流通设施升级有序进行

组织开展三批省级步行街改造提升试点工作，共认定31条省级步行街改造提升试点，青岛台东路步行街于2020年6月入选第二批国家级步行街试点；按照"一街一特色，一月一主题"的总体部署，组织开展"家乡好街·请您来逛"金日逛街活动，山东步行街"逛街日"深入人心，知名度不断提升。推进城市一刻钟便民生活圈建设，按照商务部"两年试点、三年推广、五年全覆盖"的要求，确定东营、临沂、滨州、济宁、潍坊、威海、淄博、泰安、德州9市为前2批省级试点城市，一刻钟便民生活圈覆盖面和影响力持续扩大。向商务部推荐的济南、青岛、烟台、东营、潍坊、济宁、威海7市全部入选国家级试点，在全国各省市中数量最多。开展智慧商圈建设，根据商务部《关于开展智慧商圈、智慧商店示范创建工作的通知》《智慧商圈建设指南》要求，制定智慧商圈评价指标体系，组织开展首批省级智慧商圈试点申报工作，推动一批具有较强消费力、集聚力和辐射力的商圈智慧化发展。

四、流通新业态新模式发展迅速

支持新零售发展，启动新零售综合示范工程，支持济南、淄博建设品牌连锁便利店、知名商业品牌首店和智能零售柜，提升零售品牌化、便利化、智能化水平。参照商务部《智慧商店示范创建评价指标（试行）》，指导各市推动有条件的商店完善智慧设施、提供智慧服务、构建智慧场景、加强智慧管理，做好智慧商店示范创建的准备工作。支持首店经济发展，指导各市出台促进首店经济发展的奖励政策，烟台市出台《烟台市人民政府办公室印发关于支持发展首店经济的若干措施（试行）的通知》《烟台市首店经济认定办法（试行）》，试行期 2 年，目前各项政策措施正在落实中；青岛市起草政策，对开设全国、全省首店的零售餐饮企业，以及引进首店的商业综合体择优给予奖励，充分发挥首店的带动引领作用，挖掘新的消费增长点。

五、城乡流通一体化协调发展

济南、淄博、烟台、潍坊、临沂 5 市先后入选商务部城乡高效配送专项行动重点推进城市，在完善城乡配送网络、优化配送组织方式、加强技术应用、创新配送模式等方面进行积极探索，通过整合商贸、交通、邮政、供销系统等资源，发展共享共用的配送中心和末端综合服务网点，共建设物流园区 54 个、配送中心 310 多处、乡镇网点 3700 多处、村级服务站点 20000 余处，搭建了层级清晰、衔接有序的三级节点城乡配送网络体系，评选认定的 2 批 20 个城乡高效配送示范县积极总结经验，引领县域配送能力不断增强。创新拓展农商互联“五联五通”，加强农产品供应链体系建设，升级改造公益性农产品批发市场，成功举办全国农商互联暨精准扶贫产销对接大会。建立省级县域商业体系建设工作协调机制，培育建设乡镇商贸中心，打造农村生活消费服务综合体，2021 年 212 场促销活动亮点纷呈、成效显著。

六、流通标准化数字化水平明显提高

2016 年，淄博、临沂、德州三市被商务部、财政部确定为国家物流标准化试点城市，每市获得国家财政资金 8000 万元，通过开展试点托盘标准化率平均达到 36%，比试点前提高 27 个百分点。带托运输率平均由试点前的 2%提高到22.5%；试点企业物流成本占主营业务收入比重降为 27.4%，比试点前下降 15 个百分点。按照《关于加快推进国家级服务业标准化试点（商贸流通专项）的函》要求，指导青岛、临沂、日照 3 个试点城市围绕内外贸一体化、商贸流通提质增效，建立标准化工作机制，制定标准化发展规划和试点工作台账；指导山东美佳集团、金乡大蒜等 12 家试点企业建立完善企业标准体系，推进试点任务落实落细。提高流通数字化水平，指导 10 家流通领域全行业数字化改造认定企业制定数字化发展规划，推动商贸领域数字技术应用，供应链网络化协同水平不断提高。

七、流通绿色化水平显著提升

定期召开全省绿色商场创建工作座谈会，持续做好绿色商场创建工作，2021 年新创建绿色商场 7 家，我省绿色商场创建单位累计达到 29 家，广泛宣传简约适度的生活理念，积极倡导绿色低碳的生活方式，在全社会营造出崇尚、践行绿色新发展理念的良好氛围。配合省交通运输厅开展绿色货运配送示范工程创建，推进省级再生资源产业园和绿色分拣中心创建，认定首批 15 家省级再生资源产业园、8 家省级回收分拣中心，充分发挥示范引领作用，推动再生资源回收行业规模化、规范化水平不断提升。

八、流通领域安全形势总体平稳

组织开展商务领域安全生产大排查大整治和大学习大培训大考试行动，开展"安全生产月"系列宣传活动，获评省级优秀组织单位。厅领导每月常态化主持召开安全生产专题会议，所有相关处室负责同志参加，学习重要文件及会议精神，按照"三个必须"工作要求，守土有责、守土尽责，坚决扛牢安全生产行业主管责任。组织督导小组赴全省 16 市开展常态化、全覆盖督导检查，采取"四不两直"方式，重点检查各级商务主管部门和各类商贸流通企业的安全生产责任落实情况，巩固大排查大整治工作成效。制定《全省商务领域安全生产大检查活动实施方案》，增强全省各级商务主管部门的主管和监管责任意识，督促商贸领域相关企业落实安全生产主体责任，确保全省商务领域生产安全形势稳定。

营造电商新业态　释放发展新活力

（山东省商务厅电子商务处）

党的十八大以来，全省电子商务工作主动融入和服务新发展格局，大力完善电子商务发展生态，提升电子商务发展质效，主要指标增幅居重点省市前列，在提振消费信心、释放消费活力、推动消费升级、助力乡村振兴等领域发挥了重要作用，在助力全面建成小康社会、决战决胜脱贫攻坚等方面作出重要贡献。

一、电子商务发展规模实现新跃升

（一）全省网络零售额增长迅速

在新技术和新模式创新驱动下，电子商务广泛渗透到全省社会经济的各个领域，成为经济转型发展的新动力。据第三方机构监测数据，2021 年我省实现网络零售额 5403.9 亿元，比 2013 年（1800 亿元）增长 2 倍。2022 年上半年，我省实现网络零售额 2873.0 亿元，同比增长 18.7%，高于全国增速 15.6 个百分点。实物商品网络零售额 2523.4 亿元，同比增长 26.0%，高于全国增速 18.6 个百分点。

（二）网上店铺实现爆发式增长

我省电子商务企业不断增加，传统企业纷纷借助电子商务开展网上营销，取得良好成效。截至 2022 年上半年，全省网络零售监测平台企业数量为 16.3 万家，位居全国第 6 位，占全国企业总数的 6.9%。网上店铺数量为 189.3 万家，占全国店铺总数的 6.2%，从各平台店铺数分布看，美团（到店）、大众点评和淘宝网位居前三，店铺数分别为 61.8 万家、60.4 万家和 52.9 万家。网络零售从业人数达 174.3 万人，占全国网络零售从业人数的 4.5%。

（三）非实物商品网络零售厚积薄发

在线餐饮、在线旅游等企业依托互联网、大数据、人工智能等数字技术，实现迅猛发展。据第三方机构监测数据，2021 年，我省非实物商品网络零售额 877.8 亿元，占全省网络零售额的 16.2%，同比增长 13.4%。其中青岛、济南和烟台市，非实物商品网络零售额分别为205.1亿元、165.7亿元和82.1亿元，零售规模排在全省前3位。2022年上半年，全省在线餐饮、在线文娱和虚拟商品网络零售额共计273.6亿元，占非实物网络零售额的78.3%。

二、电子商务助力防疫保供保障民生

新冠肺炎疫情发生以来，电子商务在抗疫保供、复工复产和消费回补等方面作用日益凸显，成为统筹疫情防控和经济社会发展的重要力量。

(一)精心部署全力战疫

2020年以来，新冠肺炎疫情对我省经济发展造成巨大影响。抗击疫情过程中，全省电子商务展示出强劲的活力和韧性，在保民生、促复工、助消费、拓市场等方面发挥了重要作用。面对疫情常态化，全省电子商务系统群策群力，统筹疫情防控和电商发展，以电商平台为重点，协助解决电商物流车辆受限、外卖配送和快递分拣人员上工等困难，积极开拓防疫物品网上销售、本地服务等新的增长点，提前谋划指导电商企业做好疫后复工复产，降低疫情对消费市场的影响。2022年3月以来，潍坊市商务局及时为生活必需品保供企业发放车辆通行证超过3200张，其中，为“多多买菜”“美团优选”“交运优选”等电商平台企业发放通行证超过300张；威海市建立“一事一议”快速协调解决机制，协助骨干保供企业办理车辆通行证500余张，随时打通生活必需品运输堵点。

(二)迅速行动助力抗疫

2020年武汉疫情突发，山东省电商企业为武汉等地区筹备救助物资、调动资源、上线疫情服务，山东远盾网络物流提供20台9.6米箱货车加人应急防控指挥部，承接首批济南至武汉医疗救援物资的运送任务；济南市通过专题电商直播“济南市东西部扶贫协作湘西专场——县长来了”助力武汉抗击疫情。2022年3月，山东境内疫情多发频发，电商企业再次冲在防疫第一线，银座集团未雨绸缪，提前制定应急预案，建立快速响应机制，在疫情防控上，始终紧绷安全弦，从“人、货、场”等各个方面，扎实筑牢疫情防控坚固防线。潍坊百货集团启动应急预案，设立“抗疫情保民生”专区。新泰青云购物中心有限公司作为城乡生活物资保障供应者和防疫防控重要关口，快递配送车辆进出分拨前进行全面消杀，快件逐票消杀，受到社会各界广泛认可。

(三)闻令而动服务民生

山东电商企业服务山东大局，服务人民大众，统筹疫情防控和经济运行，积极投身防疫情、保供应、稳市场，取得了积极成效。寿光蔬菜产业控股集团成立“蔬菜稳产保供应急调度专班”，全力保障向全省及全国各地配送蔬菜顺利周转，确保每天供应各类新鲜蔬菜150吨以上，并优先保证北京、上海、广州、吉林等省市蔬菜供应。银座集团始终密切关注疫情对市场的影响，与省内及周边10余个大型农产品批发市场、基地密切对接。家家悦集团加大肉、蛋、菜等民生商品订货储备和调度，城市静止期间，威海生鲜物流中心每天向全市投放蔬菜、粮油、肉蛋奶日均供应量约750吨，物流整体仓储日均保持在8000多吨，每天调运补充量约1500吨，保证了货源充足供应。

三、电商创新应用促进新消费发展

（一）电商赋能推动传统企业转型升级

大数据、云计算、人工智能、虚拟现实等新一代信息技术的快速发展为电子商务营造了更加丰富的应用场景，全省紧紧围绕保供给、促消费等重点工作任务，通过推广新兴技术应用，创新经营服务模式，大力发展“互联网＋商贸”，推动商贸流通企业、家政餐饮、老字号企业、便利店等不同行业线上线下融合发展。同时，以传统产业为依托，积极推进化工、医药、机械、纺织、粮食、食品、汽车、家电等行业电子商务深入发展。青岛市作为我国三大家电生产基地之一，拥有海尔、海信、澳柯玛等全国知名家电品牌，家用电器和音像器材行业网络零售额占比超过50％；威海市作为我国著名的渔具制造和销售集聚地，拥有光威、环球、宝飞龙等一批知名自主钓具品牌，体育、娱乐用品行业网络零售额占比超过40％；平阴玫瑰、烟台苹果、乳山牡蛎、文登西洋参、平邑金银花入选国家重点联系指导名录相关产品。

（二）新业态新模式成为电商发展新动力

在移动直播全民化、网红经济快速爆发的背景下，形成了图文、音频、视频直播全方位的场景化营销，网络零售与社交化平台进一步交叉融合，网红电商进入快速发展期，产业链初具规模。据第三方机构监测数据，2021年，全省直播336.7万场，同比增长150％；吸引消费者观看261.8亿人次，同比增长637.2％；其中，抖音直播以全省245.6万场次和218.5亿观看人次位居首位。2022年上半年，全省直播242.7万场，同比增长94.4％；吸引消费者观看183.5亿人次，同比增长93.7％。在受新冠肺炎疫情影响消费不振的局面下，直播带货、网红经济电商新模式有力提振了市场，促进消费市场回暖。

(三)品质消费成为网购新风尚

从网络零售市场的销售渠道和商品结构来看，商品消费品牌化、品质化趋势愈加明显。2018年，山东省商务厅开展“鲁产国际品牌产品”网上行活动，深化与电商平台的战略合作，设立“鲁产名品馆”培育网络品牌。其中，沂源县积极打造“沂源人家”区域公共品牌，在此基础上培育出若干特色产业子品牌；郓城县培育出了艾尚羽、班卓、华夏木老头等一批文化产业品牌。连续4年参加商务部组织的“双品网购节”电商促消费活动。2022年第四届双品网购节暨非洲好物网购节山东专场活动中，参与活动的电商平台企业超过40家，店铺超过1万家，品牌商品超过5万款，实现网络零售额294.1亿元，同比增长12.2%，其中实物网络零售额264.4亿元，增长18.4%。网购节与“好品山东”首度联手，从首批223家“好品山东”品牌中遴选107个品牌进行直播带货，涵盖农产品、消费品、制造业等领域，搭建“好品山东·惠享生活”双品网购节营销专场，107个品牌网络零售额增长11.6%。其中，金锣增长49%，福瑞达旗下的颐莲、贝润等美妆品牌增长超过100%。

四、电子商务进农村助力脱贫攻坚和乡村振兴

(一)全力推进电子商务进农村综合示范工作

2017年至2021年，全省共35个县获批电子商务进农村示范县。全省商务系统以电子商务进农村综合示范项目建设为抓手，不断建立完善县乡村三级电商公共服务体系，整合县域快递物流资源，线上线下融合，商品服务并重，推动农产品上行和工业品下乡双向流通，示范成效与产业贡献逐步凸显。截至2022年上半年，各示范县累计新建改造县级电商公共服务中心33个，县级物流仓储配送中心31个，乡镇级电商服务站376个，村级电商服务点4063个；电商培训164854人次，带动县域就业人数20507人，新增网商总数11321个。

(二)培育龙头企业带动农民增产增收

农村电商关键在发挥龙头企业示范带动作用，推动电商在农村地区快速发展、促进农民增收。沂南县培育了山东帅克、山东沂蒙大妮等10余家规模较大的农产品电商企业，拓宽农产品销售渠道，在助推全县脱贫攻坚和乡村振兴方面发挥了重要作用。五莲县建立“电商带企业、企业带基地、基地带农户”模式，全县专业电商企业达200家，各类网店、微店超过1万个。凯阳现代农业有限公司运营的农产品上行基地，带动周边300余户农户发家致富。新泰市金面杖食

品有限公司，全款产品通过线上直播销售，推广产品100余类，2021年销售额突破3000万元，共计培训电商学员200余人次，推动全镇由原来126个电商企业增加到近300家。

（三）强化品牌效应助力农产品上行

越来越多的农产品电商实践表明，如果不能对农产品电商的源头进行供应链、产业链和价值链层次的深入改造，仅仅在电商的终端进行营销上的创新是难以持续的。对此，我省大力支持和鼓励农产品品牌化品质化升级，打造一批全国知名的农产品电商品牌。滕州市注册“滕韵佳物”“滕味善品”2个电商区域公共品牌，授权50余家企业使用，拍摄完成10部特色农产品宣传片，在天猫、京东、有赞商城开设滕州特产专区。安丘市改造提升“安丘农耕”原有公用品牌，研发培育“安品味来”农产品区域公用品牌、“柘月果”行业区域品牌。莘县成立“莘县品牌推广协会”，打造“莘鲜天下”电商区域公共品牌，授权20余家企业使用，促进农产品标准化上行。海阳市通过海阳梨花节、桃花节等节庆大型活动，推介海阳白黄瓜、网纹瓜、绿茶、樱桃等名优产品，进一步推动海阳名优产品知名度提升。2021年，我省农产品网络零售额367.6亿元，同比增长2%，高于全国平均增速1.2个百分点。2022年上半年，全省农产品网络零售额214.3亿元，同比增长24.9%，高于全国平均增速14.1个百分点。

区域篇

砥砺十年铸华章　奋楫扬帆再起航

（济南市商务局）

十八大以来的十年，是济南商务事业击鼓奋进、跨越发展的十年。尤其近几年来，济南商务系统坚持以习近平新时代中国特色社会主义思想为指导，按照省、市决策部署，攻坚克难、砥砺奋进，主动服务和融入新发展格局，商务经济实现平稳较快增长，商务发展取得显著成就，走出了一条提质增效、创新转型的发展之路，为加快落实黄河流域生态保护和高质量发展重大国家战略、建设新时代社会主义现代化强省会贡献了商务力量，交出了一份亮点纷呈的高质量答卷。

——消费市场持续繁荣。2021 年实现社会消费品零售总额 5126.1 亿元，是 2011 年的 2.5 倍，年均增长 9.7%。限额以上批发、零售、住宿、餐饮企业达到 4745 家，是 2012 年的 3.4 倍。

——对外贸易提质增量。2021 年实现货物进出口 1944.2 亿元，是 2015 年的 3.2 倍，年均增长 15.9%。服务外包从业人员由 2015 年的 21.7 万增长到 2021 年的 33.74 万，增长 55.5%；外包业务来源地扩大到全球 150 多个国家和地区。

——对外经济合作全省领先。“十三五”期间，累计完成对外投资 55.8 亿美元、承包工程营业额 195.04 亿美元，分别为“十二五”时期的 2.1 倍和 1.6 倍。2021 年对外承包工程合同额、营业额和对外实际投资均居全省首位。

——商贸流通体系更加完善。重要商品应急保障供应体系不断完善，市场秩序规范有序。流通主体不断壮大，全市网络店铺达 25 万家，专业市场 116 个，放心早餐连锁店 500 多家，家政服务网点 300 余个，15 分钟社区便民商圈实现主城区全覆盖。

一、城市消费能级大幅提升

出台建设国际消费中心城市、促进消费提质升级、加快推进现代流通体系建设等政策文件，常态化开展“济南消费季”系列品牌促消费活动，加快释放消费潜力。商业街建设全省领先，泉城路、宽厚里等商业街区加快改造提升，印象济南泉世界、融汇老商埠等4条步行街纳入省级步行街改造提升试点。加大国际知名品牌首店、首发、首牌、首秀招引力度，济南印象城、华润万象城、融创文旅城等一批大型商贸综合体相继开业，中粮大悦城、中商惠民、阿里巴巴等总部型经济和永辉超市、盒马鲜生、便利蜂、7-11等一批全国知名新零售品牌首店、连锁便利店集中落地。

二、外贸进出口量质齐升

外贸主体不断壮大，实绩企业达到5500余家，年进出口额过亿美元企业由2018年的12家增长到42家，培育了浪潮、重汽、山钢、太古飞机等知名进出口企业，浪潮云服务器销量全球第一，济南维尔康进口肉类指定查验场是全国唯一设在肉类水产品批发市场内的内陆口岸。外贸新业态加快发展，培育打造了济南综保区、云麓小镇、阳狮红场1952等6个跨境电商产业园区，2021年跨境电商进出口同比增长近40倍。全面深化服务贸易创新发展试点稳步推进，"优化增值税留抵退税确认制"在全国推广。中国服务外包示范城市、国家中医药服务出口基地等服务贸易领域五大国家级试点在我市落地。

三、对外经济合作水平显著提升

强化与央企对接合作，组织优势制造业企业借助央企海外工程和配套产业开拓国际市场。发起成立"走出去"企业联盟，与中国-东盟、希腊"一带一路"等8个海外商协会签订经贸合作协议。加快推动境外经贸合作园区建设，中国·苏丹农业开发区通过省级考核，实现我市省级境外经贸合作区"零"突破。支持浪潮集团、齐鲁制药等电子信息、生物医药类高新技术企业建设海外研发中心，构建全球研发布局。

四、高端开放资源加快聚集

圆满完成构建开放型经济新体制试点试验工作，5项创新案例经全国复制推广，16项入编《构建开放型经济新体制综合试点试验创新举措汇编》。国家跨境电子商务综合试验区、全面深化服务贸易创新发展试点等一批国家级政策红利落地，济南综保区顺利迁建，章锦综保区成功获批，我市进入"双综保区"时代。2019年8月，山东自贸试验区济南片区获批，推出创新举措500余项，形成创新成果案例170余项，20项案例成果在全省复制推广，5项首创性改革事项在全国复制推广。中国服务外包示范城市、全面深化服务贸易创新发展试点城市、国家中医药服务出口基地、国家数字服务出口基地、国家文化出口基地等服务贸易领域五大国家级试点在我市落地。

五、电子商务创新发展

出台全国首个打造直播经济总部基地政策，举办全国首个电商直播节，培育了化妆品、家电数码、服装针织、农特产品等6个特色电商产业带和智汇蓝海、西城新媒体等一批直播基地（产业集群），培育各类电子商务产业园区＋基地33个。凤凰山电商产业园获评国家级电商示范基地，贝壳视频获评全国特色直播基地，韩都衣舍、世纪开元、开创集团等7家企业被评为全国数字型商务企业和国家级电商示范企业，商河县、平阴县入选国家电子商务进农村综合示范县。全市电子商务网络零售额2016年以来持续保持较快增长，2021年突破千亿元大关，达到1032亿元，同比增长21％。

六、夜间经济点亮泉城

建立夜间经济推进机制，优化完善夜间消费公共服务设施，布局发展“夜游”“夜娱”“夜食”“夜购”“夜宿”等夜间消费业态，打造了百花洲、芙蓉街等18个市级夜间经济聚集区，发布99个打卡地，激发夜间消费热点。济南市先后被评为全国夜间经济十佳城市和十大夜经济影响力城市，融汇老商埠被评为全国夜间经济示范街，济南古城特色文化街区、印象济南入选首批国家级夜间文化和旅游消费集聚区。

七、会展业国际化程度显著提升

15万平方米的山东国际会展中心2019年投入运营，全球展览面积最大的济南黄河国际会展中心加快建设，我市进入“10万平＋”全国一线会展城市行列。全市引进汉诺威、高美爱博等国际知名展览企业和全国汽配展、全国职教展、书博会等一批国家级大型展会，培育了日本进口商品博览会、齐鲁车展、电子商务博览会等一批带动力强的自主品牌展会。全市获国际认证自主品牌展会17个，位于全省首位、全国前列。2021年克服疫情影响举办各类展会120余场，总展览面积突破200万平方米，其中国家级国际性展会21场。我市先后被评为“中国十大影响力会展城市”“全国最具吸引力会展城市”“中国最具竞争力会展城市"等称号。

八、便民商业体系更加完善

济南市编制发布《济南市15分钟社区便民商圈规划暨示范建设规划》，建成社区菜市场130处，布局菜篮子零售网点7000多个，培育放心早餐工程建设企业12家、主食加工配送中心18家，形成了功能齐备、优质便捷、管理有序的社区便民商业服务体系。入选全国首批一刻钟便民生活圈试点城市，在全市15分钟社区便民商圈全覆盖基础上，2021年新改造提升一刻钟便民生活圈10个。完善生活必需品供应应急保障机制，储备肉总量由1500吨增加到3000吨，储备蔬菜15000吨。维尔康集团获评全国骨干冷链物流基地，我市获批省级农产品供应链体系建设试点城市。

九、内外贸一体化加快发展

聚焦打造国内大循环战略节点和国内国际双循环战略枢纽，完善内外贸调控机制，畅通适销对路的出口产品转内销渠道，承办全国"外贸优品汇，扮靓步行街"出口产品转内销系列活动，60余家企业设置外贸产品展销台进行集中展示销售，实现稳外贸与促消费双向互促。积极搭建内外贸一体化平台，推动优势产业品牌企业利用跨境电商、欧亚班列、海外仓、境外展会等渠道开拓国际市场，推动内外贸融合发展。

十、应急保障能力明显增强

牵头全市商务系统疫情防控和重要生活必需品保障工作，2020年以来数次有效应对市民采购高峰。特别是2022年初疫情发生后，及时建立完善应急保供工作机制，积极采取有力措施，成功应对了全市"1·23""3·30""4·26"疫情突发生活必需品保障，确保封控区、管控区居民生活必需品采购需求，向市委、市政府和全市人民交上了一份满意的答卷。

下一步，济南商务将立足国内国际两个市场，胸怀"两个大局"，增强机遇意识、风险意识，按照"三个走在前"的要求，积极顺应国内外环境新变化，努力在危机中育新机、于变局中开新局，聚力扩大内需、推进对外开放，以饱满的姿态、昂扬的斗志和傲人的成绩，奋力推动商务经济高质量发展，以实际行动迎接党的二十大胜利召开。

以体制机制创新为引领
高质量推动济南市招商引资工作

（济南市投资促进局）

2015年，济南市投资促进局成立以来，以改革为契机，以创新为引领，以开放为动力，主动出击，积极作为，先后引进了一批高端、优质项目，为山东“打造成为对外开放新高地”、我市产业能级提升和新旧动能转换提供了有效支撑。

——招商引资指标稳中有进。实际使用外资、引进市外投资等主要指标多年双位数增长，实际使用外资年均复合增长率20%，美国微软、日本住友商社、韩国电力、德国思爱普等境外世界500强项目落地，引进市外投资连续四年增幅超过20%。2021年，全市新设外商投资企业330家，同比增长62.6%，实际使用外资26.6亿美元，同比增长38.1%，分别高于全国、全省17.9、16.2个百分点，提前两个月超额完成全年任务，2021年实际使用外资增幅比计划目标翻一番，制造业外资和日韩外资比2020年翻一番。

——产业招商机制建立完善。以市委、市政府名义出台了《关于进一步加强招商引资工作的实施意见》（济发〔2020〕14号），实施流程再造，对全市招商引资工作体制机制进行了重构。强化了市投资促进局对招商引资工作的牵头抓总和统筹协调职责；16个产业部门成立了由一把手直接分管的产业发展处，强化了产业发展职能；明确了46个市直部门保障服务职责，组建了副市长招商工作组；明确了央企、省属企业、驻济高校等11个重点招商领域；强化了各区县（功能区、市属平台）的招商引资主体职能，正式构建了全市“投促＋部门＋区县”产业招商体系，推动中信网络总部、中建集团区域总部、开心麻花、济南三价融智知识产权股权投资、未来集团、江森自控等项目进展，为全市产业发展提供了有力支撑。

——招商渠道日益拓展提升。统筹全市招商引资对外宣传形象，结合我市重点产业及合作机会，策划制作了投资济南系列宣传推介材料，征集建立全市重点对外招商项目库，打造投资济南活力图，通过网络平台、媒体资源及全球招商合伙人等渠道和平台，统一推广全市投资环境及发展机遇。通过“全球招商合伙人”客户和网络资源，我市先后与40家世界500强、500家跨国公司和领军企业、50家商会机构建立了直接的联络渠道，将获得的100多条投资合作信息分享给全市投资促进系统和园区，并帮助其进行对接洽谈，重点推进了苏伊士、江森自控、Micro Focus等10余家知名企业在济南投资落地。发挥德勤、普华永道专业优势，不定期提供投资合作项目咨询，在投资人背景、财务技术实力、项目风险等方面进行初步研判，为承接地提供决策参考。

——招商活动更加精准高效。创新招商方式，聚焦意向项目及企业诉求，举办各类精准招商活动。借助高端平台宣传推介，先后借助中国国际进口博览会、中国500强企业高峰论坛、儒商大会、跨国公司领导人青岛峰会等国家、省平台，组织举办了专题城市推介活动，深入对接央企、知名企业、商协会资源，推动衡宽国际、中信网络、应通科技双总部等项目实现签约。筹备组织了济南与中央企业对接会、聚焦世界500强高质量“双招双引”上海推介会、跨国公司（济南）高层对话会等大型招商活动，法国电力与济南热力集中供冷、苏伊士（济南）工业生态环保创新基地、永昌供应链总部基地等一批高端优质项目实现签约落地。

——优质产业项目加速落地。制定出台了《济南市以项目落地服务为核心的单一项目全程推进制度》，建立市重点招商引资项目智能化管理台账，对重点招商项目实时跟踪、动态管理、联动推进。先进制造业项目加快集聚，哈工大机器人、比亚迪半导体、华润啤酒、凯傲叉车等高端项目落地建设。人民网、凤凰网、今日头条等聚力打造互联网内容审核之都，中商惠民、每日优鲜、阿里新零售等独角兽企业落地。15家“中科系”院所落地，电磁混合驱动超高速试验轨道、大气环境模拟系统等国际领先、国内唯一的大科学装置纷纷落地，初步形成世界前沿科技基础设施汇集区；北理工前沿技术研究院、北邮工业互联网研究院、山东产业技术研究院等知名机构落户；阿里云创新、百度创新、甲骨文创新交付中心、微软孵化中心投用，构建了产业创新生态体系。

——总部企业项目快速集聚。落实《济南市精准对接央企加快打造央企北方总部基地行动方案》，建立了与央企合作资源库及项目储备库，做好央企对接工作，并通过市重点招商引资项目智能化管理台账，实行从洽谈会见、跟踪签约到落地开工、投产达效的全生命周期运营管理，中铁建、中电建、阿里巴巴等总部型项目签约落地。其中，2021年，中建材山东区域总部、光大生态环保济南市厨余垃圾处理项目、中广核集团美核电气核电关键仪控装备国产化项目等43个央企项目落地。

——体制机制创新常态长效。对标对表先进城市，在招商引资方式创新上先行先试。发挥《济南市积极利用外资若干政策》示范作用，惠及268个外资项目。实现外商投资企业“服务大使”全覆盖，为1400余家外商投资企业配备280名“服务大使”，打造“一个便捷的综合服务平台”“一条高效的外企服务链”“一系列政策精准推送”“一支专业的服务大使队伍”“一套电子工作台账”五位一体的外企综合服务体系，为全市外商投资企业提供点对点服务。作为市级专业化招商平台，市投资促进中心成立三年多来，精准研究产业趋势、洽谈推进项目、提供专业落地服务，完成注册项目180个，实际到账外资42.02亿元，真正实现了专业人干专业事。

——开发区发展量质齐升。开发区管理职能划入我局以来，在市委、市政府领导下，我局狠抓开发区改革攻坚，着眼于推动开发区跨越发展，研究出台《关于推动全市省级以上开发区体制机制改革创新促进高质量发展的指导意见》，突出济南改革特色，将开发区考核纳入全市经济社会发展综合考核，单独设立考核单元。通过改革，全市开发区内设机构数量压减51.4%，人员降幅34.1%，剥离422项社会事务管理职能和166项开发运营职能，管理体制更加精简高效；专职招商服务人员增加26.3%，经济管理类内设机构占60%以上，运营机制更加灵活实用，干部队伍活力显著增强。改革后，开发区回归本位、轻装上阵。聚焦开发区主责主业，印发了《关于加快省级以上经济开发区高质量发展行动方案》，建立了“明确目标、分解任务、落实责任、绩效考核”的工作推进机制，推动开发区高质量发展。

青岛商务这十年:开启高质量发展新篇章

（青岛市商务局）

青岛市商务工作坚持以习近平新时代中国特色社会主义思想为指导,紧紧围绕“五位一体”总体布局和“四个全面”战略布局,主动服务国家开放大局,以开放促改革、促发展,推动商贸流通业量质齐升,对外贸易提质增效,引进来与走出去协调发展,实现商务高质量发展,为建设新时代社会主义现代化国际大都市作出积极贡献。

一、消费基础性作用不断增强

围绕打造国际消费中心城市,全面实施“促进消费扩大内需”和“互联网＋商务”行动,系统推进消费领域拓展工程、新兴消费模式培育和消费业态激活促进工程,拉动消费持续稳定增长。开展“青岛购物节”等系列促消费活动,消费市场规模不断扩大,消费量级不断攀升。2021年实现社会消费品零售额5975.4亿元、增长14.8％,位列15个副省级城市第1位。建成万象城、金狮广场、凯德等21个大型商业综合体。全市以零售为主的亿元以上商品交易市场达到24个,营业面积67.4万平方米,全年成交额113.5亿元。发展电子商务新模式,推进农村电商“515＋X”工程,即墨、莱西被认定为省级电子商务示范县,9个镇、39个村获评中国淘宝镇(村)。

二、现代市场流通体系日趋完善

发布实施的《青岛市商品流通市场建设与管理条例》,成为全国首部地方商贸流通法规。青岛市加快推进商贸流通体制改革创新,入选国家商贸流通体制改革和发展综合试点城市、全国首批商贸流通标准化试点,获批国家现代农产品流通示范、城市共同配送、“早餐示范工程”和全国首批“一刻钟便民生活圈建设”试点城市,台东步行街、即墨古城分别入选全国、全省试点街区,嘉年华澳乐购步行街新入选山东省步行街改造提升试点。青岛市获批全国首批供应链体系建设和供应链创新与应用“双试点城市”和“首批10个全国供应链创新与应用示范城市”之一，荣获“中国啤酒之都·青岛”称号。实施高端服务业“十个千万平米工程”总体部署，重点推进总规模3200万平方米的城市商务区和商贸集聚区建设。优化提升商业商圈设施载体建设，传统商圈消费环境明显改善，社区商业服务水平显著提升。截至2021年底，全市各类商业网点总数达到39万处，较2012年增加20余万处，年均增长11.6%，全市基本形成以21处商业中心、59条商业街为空间载体，164处大中型零售商业设施、750处各类交易市场、1200家品牌便利店、2.8万个连锁网点为支撑，遍布城乡的现代市场流通体系。

三、市场应急保供成效显著

不断健全市场运行监测系统，完善“菜篮子”民生保障体系，严格落实市长负责制，完善“储备合理、投放及时、运转顺畅、管理规范”的“菜篮子”商品政府储备制度。在全国率先建成肉类蔬菜流通追溯体系，国内首个《青岛市城市鲜活农产品生产流通管理规范》获准发布。生活必需品保供获得国家有关部委肯定。4年连续两次考核获得全国“菜篮子”市长负责制考核优秀等次，获得通报表扬。打赢抗疫保供攻坚战，在莱西抗疫工作中，勇担现场指挥部物资保障组组长单位职责，创新提出“54321”保供配送模式，迅速打通生活物资供应“最后一百米”，圆满完成生活物资保障供应任务。结合实战经验，修订完善应急保供体系，形成平战结合的《生活必需品应急保供实操方案》。

四、对外贸易提质增效

（一）对外贸易稳增提质成效明显

围绕建设国际贸易中心城市，出台《青岛市国际贸易中心城市建设纲要》，创新实施“五大行动计划”，开展国际航运贸易金融创新中心建设，打造大贸易、全链条的外贸发展生态链条。进出口规模连续五年创历史新高，2021年实现货物进出口8498.4亿元，位居副省级城市第5位，增长32.4%，增幅居计划单列市第一位，超过全国11个百分点，在外贸历史上第一次实现一年跨越两个千亿元台阶。全市进出口总额比2012年净增3996.5亿元，年均增长7.3%，外贸稳定和创新发展工作受国务院专项督查激励。

（二）外贸新业态新模式蓬勃发展

2016年，青岛市获批国家跨境电子商务综合试验区。不断强化“两平台、六体系”顶层设计，坚持将发展壮大跨境电商 B2B 模式作为工作重点，在北方率先实现六种跨境电商监管模式全覆盖。2021 年，青岛市跨境电商进出口规模超 300 亿元人民币，实现跨越式倍增发展。在商务部综合考核评估中综合排名位列第一档。获批 12 个国家外贸转型升级示范基地，西海岸新区获批国家进口贸易促进创新示范区。即墨商贸城获批开展市场采购贸易方式试点，联网信息平台注册主体突破 900 家，累计出口超过 200 亿元。创造性开展“前展后仓”模式打通对欧洲贸易门户，中荷首个集展销物流一体化的“前展后仓”新模式项目率先落户青岛。获批全面深化服务贸易创新发展试点城市，2021 年服贸总额突破千亿大关，达到 1101.74 亿元，增长 37.1％，高于全国平均增速约 21 个百分点，连续三年实现贸易顺差。离岸服务外包执行额 51.7 亿美元，较 2012 年增长 530.5％，年均增幅 22.7％。

五、双向投资驱动强劲

（一）招商引资成效显著

开展“千企招商大走访”活动，完善内外联动现代产业招商投资促进工作体制，全面推行“准入前国民待遇加负面清单”投资管理模式，放宽外商投资市场准入。建设重点项目调度平台和招商资源信息化社交平台，招商引资成效显著。2021 年实际使用外资 61.7 亿美元，总量居计划单列市第 2 位，较 2012 连跨两个 10 亿美元台阶。2012 年至 2021 年，新批外商投资项目 7610 个，实际使用外资 641.9 亿美元，年均实际使用外资总量占全国 3.6％左右。深化与世界 500 强及行业领军企业合作，世界 500 强企业在青岛累计投资设立外资项目 367 个。

（二）对外投资健康有序发展

深化境外投资者管理体制改革，完善境外投资以备案为主的管理模式，加强对外投资事中、事后监管。2021 年全市备案对外投资项目 67 个，中方协议投资额 16.2 亿美元，较 2012 年增长 61.1％，年均增幅 5.4 ％；中方实际投资额11.3 亿美元，较 2012 年增长 30.5 ％，年均增幅 3％。深度融入“一带一路”，境外经贸合作区建设成效明显，境外产业集聚效应突出，海尔巴基斯坦鲁巴经济区等 5 个园区纳入商务部重点境外合作区库。推动“青建＋”走出去融合发展模式，带动中小企业共同开拓国际市场。对外承包工程逆势发展，2021 年新承揽项目 43 个，完成营业额 30.2 亿美元，同比增长 4.8％。

六、开放平台引领作用显现

(一)推进上合示范区建设

2018 年 6 月,国家主席习近平宣布支持青岛建设中国-上海合作组织地方经贸合作示范区,按照国务院正式批复的《中国-上海合作组织地方经贸合作示范区建设总体方案》,打造“一带一路”国际合作新平台,重点建设国际物流、现代贸易、双向投资合作、商旅交流发展“四个中心”。截至 2021 年底,上合示范区“四个中心”建设扎实推进,当年开行中欧班列 621 列,国际班列线路 16 条;进出口额实现 265 亿元,其中对上合组织国家进出口额 40 亿元;当年实现外资到账 2.57 亿美元;上合经贸学院建设加快推进。

(二)青岛自贸片区制度创新

2019 年,国务院批复同意设立中国(山东)自由贸易试验区,青岛片区挂牌运行,实施范围 52 平方公里,重点发展现代海洋、国际贸易、航运物流、现代金融、先进制造等产业,打造东北亚国际航运枢纽、东部沿海重要的创新中心、海洋经济发展示范区。截至 2021 年底,青岛片区围绕推进落实 106 项试点任务,总结形成 176 项制度创新成果,29 项在全省复制推广,获评“中国十大最具投资价值园区”。

(三)经济园区建设成效斐然

推动各类优质要素向开发区聚集,用占全市不到 1/10 的土地,贡献了 60% 的外贸进出口额、近半的 GDP 和 30%以上的财税收入,连续两年获得省级以上开发区与综保区综合得分第 1 名。2021 年,11 个省级以上开发区外贸进出口额 998 亿美元,增长 102%,占全市 76%。即墨综保区开关运作,青岛空港综保区获国务院正式批复。青岛市经济技术开发区在国家、省级开发区考核评价继续保持全国前列、全省首位,获评“中国经济最具投资价值十大园区”。青岛轨道交通产业集群成为全国 25 个先进制造业集群之一。

(四)国际城市战略推进取得新突破

立足城市发展全域引领提升对外开放水平,实施推进国际城市战略纲要、指标体系、行动计划等,在 2018 年国务院大督查中被评为优秀案例在全国通报表扬。全国首创“国际客厅”交流合作平台,打造展示、推介、路演、接洽、交易一体化合作新窗口。延伸“国际客厅”作为外商投资企业跨境或境内登记注册的窗口,进一步优化国际营商环境。截至 2021 年底,已有 177 家官方机构、商协会入驻，举办路演、商贸活动 400 余场，促成 88 个项目签约，总投资 646.8 亿元。

（五）高能级国际交流活动效果凸显

承办 2014 亚太经合组织（APEC）贸易部长会议。成功举办三届跨国公司领导人青岛峰会（以下简称“峰会”），国家主席习近平专门向首届峰会发来贺信。借助峰会高端平台开展招商，筹划举办青岛城市推介会等主场活动，释放峰会叠加效应，扩大青岛影响力，三届峰会累计签约项目 36 个，计划总投资达 79 亿美元。举办上海现代服务业对接会、上海自贸区企业合作对接交流会、亚布力中国企业家峰会、中欧企业家峰会、创投风投网络大会、第二届儒商大会等重大招商活动，吸引大批项目落户青岛。

征途万里风正劲　奋楫扬帆再启航

（淄博市商务局）

近十年，淄博市商务局稳步推进强大国内市场建设，聚力打造高水平开放型城市，为加快推动淄博老工业城市“凤凰涅槃、加速崛起”和打造全省对外开放新高地作出商务贡献。

一、消费牵引带动作用不断增强

2021 年，全市社会消费品零售总额达 1308.9 亿元，同比增长 15.4%；全市批零住餐同比增速分别为 42.0%、21.2%、36.5%、31.6%，分列全省第 1 位、第 2 位、第 1 位、第 1 位。

一是消费基础设施建设逐步加快。获评第二批省级城市一刻钟便民生活圈试点。入围全国第三批物流标准化试点和首批城乡高效配送专项行动试点城市。张店区、淄川区、周村区被评为山东省第二批城乡高效配送示范县。2019 年方达电商园被认定为国家级电子商务示范基地，沂源县入选国家电子商务进农村综合示范县，高青县、博山区获批省级电子商务示范县。二是市场主体培育不断加强。深入开展中小商铺经营情况调研，制定出台中小商铺系列纾困政策，为承租非国有房产开展经营的个体工商户提供分档贴息贷款，截至目前累计发放租金纾困贷 6304 笔，共计 11468.8 万元。其中，1 万元以上的 1769 笔，共计 6938 万元。全省优化营商环境推进政府职能转变专门刊发信息——《淄博市建立“三联”机制破解小商铺租金难题》，在全省推广并上报国务院推进职能转变和“放管服”改革协调小组办公室。开展齐 GO（购）· 齐享电商培育“沃土”计划公益行动，加大直播电商人才培育力度。三是消费新领域持续提质扩容。抢抓消费市场新赛道新机遇，举办中国（山东）预制产品发展大会，推动建设齐鲁预制菜科创产业园、健康食品产业园暨北方预制菜加工基地等一批预制食品园区。积极布局 MCN 领域，制定《淄博市 MCN 产业高质量发展行动计划》。引进淄博万象汇、万达广场、吾悦广场等商业综合体，进一步丰富居民消费体验。四是促消费活动成效明显。举办“2020首届淄博青岛啤酒节”，主会场累计接待入园嘉宾游客22.9万人次、销售各类啤酒108吨，单位面积效益超过青岛啤酒节。累计发放2批惠民消费券、家电消费券共3600万元，目前已核销2219.6万元，拉动消费1.4亿元。印发《“惠享淄博”汽车消费季活动实施方案》，发放2000元至7000元6档消费券，在汽车消费全链条推出“优惠大礼包”，参与活动的124家汽车零售企业6月当月合计销售汽车9348辆，比去年同期多销售3055辆，销售额14.1亿元，同比增长41.4%。

二、开放平台申建取得重大突破

全市围绕现代物流、开放通道、大宗交易、基地园区等领域，不断加快淄博综保区、鲁中国际陆港以及10家省级经济开发区建设，带动全市开放型经济不断迈上新台阶。

一是高能级开放平台申建取得突破。淄博综保区正式获批并实现封关运营，当年实现一线进出口总值30.6亿元，同比增长292.2%。2022年1～5月，淄博综保区实现一线进出口值33.5亿元，同比增长3872.9%。二是国际贸易大通道进一步畅通。规划建设鲁中国际陆港，开通淄博—黄岛“五定班列”，实现了港口功能前置。开通淄博始发“齐鲁号”欧亚班列，列入全省“齐鲁号”欧亚班列4个始发城市之一，先后开通西至中亚欧洲、北至俄罗斯线路，拓宽了淄博市货物“走出去”和“引进来”的新通道。三是开发区体制机制改革纵深推进。开发区体制机制改革基本完成，淄博市开发区改革试点工作在全省试点成效评价中列第2位，沂源经济开发区改革经验被评为全省典型案例，4家开发区获得省亩均税收奖励，数量居全省首位。改革共剥离社会事务685项，剥离开发区运营职能185项，整合归并事业单位84个，内设机构、员额数量和管辖面积分别比改革前减少7.7%、58.7%和30.1%。四是开发区产业集聚优势逐渐凸显。目前，全市10家省级经济开发区内共规划建设各类产业园区42个。其中，已建成9个，在建28个，规划建设5个；已建、在建产业园区入驻企业623家，2021年实现销售收入820.8亿元，税收35.9亿元。

三、对外贸易实现稳中提质

克服中美经贸摩擦、新冠肺炎疫情等不利因素影响，对外贸易规模不断扩大。2017年完成680亿元，历史首次突破100亿美元；2021年首次突破千亿元大关、完成1192.4亿元，同比增长33.6%，增速超过全省1.2个百分点。一是外贸主体队伍进一步扩大。外贸企业家数由1405家上升至2856家，进出口额1亿元以上企业由99家上升到132家，与209个国家和地区实现贸易往来。29家企业获得山东省"重点培育和发展的国际自主品牌"称号。连续12年蝉联海关总署"中国外贸百强城市"，上榜海关总署公布的"中国城市外贸结构竞争力30强"。二是外贸新业态加快发展。积极发展跨境电商等新业态新模式，不断加强海外仓建设、积极培育跨境电商主体。2021年，全市共培育70家跨境电商企业，实现出口29.3亿元，同比增长近8000倍，实现了全市跨境电商的巨大突破。中国(淄博)跨境电子商务综合试验区正式获批设立，起草实施方案并正式由省政府印发。三是对上争取试点取得突破。新创建4个国家级外贸转型升级示范基地，临淄区入选首批省级外贸转型升级试点县，张店区入选省级进口贸易创新示范区。博山区被认定为全省唯一一家、全国首批13家国家文化出口基地之一，建设经验列入商务部"国家文化出口基地首批创新实践案例"。持续扩大出口信用保险覆盖面，截至2021年，全市1055家小微企业通过"单一窗口"免费投保出口信用保险，覆盖率47.5%，连续4年列全省第1位。

四、利用外资保持稳步增长

2012～2021年，全市累计新设立外商投资企业517家，增加合同外资196亿美元，总投资736亿美元；累计实际使用外资59亿美元。新设立总投资过亿美元项目39个，总投资676亿美元。

一是利用外资结构进一步优化。近十年来，淄博市第三产业新设外资企业增多，累计新设第三产业外商投资企业308家，投资总额656亿美元，合同外资154.4亿美元。外商投资的重点逐步从劳动密集型行业转向现代服务业，2021年，新设外商投资企业中第三产业占比达到51.8%，其中，商务服务业占比达31.1%。二是投资来源地更加多元化。截至2021年，全市累计外商投资的国家和地区达到49个。香港成为最重要的来源地，十年来累计新设港资企业238家，占比46%，投资总额116.5亿美元，注册资本62.1亿美元。三是利用外资质量明显提高。成功举办齐商大会、鲁港经济合作洽谈会、对外开放新平台矩阵集中启动仪式等重大活动，服务全省对外开放新高地建设作用更加突出。累计有56家世界500强及行业领军企业在全市投资了73个项目，主要包括伊士曼、空气化工、奇耐联合纤维、科勒、林德、西铁城等。四是服务外资企业制度健全完善。建立并完善了外商投资企业服务大使制度的服务机制，密切政府与企业的联系，85 名外商投资企业“服务大使”，覆盖现存外资企业数 471 家。实施外资企业“首席服务”制度，57 位市、区县领导为全市 91 家重点外商投资企业担任“首席服务官”。开展外商投资企业优秀企业家绿色通道服务，为全市符合条件的优秀外商投资企业负责人颁发服务保障卡。

五、对外投资合作有序发展

近十年以来，全市有 70 家企业累计设立境外投资企业(机构)120 余家。中方实际投资额 181.3 亿元。累计签订对外承包工程合同额 235.3 亿元，完成营业额 235.8 亿元。

一是“走出去”水平不断提升。鲁泰纺织、英科环保、英科医疗、新华制药、七河生物等企业积极布局海外，业务分布在美国、中国香港、瑞士、马来西亚等 15 个国家和地区。二是境外经贸合作区稳步推进。齐鲁(柬埔寨)经济特区始建于 2013 年，2017 年获“齐鲁柬埔寨经济特区”批准证书，2019 年被评定为省级境外经贸合作区。截至目前，合作区累计投资 3.4 亿美元，入驻企业 15 家，其中，山东省内企业 8 家。三是境外并购实现新突破。蓝帆医疗通过并购柏盛国际和瑞士 NVT 公司两家国际知名品牌，实现了从低端医疗设备公司向综合型医疗器械公司成功转型升级。目前，蓝帆医疗在全球 20 多个国家和地区拥有 60 多家分公司，产品覆盖全球 130 多个国家和地区。

十年峥嵘争朝夕　一路亮剑砥砺行

（枣庄市商务局）

党的十八大以来，枣庄商务工作始终坚持以习近平新时代中国特色社会主义思想为指导，在省商务厅的关心支持下，围绕全市改革发展大局，奋进新时代、打好主动仗，积极服务和融入国内国际双循环，创新打造了“三驾马车”、三个“五朵云”等多个“枣庄模式”，内外贸发展取得历史性突破，商务高质量发展迈上新台阶。

——十年来，外贸外资增势强劲、总量翻倍。枣庄货物进出口从2012年的71.4亿元，到2021年的315.1亿元，增长了341%。其中，2017年、2020年、2021年先后突破100亿元、200亿元、300亿元大关。枣庄首次入选海关总署发布的“2020年中国城市外贸结构竞争力30强”，并上榜“2020年中国城市外贸效益竞争力30强”。2012年，全市有进出口实绩企业307家，进出口过亿元企业16家，进出口过5亿元企业1家，2021年分别增加到797家、83家、7家。同时，与枣庄建立贸易往来的国家和地区，也从2012年的164个增加到2021年的203个；对“一带一路”沿线国家和地区的进出口占比一直保持首位，并从2012年的36.8%提升到2021年的45.8%。2016年，枣庄加入新加坡-山东经贸理事会，成为全省第6个会员城市。加快发展外贸新业态新模式。2020年，枣庄成为全省第3个全国二手车出口试点城市；省政府批复同意枣庄创建保税物流中心，同步积极争创综合保税区；枣庄内陆港成为全国首家具备“陆海联动、海铁直运”港站一体化通关物流模式、功能最齐全的内陆港，实现货物出口“一次申报、一次查验、一次放行”。枣庄欧亚班列2020年首班开行，2021年纳入全国欧亚班列图定计划，累计发运近70列，枣庄成为全省欧亚班列节点城市之一。

枣庄实际利用外资从2012年的1.42亿美元，到2021年的4.52亿美元，增长了218%。2012年，全市新批外资企业24家，2021年增加到85家。2012年11月，华润燃气投资（中国）有限公司和枣庄市燃气总公司共同投资3944万美元成立枣庄华润燃气有限责任公司，从谈判到设立再到出资，仅历时一个多月，创下了当年外资项目投资最大、落地最快的纪录。2022 年第三届跨国公司领导人青岛峰会期间，枣庄一次性签约重点外资项目 6 个，总投资 25.97 亿美元，居全省第 1 位；合同外资 8.66 亿美元，居全省第 2 位。其中，总投资 8 亿美元的亿恩科天润电解液项目为目前全省单体投资额最大的外资项目。

此外，这十年期间，枣庄累计核准境外企业机构 30 家，实现境外投资 1.53 亿美元。目前，全市共有对外承包工程企业 8 家，援外资质企业 1 家，对外劳务合作平台 2 个，对外工程承包累计实现营业额 3.7 亿美元，累计外派各类劳务人员 3500 多人次。对外投资涉及领域日益广泛，由十年前的纺织服装逐渐发展到现在的资源开发、工程承包、科技研发、加工制造、新能源等多个领域。

——十年来，消费潜力充分释放、活力凸显。枣庄深入贯彻扩大内需战略，多措并举促进消费，不断巩固扩大消费对经济发展的基础性作用。全市社会消费品零售总额从 2012 年的 552.4 亿元，到 2021 年的 1041.7 亿元，先后突破 500 亿元、1000 亿元大关，增长了 88.6%。2012 年，全市共有限额以上批零住餐企业 461 家，2021 年增加到 650 家。2016 年，枣庄入选“互联网+”2015 年度中国网络零售百强城市。2018 年，全市网络零售额 70.7 亿元；2020 年实现 125.9 亿元，在破百亿的同时，当年网络零额增幅及综合考核取得全省第 1 名，并获得全省电商发展奖励资金 1000 万元。2019 年，滕州市以全省第 1 名的成绩入围国家电子商务进农村综合示范县。

建强消费载体，打造特色品牌。2016 年以来，枣庄分别创成山东省智慧便利店进社区工程示范市、山东省首批农商互联试点市、山东省品牌农产品进超市示范城市等商贸流通重点品牌。台儿庄古城大衙门街、薛城万洲第一街、滕州新兴路步行街先后入选一二三批山东省步行街改造提升试点，枣庄累计试点数量居全省第 3 位，全省步行街改造提升工作现场会在枣庄召开。在全省率先探索建成重要产品追溯体系市场化建设、全链条追溯模式，省商务厅在全国重要产品追溯体系建设培训会议上做了重点推介，并在全省推广“枣庄模式”。深入贯彻乡村振兴战略，枣庄在全省率先培育建设一批特色商贸示范镇。枣庄被中国烹饪协会授予“中国辣子鸡之乡”称号，不断扩大特色美食品牌的影响力、知名度。2019～2021 年连续三年提前超额完成东西部消费扶贫及帮扶目标任务，枣庄在 2021 鲁渝消费帮扶产销对接会上做了全省地市中唯一的典型发言。

——十年来，招商引资量质齐升、产业集聚。坚持“党建引领促招商、项目落地惠民生”这个招商引资工作主基调，2012 年，枣庄围绕煤化工及精细化工、现代服务业等重点产业领域，成立8个重点产业招商小组，明确29个产业招商部门，全年新开工投资5000万元及以上项目122个，其中，亿元及以上项目75个，10亿元及以上项目16个，30亿元及以上项目6个。2021年，枣庄聚焦全市“6+3”现代产业，各区(市)和市直“链长制”责任部门建立31支产业链招商小分队，全年新签约亿元及以上项目888个，其中，10亿元及以上153个，50亿元及以上49个。新开工亿元及以上项目489个，其中，10亿元及以上88个，50亿元及以上25个。

特别是近几年的招商引资成效，考核成绩最有说服力。枣庄在2018、2019、2020年度全省双招双引和打造对外开放新高地考核中，分别取得第4、第3、第2名。其中，在2019年度全省高质量双招双引500强项目考核中得到满分，当年新签约29个500强企业项目，包括2个世界500强企业项目。2021年，枣庄书记市长项目工程招商考核居全省第1位；内资招商签约投资完成率居全省第1位，大项目引进率居全省第3位；稳外资基本盘考核取得全省第7名。

紧扣“招大引外、招新引高”这个主攻方向，枣庄陆续签约落地了总投资360亿元的山能兖矿高端化工系列项目、215亿元的联泓高端新材料产业园、120亿元的正威华能军民融合新材料产业基地、100亿元的空港产业园生态智慧物流基地、100亿元的中建材新材料产业园、100亿元的德鑫锂电循环经济产业园等一批百亿元大项目。总投资200亿元的欣旺达年产能30GWh动力电池、储能电池及配套项目，160亿元的海王健康产业生产基地及健康小镇，100亿元的中国兽药谷，70亿元的保力新(枣庄)10GWh锂电池产业园，56亿元的航天科工新能源产业园，51.2亿元的博雷顿新能源汽车装备制造产业园，51亿元的30万吨/年己内酰胺及配套工程，50亿元的吉利欣旺达年产量80万套HEV动力电池，20亿元的王老吉(枣庄)大健康产业园等省、市重点产业项目加快建设。总规模50亿元的山东省新旧动能转换浙大网新高端装备产业母基金落户枣庄，以“基金招商”促产业集聚，打造“引产入鲁”的枣庄模式。

树牢平台招商思维，枣庄创新打造了长三角高端制造业转移示范基地、国际闲置品循环链试验区等高能级开放平台，叫响枣庄双招双引特色品牌。特别是国家领导人对国际闲置品循环链试验区作出批示，商务部、省商务厅等给予积极支持指导，创建工作被纳入全省经济社会发展综合督查发现的典型经验做法，加快打造践行“双碳”战略的最佳示范平台。壮大开发区“主阵地”，2019年度，枣庄开发区体制机制改革创新考核、亩均税收考核均取得全省第4名；2020、

2021 年度,枣庄开发区综合发展水平指标考核分别取得全省第 2、第 1 名。2021 年,滕州经济开发区被国务院批准为国家级经济技术开发区,为近 7 年来山东唯一获批的省级开发区。枣庄以非公企业党建引领开发区改革创新高质量发展,典型做法被新华社、中国商务新闻网、大众日报等主流媒体报道,数百家媒体转载。

凡益之道,与时偕行。党的二十大胜利召开在即,枣庄商务工作继续聚焦聚力中央、省、市决策部署,勇当服务和融入新发展格局的排头兵,继续为全省商务高质量发展作出更多"枣庄贡献"。

锚定目标　聚力攻坚
打通内外贸　构建双循环

（东营市商务局）

党的十八大以来，在省商务厅的大力支持下，东营市商务局党组始终坚持以习近平新时代中国特色社会主义思想为指导，紧紧围绕新时代高质量发展的目标定位，开拓创新、积极作为，全力开创商务工作新局面。

一、对外贸易高效高速发展

十年来，全市对外贸易实现新跨越。特别是2015年下半年，国家放宽原油进口管理后，外贸进出口进入了快速增长期。2017年，全市进出口突破1000亿元大关；2021年，进出口实现2011.9亿元，创历史最高水平，较十年前增长158%左右，进出口总额稳定在全省前5位。贸易市场逐渐多元化，目前全市出口市场分布在220多个国家和地区。外贸主体队伍不断壮大，截至2021年，全市有进出口业绩的企业1095家，其中进出口额过亿元的企业257家，过10亿元的企业43家。产业集群发展优势凸显，经过多年发展，逐渐培育形成了石油化工、橡胶轮胎、石油装备、有色金属等产业集群。东营区石油装备外贸转型升级基地形成了高端油气能源装备制造、石油机械配件加工、石油工程技术服务三大产业集群。广饶县形成了以橡胶轮胎研发生产为中心，集天然胶种植、钢丝帘线、轮胎帘子布、橡胶助剂、轮胎模具、轮胎机械、轮胎胶囊、炭黑为一体的产业体系，成功创建为国家专业化工外贸转型升级基地，被认定为省级外贸高质量发展区。利津县被认定为山东省进口贸易创新促进区，获批第五批国家跨境电商综合试验区，东营综合保税区跨境电商产业园光谷园区被认定为山东省重点培育的跨境电商产业园。

二、利用外资规模质量同步提升

十年来，全市外资工作实现新跃升。东营市累计实际使用外资21.75亿美元，特别是近三年来，实际使用外资连年飞跃，2019 年首次突破 2 亿美元，2020 年实现 4 亿美元，2021 年达到 6.4 亿美元，较十年前增长 552.4%。外企数量不断扩大，以“5＋2＋2”重大产业平台为核心承载，建立招商引资数据库，大力开展产业链招商，2021 年新设外资企业 60 家，现有外资企业 295 家。利用外资结构不断优化，坚持“重塑日韩、深耕欧美、优化港澳台”，加强与日韩在产业链、供应链领域的协同配套和收益共享，密切与欧美投资合作，鼓励港澳台企业重点投向先进制造业和现代服务业领域，推动实体经济高质量发展。外资服务不断加强，以规则公开透明、监管公平公正、服务便利高效、依法保护权益为着力点，打造一流营商环境。落实市场准入政策，聚焦外资企业共性诉求，持续完善外资政策措施，提升外商投资自由化、便利化水平。进一步优化外商投资企业服务大使制度，全面提升外商投资服务，健全外资项目在谈、签约、落地“三个一批”工作机制，为外商投资提供洽谈、建设、运营等全过程个性化服务。完善外资企业投诉工作机制，推动协调解决外资企业反映的困难和问题，依法保护外资企业的合法权益。

三、对外投资合作稳步推进

十年来，全市对外投资实现新突破。东营市对外投资企业累计达 217 家，实际到位达 15.7 亿美元，对外承包工程完成营业额 29.5 亿美元。在对外投资领域，科瑞、德仕石油、威玛钻具、奥必通、富海化工、齐润化工一批外贸进出口企业在欧美、东南亚、中亚等国家设立境外营销网络、办事处，依托拥有的技术能力助推企业开展国际业务，其中科瑞集团在全球 57 个国家和地区设立了分支机构，拥有 35 个地区服务中心、零配件仓库，已为全球 80 多个国家和地区的 5000 多家客户提供优质的服务和实用的产品。在对外承包工程领域，我市油气服务特色明显，胜利石油工程、胜建集团、油建三公司、科瑞集团等一批企业以石油工程服务为主，积极参与“一带一路”基础设施建设合作和能源建设，造就了“胜利石油”“科瑞装备”“胜利设计”“胜利勘探”等一批国内国际知名油气服务品牌，有力地带动了全市石油装备、技术、标准、认证和服务走出去。2018 年，胜利工业园获批省服务贸易特色服务出口基地称号；科瑞集团被评为 2019 年度山东省对外承包工程先进企业。在对外劳务合作领域，2012～2021 年，我市一批企业和园区被认定为省级外派劳务培训机构和劳务派遣基地，累计外派劳务人员达到 8418 人，尤其是 2012～2015 年期间，每年都有超过 1500 名劳务常驻国外，在扩大农民工就业,增加群众收入方面作出了积极贡献。

四、内贸流通现代化建设持续推进

十年来,内贸流通领域实现新发展。推进城市"一刻钟便民生活圈"、农村乡镇商贸中心建设,我市被评为山东省首批"一刻钟便民生活圈"试点城市,广饶县被认定为"乡镇商贸中心建设引领县"。推动步行街、特色商业街区改造提升,率先在全省培育认定商河路商业街等6条市级特色商业街区,万达·万恋街被认定为省级试点步行街。探索垃圾分类和再生资源回收"两网融合"新模式,优化再生资源回收产业链,创建省级示范产业园1处,2家再生资源回收企业被商务部确定为重点联系企业,东营市经验做法在省商务厅《商务研究》特刊第4期刊载。全面开展"双随机、一公开"抽查,加强对外资、外派劳务、拍卖、单用途商业预付卡、成品油、二手车交易、报废机动车回收拆解等行业领域的监管服务。开展"东营消费年"系列促消费活动,大力激发消费活力。2022年上半年,全市实现社会消费品零售总额386.37亿元,同比增长2.6%,增速居全省第2位。

五、电子商务发展势头强劲

十年来,全市电子商务发展实现新增长。农村电商发展取得突破,跨境电子商务稳步发展,电子商务载体建设不断加强,呈现出快速发展的态势。国内电商方面,相继引进了一批电商知名企业,有力带动本地电商企业发展,东营市电子商务企业1855家,电商店铺数37389家,其中,实物店铺数4447家。主要电子商务产业园区11家,为内外贸电商企业发展提供公共服务。较大电子商务平台3家,均为工业电商平台。充分发挥广饶县"省级电子商务示范县"、利津县北宋镇"省级电商小镇"示范引领作用,指导各县区(开发区)开展市级电商小镇、电商村创建活动。跨境电商方面,2020年获批跨境电子商务综合试验区,抢抓机遇、系统推进,制定《中国(东营)跨境电子商务综合试验区建设工作推进方案》,按照一县(区)一园区的布局,先行推动建成4个市级跨境电商产业园区,其中光谷园区被认定为省重点培育的跨境电商产业园。园区入驻企业达260家,配套物流、支付、金融等综合服务企业30多家,形成了较为完备的跨境电商生态链条。2021年,全市跨境电商进出口完成97亿元,拉动全市外贸进出口增长18.4个百分点,成为稳定外贸发展的重要力量。其中,跨境电商产业园区实现进出口 57.2 亿元，占全市的 59.0％，成为全市跨境电商发展的有力支撑。

六、改革创新优势巩固深化

十年来，开发区不断深化改革创新，提升对外开放水平，逐步成为外贸外资主阵地、高端产业主战场、新业态新模式发展主力军。目前，东营市拥有 9 家开发区（其中，国家级 1 家，省级 6 家，省级高新区 1 家，国家综合保税区 1 家），批准面积总计 76.86 平方公里，收储面积总计 354.16 平方公里，总规划面积614.83 平方公里，其中，已建成面积总计 193.07 平方公里，占收储面积的54.51％，占总规划面积的 31.40％。十年间，产业集聚效应凸显，经济发展势头强劲，产生了从几亿产值到数千亿产值的巨大飞跃，全市开发区共培育 1000 亿级以上产业集群 2 个，100 亿级产业集群 10 个，500 亿级产业集群 1 个。2019 年，开发区体制机制改革开始释放更强活力，截止 2021 年底，全市 9 个省级以上开发区进出口总额 1898 亿元，占全市的 94.0％，利用外资额 6.4 亿美元，占全市的 99.0％，对全市外贸外资发展形成强力支撑。

东营经济技术开发区，2010 年 3 月升级为国家级开发区，是黄河三角洲地区第一家国家级开发区，先后被评为国家高新技术产业标准化示范区、国家铜及铜材产业知名品牌示范区、国家循环经济标准化示范区、国家知识产权示范区、国家行政审批制度改革标准化试点单位。

东营高新区 2016 年在省科技厅的支持下，更名为东营高新技术产业开发区，纳入省级高新区管理序列。东营高新区先后获评国家外贸转型升级基地、全国先进科技产业园、国家火炬石油装备特色产业基地、中国石油装备产业基地、中国石油装备产品出口基地、国家级绿色工业园区等称号。

东营综保区于 2015 年 5 月 6 日经国务院批复设立，规划面积 3.1 平方公里，积极探索新业态发展。2020 年实现了保税维修业务连续两年居全省前列。2021 年，光谷产业园获批省级重点培育的跨境电商产业园。

砥砺奋进十年路　扬帆启航新征程

（烟台市商务局）

十年来，在烟台市委、市政府的坚强领导下，在省商务厅的正确指导下，烟台市商务系统持续加压奋进、务实担当，始终锚定“保三争二奔第一”工作目标，全力以赴抓招引、稳外资、稳外贸、扩内需、优服务，奋力开创全市商务发展新局面。

一、招商引资量稳质升，城市综合竞争力实现新突破

十年共有 90 多个国家在烟台累计投资设立 1.5 万个外商投资项目，实际使用外资突破 400 亿美元。一是招商打法突破创新。创新构建“1＋8＋3＋3＋4＋X”招商体系，出台《招商引资三年行动方案》等政策文件，深入实施招商引资突破年活动，聚焦 16 条重点产业链，围绕“9＋N”制造业产业集群和现代服务业，逐一绘制产业链全景图。组织参加“山东与世界 500 强连线”等省市经贸活动，发布投资烟台产业招商平台，开展“屏对屏”不见面招商，推动以商招商、园区招商、驻点招商等取得新实效，美国谷歌、高盛、法国电力、法国液化空气、韩国 SK、日本夏普等 100 多家世界 500 强企业在烟投资兴业。二是外资结构持续优化。一、二、三产业实际使用外资比重优化为 1.7∶48.2∶50.2。创新利用外资方式，抢抓 QFLP 试点推广机遇，鼓励国企平台公司、民营骨干企业海外发债、股权融资、引进战投，帮助企业实现资本、技术返程投资。严格落实《引进重大外资项目奖励实施细则》，帮助 5 家企业获得重大外资项目奖励资金 5177 万元。成功帮助艾多美（中国）有限公司荣获山东省首批跨国公司地区总部称号，实现了烟台外商投资企业中国总部零的突破，成为全省拥有跨国公司地区总部的两个地市之一。三是服务效能不断提升。在全国首推“四书合一”“三一审批”“跨国审批”等模式，全力减少审批材料、精简审批环节、压缩审批时限，提高企业办事效率。深入开展外商投资服务提升年、深化年系列活动，建立完善全生命周期服务机制，制定出台《烟台市外商投资投诉处理办法》等文件，在全省率先设

立市县乡三级1152名服务大使，实现外资企业全覆盖，大使数量及覆盖率全省第一，累计走访外资企业8000余次，协调解决企业困难和问题1000余件，外资企业增资扩股成效显著。

二、对外贸易固稳提质，外贸强市建设迈出新步伐

全市外贸进出口从2011年的2943.2亿元，增长到2021年的4115亿元，一举突破了2个千亿大关。一是外贸基本盘持续稳固。抢抓RCEP机遇，制定出台RCEP贸易便利化攻坚年、外贸高质量发展意见等政策文件，面对突发新冠肺炎疫情，制定多轮次外贸支持政策，对冲疫情影响，建立完善市领导分包骨干企业工作机制，实行外贸重点企业一企一策，协调解决企业运行中的困难问题，支持壮大企业进出口规模。目前有实绩的进出口企业超过5100家，已与200多个国家和地区建立贸易往来。二是外贸新业态快速起势。获批国家级跨境电商综试区，成立跨境电商联盟，规模以上海外仓达到13个，推动中国(烟台)跨境贸易综合服务平台上线运营，通关时间提高到100万单/天，通关峰值速度提高到5万单/秒，位居全省首位、跻身全国前十，实现跨境电商各业务模式“全覆盖”。依托烟台三站批发交易市场获批国家市场采购贸易方式试点，大力实施市场采购共享计划，目前全市市场采购贸易主体超过700家，出口市场覆盖140多个国家和地区。三是外贸增长点后劲十足。全面落实综保区21项政策，建成全国首个金精矿保税混配监管场所，大宗商品保税混配品类拓展到金、铜、铁、煤、石油五大类。发挥毗邻日韩优势，畅通黄金物流大通道，建立完善关地统一协调联席会议机制，推动国际中转货物“就地纳统”。指导开发区功能聚合物、龙口有色金属、招远粉丝、蓬莱海工、莱阳农产品等5个产业集聚区入选国家级外贸转型升级基地。获批中国服务外包示范城市，2021年，全市服务外包执行额48.9亿美元，年均增长率33.7%。

三、社会消费扩容提质，商务惠民工程取得新进展

全市社会消费品零售总额从2010年的1378.4亿元，到2021年3232.3亿元，突破3000亿元大关，增长了1.4倍。一是消费市场持续繁荣。出台《关于加快商贸流通业创新发展支持扩大消费的意见》等政策文件，推动万行风情街、上市里、朝阳街获批省级特色步行街，拓展滨海广场沿线景观亮化范围，塑造芝罘仙境北方文商旅典范。延伸吃住行游购娱产业链条，实现消费、餐饮、文创和休

闲旅游融合发展，打造区域消费中心城市。每年统筹发放惠民消费券，围绕特色商品、步行街区、夜间经济，策划组织各类促消费活动，推动消费繁荣升温。二是商业体系逐步完善。入选全国流通领域现代供应链体系建设试点城市，获得中央扶持资金6000万元，全市4条链条17个试点企业共完成投资2.1亿元。获批全国首批城市一刻钟便民生活圈试点，2021年建设完成30个，2022年35个生活圈商业业态总体进度达到67.1%。先后入选山东省推动农商互联完善农产品供应链试点城市和加强农产品供应链体系建设试点城市，荣获资金5125万元，有效推动农产品流通。出台首店经济扶持政策，以实实在在的“真金白银”政策举措，填补城市高端商贸“空白”，城市繁荣度和惠民便利度不断提升。三是新兴消费加速崛起。指导海阳市、招远市、栖霞市先后获评国家级电子商务进农村综合示范县，争取上级资金4875万元。健全完善农村电商服务体系，建成镇级服务站和村级服务站点191个。助力栖霞、海阳、龙口、莱阳、招远等5市成功入选全国农产品电商百强县，数量位居全省第一。组织开展“烟台好物直播周”等电商活动，培育壮大本地电商平台，目前各类电子商务企业累计超过14000家，电商平台注册店铺14.6万个。研究制定《葡萄酒产业链“链长制”实施方案》，每年举办国际葡萄酒节等100多场行业盛会，连续两年获评中国最具竞争力会展城市。

四、园区发展跃能升级，开放平台打造获得新成效

全市现有省级以上园区12个，贡献了全市约五成的GDP、6成的公共预算收入和七成以上的外资外贸。一是载体能级不断提升。全市开发区综合成绩在全省160家开发区中保持前3位，烟台开发区在全国210多家经开区中保持前10位。2021年，全市省级以上园区一般公共预算收入414.8亿元，同比增长20.2%；固定资产投资2193亿元，同比增长21.8%，增幅分别高于全市14.2、21.6个百分点。规上工业企业1731家、高新技术企业1295家、有效发明专利7241项。二是园区改革成效显著。制定落实《关于推进园区发展三年行动方案》，开展“党工委（管委会）+公司”体制改革，成立国有平台公司22家，组建混合所有制招商公司16家，围绕“一园一业一平台”思路，全力打造“五个一流园区”。支持莱阳开发区与青岛莱西开发区共建，合资成立省内首个跨区域一体化平台运营公司，建立“双莱”跨境电商产业园和电商协会。争取烟台开发区、龙口开发区纳入全省开发区东西合作试点，推动烟台开发区、龙口开发区分别

与泰安高新区、滨州北海开发区签订合作协议。三是自贸区和综保区创新发展。发挥自贸区烟台片区示范引领作用，累计推出制度创新成果200余项、新增注册企业1万余家。其中，10项在全国复制推广，28项在全省复制推广，3项被海关总署备案，“多方联动构筑海洋生物资源‘大养护’格局”成为山东自贸试验区唯一入选全国“最佳实践案例”的制度创新成果。推动烟台保税港区在全国14个保税港区中率先成功转型为综合保税区，在全国134个综保区发展绩效评估中排名第13位。协调推进进境肉类、冰鲜水产品等综合性海关指定监管场地顺利通过验收。2021年，烟台综合保税区完成外贸进出口1188亿元，增长33％。

五、对外投资扎实推进，海外烟台建设展现新作为

烟台对外实际投资从2010年的1.9亿美元，到2021年的12.4亿美元，增长了5.5倍。截至2021年，烟台384家投资主体在境外投资639个项目，累计中方协议投资额91.9亿美元，涉及75个国家和地区。一是全力搭建海外平台。高标准建设中匈宝思德经贸合作区、中俄托木斯克木材工贸合作区，形成在中东欧以化工为主导的特色产业集群和在俄罗斯木材深度加工的特色产业链，成为唯一拥有2个国家级境外经贸合作区的地级市。推动南山印尼工业园二期项目筹建，建成南山印尼工业园热电项目并投入运营，为项目发展提供动力保障。二是培育壮大本土企业。支持南山集团、中宠食品等“走出去”企业开展跨国并购，成为国际化行业领军型跨国公司。目前，中宠食品成功并购新西兰最大的宠物食品企业，荣昌制药增资境外研发中心从而提升国际竞争力，玲珑轮胎塞尔维亚项目建设进程加快，烟台联测公司并购新加坡电子封测项目，并实现投资回归，在国内建设智路联测烟台封测项目，当前项目工程主体已实现封顶。三是深度融入海外市场。杰瑞集团中标阿尔及利亚油气工程领域的天然气去瓶颈EPC项目，成为烟台石化油气一体化解决方案工程在非洲落地实施的重要里程碑。烟建集团中标援建萨尔瓦多的国家图书馆项目，填补了我市近年来中美洲市场援建项目的空白。

开放发展进位赶超　内贸流通创新提升

（潍坊市商务局）

党的十八大以来，潍坊市商务发展极不平凡。面对错综复杂的外部风险挑战、艰巨繁重的改革发展任务和2020年以来的新冠肺炎疫情冲击，潍坊市商务系统认真落实中央和省、市部署，集成用好要素资源深化改革、扩大开放、繁荣商贸，推动了全市商务经济质效提升、动能增强，商务发展不断取得新突破。

2013年，潍坊首次承办国际政府间会议、举行中韩自贸区第七轮谈判。2014年，举办首届农产品电商大会。2015年，举办首届中日韩产业博览会。2016年8月，潍坊市委、市政府召开全市开放发展大会，掀起了宽领域深层次扩大开放的新高潮；同年，首届农商互联大会在潍坊举行。2017年，潍坊综合保税区北区获批成立。2019年，潍坊成立市委开放发展委员会，潍坊国家农业开放发展综合试验区获批成立。2020年，国家跨境电商零售进口（1210）试点城市和中国（潍坊）跨境电子商务综合试验区先后获批成立。2021年，开放型经济和内贸流通发展水平大幅提升，外贸进出口、利用外资、开发区综合发展水平三大指标考核成绩均居全省第2位。

一、内贸流通繁荣活跃，消费拉动能力凸显

这十年，潍坊市持续推动内贸流通发展，有效带动消费转型升级，消费基础作用不断增强。2021年，潍坊市实现社会消费品零售总额2781.5亿元，是2012年（1305.3亿元）的2.1倍，年均增长7.9%。2022年1～5月，限额以上单位实现消费品零售额319.8亿元，同比增长4.3%，高于全省2.4个百分点。企业活力明显提升，全市限额以上批零住餐企业达到1914家，商业综合体、购物中心发展到30余个，潍百集团和全福元商业集团稳居“中国连锁百强”。电子商务异军突起，开展电商业务的企业达到1.2万余家，各类实物网络店铺超过4.2万家，电商从业人员超过20万人，创建国家电子商务进农村综合示范县（激励县）6个，2014～2017年连续四年举办农产品电商大会，2021年全市网络零售额超过

312 亿元。农商互联深入推进，先后获批国家农商互联标准化示范试点、山东省农商互联完善农产品供应链示范试点、山东省加强农产品供应链体系建设试点和国家商品交易市场优化升级专项行动试点，2016～2020 年连续五年举办农商互联大会及产销对接系列活动。流通模式不断创新，创建为国家农产品冷链流通标准化示范市、山东省冷链示范城市、国家流通领域现代供应链体系建设试点城市、国家城乡高效配送试点城市。保供给稳运行能力凸显，在 2018 年、2019 年连续两年台风暴雨和 2020 年以来新冠肺炎疫情等突发事件后，及时启动应急保供响应，保障生活必需品供应充足、价格稳定，稳定了消费预期，满足了居民日用消费品需求。

二、对外贸易屡创新高，市场份额持续提升

这十年，潍坊市外贸规模不断扩大、增速持续加快。2021 年，潍坊市完成货物进出口总额 2657 亿元，是 2012 年货物进出口总额(945.3 亿元)的 2.8 倍，年均增长 10.9%，高于同期 GDP 增速(6.7%)4.2 个百分点，有力拉动了全市经济增长。进出口总额由全省第 5 名晋升到第 3 名，占全省比重由 6.1%提升到 9.1%，外贸依存度由 25.8%提高到 37.9%。2022 年 1～5 月，完成进出口总额 1436.7 亿元，同比增长 64.8%，高于全省 47.5 个百分点。商品结构明显优化，机电产品进出口占比由 20.4%提升到 39.8%，成为第一大类商品。高新技术产品进出口额年均增长22.5%，高于全市平均增幅 11.2 个百分点，2021 年占比达到 17.1%。市场多元化战略成效显著，已与 215 个国家和地区保持贸易往来，对新兴市场进出口保持快速增长，2021 年对 RCEP 成员国进出口 874.8 亿元，增长 53.9%，对“一带一路”沿线国家进出口 802 亿元，增长 22.9%。外贸主体和新业态发展壮大，有进出口实绩的企业 5592 家，比 2012 年末增加 2814 家，民营企业进出口占比由 63%提升到 85.2%。外贸综合服务企业引育成效明显，每年带动超过 400 家企业“开壶”出口，成为外贸重要增长点。动能潜力进一步增强，2020 年获批国家跨境电商综合试验区和跨境电商零售进口试点，2021 年跨境电商进出口额突破 200 亿元，对外贸增长的贡献率达到 31.1%，新创建国家级外贸转型升级示范基地 7 个、省级外贸转型升级试点县 3 个、省级外贸高质量发展区 1 个、省级进口贸易促进创新区 1 个、省级外贸新业态主体 19 个。服务贸易稳定增长，获批山东省服务贸易创新发展试点城市、省级服务外包示范城市，2021 年完成服务进出口 379.6 亿元，增长 120.3%。

三、利用外资突破提升，溢出贡献不断提高

这十年，潍坊市不断拓宽利用外资领域，优化外资结构，推动利用外资量质齐升。2022年1～5月，新设立外资项目55个，实际使用外资6.4亿美元，同比增长18.5%，高于全省9.9个百分点。“双招双引”取得明显成效，2012～2021年，潍坊市累计新批设立外资项目957个，累计实际使用外资78.2亿美元。2021年，潍坊市实际使用外资13.2亿美元，是2012年(3.3亿美元)的4倍。境内外招商活动成果丰硕，截至2021年底，已有92个国家和地区的客商在潍坊投资，累计设立外资项目3874个，实际使用外资133.6亿美元，其中32家境外世界500强企业投资设立了61家外资企业，马石油润滑油中国总部成功落户，实现我市世界500强中国总部企业零突破。项目落地转化步伐加快，昌邑市肉牛进口加工“雅拉速度”、寒亭区通吉供应链“寒亭模式”、高密市金亿机械外资并购“金亿经验”等，带动了外资渠道拓展、领域拓宽。利用外资质量结构明显提升，2021年实际使用日韩外资2.3亿美元，占全市17.4%，制造业实际使用外资7.5亿美元，占全市56.8%，临朐蓝帆健康科技丁腈手套项目到账外资2亿美元，是当年全省最大的制造业外资项目。据商务、工商、税务等6部门联合年报，2021年，1199家外资企业实现销售收入1685.3亿元，相当于全市规模以上工业企业(10929.1亿元)的15.4%；完成进出口额278.3亿元，占全市进出口总额(2657亿元)的10.5%；纳税总额77.2亿元，占全市税收收入(499.6亿元)的15.5%；在外资企业就业人数达到8.9万人。

四、对外合作稳步推进，跨国布局步伐加快

这十年，潍坊市大力引导支持企业贴近消费市场布设营销网络、贴近劳动力充裕国家建设生产加工子公司、贴近原材料富足国家建设海外能源资源基地、贴近发达国家(地区)建设海外研发中心，“四个贴近”提升了企业利用两个市场两种资源加快发展的能力水平。跨国投资水平大幅提升，2012～2021年，累计设立境外企业(机构)403个，新增境外实际投资39.8亿美元，完成对外承包工程营业额12.1亿美元，外派劳务4.4万余人次。其中2021年，新增境外实际投资8亿美元，是2012年(6941万美元)的11.5倍。到2021年底，全市已有322家企业走出去，在86个国家和地区设立企业(机构)490家，中方协议投资额112亿美元，涵盖机械设备和装备制造、农业、电子、纺织服装、建材、轻化工、资

源开发、物流仓储、木材加工等行业。对“一带一路”国家投资布局力度加大，已有82家企业在“一带一路”建设了139个海外工厂，柬埔寨(山东)工业园、巴基斯坦山东圣山南亚工业园运营良好，落户中白巨石工业园的马兹潍柴项目于2019年投产。本地跨国公司加快成长，潍柴集团先后全资或参股收购法国博杜安、意大利法拉帝、德国凯傲、林德液压、欧德思、美国德马泰克、PSI、加拿大巴拉德、英国锡里斯、奥地利威迪斯，雷沃重工收购意大利马特马克、阿波斯等国际农机知名品牌，融合了技术研发、经营管理、营销渠道等资源。

五、开发园区改革创新，活力动力明显增强

这十年，全市开发区工作突出体制机制改革和高质量发展两条主线，在体制改革、科技创新、对外开放等方面持续用力，开发区开放发展、创新发展、集约发展的内生动力显著增强，成为全市高质量发展的引领和支撑力量。体制机制改革有效激发活力，通过“两剥离、两整合”，重构了开发区的制度体系，开发区全面回归经济发展主责主业。各县市区积极向开发运营公司持续注入资源资产，提升运营能力。全市16个省级以上开发区共成立运营公司34个，资产总额超过1200亿元。产业载体功能不断增强，全市开发区已有商用车及零部件、现代食品加工等8个产业集群列入全省“十强”产业雁阵形产业集群，形成了光电园、生物园、软件园、化工园、半导体产业园等一大批特色园区。科技创新能力稳步提升，全市1000余家高新技术企业，近90%落户在开发区。潍坊高新区建有全国唯一的国家燃料电池技术创新中心等6个国家级企业研发机构、24个省级企业研发机构。潍柴重型商用车动力总成关键技术及应用和盛瑞前置前驱8挡自动变速器研发及产业化两个项目荣获国家科技进步一等奖。对外开放水平显著提高，2021年，16个省级以上开发区外贸进出口总额是2019年的4倍，实际使用外资是2019年的2.8倍。全市在建国际合作园区达到16个，潍坊动力装备国际合作园获评首批省级国际合作园区。在全省开发区综合发展水平评价中，我市连续三年实现位次上升，2021年度居全省第2位。形成一批典型经验，滨海区机制创新推动高质量发展、昌乐县打造高水平园区发展平台、青州经开区创新企业服务专员制度打造产业升级新标杆等做法被省委改革办作为山东省地方改革案例上报中央改革办，综合保税区外贸“全生命周期”成长服务链改革经验被中央改革办全国推广。

开放包容　活力迸发
——这十年，济宁商务实现高质量发展

（济宁市商务局）

过去十年，面对错综复杂的国际形势和艰巨繁重的改革发展任务，济宁商务系统在市委、市政府的坚强领导下，在省商务厅的大力支持和指导下，顽强拼搏、开拓创新、勇攀高峰，特别是积极妥善应对突如其来的新冠肺炎疫情冲击，畅通国内国际双循环，加快内外贸融合发展，着力打造对外开放新高地，圆满完成“十二五”“十三五”目标任务，开创出一番崭新的商务事业，建设出一个开放包容、活力迸发的新济宁。

一、内需消费规模不断扩大

全市社会消费品零售总额由2012年的1351亿元增至2021年的2459.6亿元，年均增长6.2%，国内市场规模优势更加明显，服务功能持续增强，贵和购物、万达广场、吾悦广场等一批商业综合体建成运营，太白楼路、金宇路两大商圈更加集聚，京杭路商圈初具规模。全市电子商务快速发展，泗水、鱼台、曲阜获批为国家级电子商务进农村工程综合示范县，嘉祥、金乡、泗水、兖州、曲阜等5个县市区获批为山东省电子商务示范县，扩内需促消费在全市经济发展中发挥的牵引作用不断提升。

二、商贸流通载体不断升级

农村流通网络不断健全，“快递进村”工程建成村级快递示范站4051个，农村电商服务配送体系实现县乡村三级全覆盖。农产品供应链体系建设成为省级示范市，梁山县获批成为乡镇商贸中心建设引领县。城市商业载体更加多样，“一县一街”打造特色商业街区，对照省级步行街标准和任城运河记忆、兖州牛楼小镇等样板项目，建设消费聚集区和网红打卡地，推动建设50个“一刻钟便民生活圈”，济宁市获批国家级“一刻钟便民生活圈”试点城市，太白楼路的万达

广场、运河城等核心商圈提升数字化消费场景和沉浸式消费体验，着力打造省级智慧商圈。

三、外贸进出口稳步增长

2012年以来，全市货物进出口累计完成4563亿元，年均增长6.2%。2021年，全市有进出口实绩的企业达1758家，年均增长10.8%。国际市场布局更趋多元化，对“一带一路”沿线国家出口占比增至38%。贸易结构不断优化，机电产品、民营企业出口占比分别增至40%和78.6%，较2012年末分别提升18.3个和30.7个百分点。我市获批为全国首批二手车出口业务试点城市，高新区获批首批省级外贸转型升级试点县，兖州区获批首批外贸高质量发展示范区，金乡(大蒜)、高新区(纺织服装)获批全国外贸转型升级基地。“兖欧班列”直通欧洲腹地，济宁高新保税物流中心获省政府批复，济宁(金乡)内陆港正式开通运营。跨境电商从无到有，由2020年的300万元增至2021年的50亿元，预计2022年突破80亿元。

四、利用外资实现量质齐升

截至2021年底，全市累计新设外商投资企业2378家，较2011年底净增573家，新增总投资过千万美元以上企业占60%。全市2012～2017年累计利用外资45.2亿美元，实际使用外资从2018年的2.2亿美元增至2021年的11.28亿美元，年均增长50.4%。规模快速拓展的同时，外资质量结构持续向好向优，2021年全市制造业外资占比提升到40%，欧美日韩资占比升到28%。引进重大外资项目增多，对世界500强吸引力增强，已有57家世界500强跨国公司在我市投资项目110个，工程机械、生物医药、能源化工、纺织服装等外资产业集群不断壮大，成为全国内陆地区和我省重要的世界500强跨国公司投资集聚地。

五、对外投资合作扎实推进

2012～2021年，全市完成对外非金融类直接投资509亿元，年均增长5.1%，对外直接投资总额多年位居全省前列；对外承包工程累计完成营业额312亿元，累计派出劳务7.56万人。高质量共建“一带一路”成效显著，对沿线国家非金融类直接投资累计流量14.9亿元、占比增至41.9%。兖矿能源、如意集团、太阳纸业等一批骨干企业通过股权并购、合资合作等方式拥有境外90亿吨煤炭、50亿吨有色金属、400万亩农牧场、5万公顷林地等境外资源，建设年产7000万吨煤炭、60万吨铁矿石、6万吨棉花等境外资源基地，形成境外资产近200亿美元。

六、开发区综合发展水平迈上新台阶

全市12家省级以上经济开发区围绕园区主导产业发展，采取自建、依托企业院所合作共建等方式共设立产业研究所40个，成立17家开发运营公司及15家招商公司，全市百亿级主导产业达到9个。开发区经济实力不断增强，主要经济指标高于全省平均增幅。在2020年、2021年的全省开发区综合发展水平评价中，我市开发区均位居全省第4名，其中4家开发区进入全省前20%、数量居全省第一。中欧（济宁）国际合作产业园被认定为全省首批4个国际合作园区之一，济宁高新区一体化道路机械智能制造、邹城开发区矿山装备智造、兖州工业园区智能农机装备入选2022年度山东省特色产业集群。

七、商务改革发展纵深推进

“放管服”改革不断深化，事中事后监管和“双随机一公开”机制更加完善；行政审批能放则放，“市县同权”稳步推进，对外贸易备案全部下放至县市区商务主管部门，全市商务领域政务服务水平大幅提升；开发区体制机制改革创新全面完成，全部推行“党工委（管委会）+”管理新模式，更加聚焦外资外贸、招商引资、主导产业培育和科技创新等主责主业，动力活力逐步释放。2021年，全市开发区利用外资、对外贸易占全市的比重分别达到86%和84.1%。全面落实外商投资准入前国民待遇加负面清单管理制度，营造稳定、公平、可预期的发展环境。统筹推进疫情防控和商务发展，保障生活必需品供应，稳住外贸外资基本盘，促进消费回补，为全市疫情防控和做好“六稳”工作、落实“六保”任务贡献商务力量。

砥砺深耕十年路 踔厉奋发谱新篇

（泰安市商务局）

十八大以来的十年，泰安市商务系统始终坚持以习近平新时代中国特色社会主义思想为指导，坚决贯彻中央和省、市决策部署，在省商务厅大力支持下，全市商务运行和投资促进工作坚持打基础利长远齐抓、扩总量优质量并举、内外贸一体化推进，求实创新，积极作为，主要指标增势良好，结构效益优化提升，总体工作成效明显，为未来时期商务高质量发展奠定了坚实基础。

一、内贸流通实现新提升，新兴消费突起

近十年，泰安市克服国家宏观经济形势变化、新冠肺炎疫情等影响，全面贯彻落实上级扩内需促消费政策措施，千方百计保持商贸流通工作持续发展。2021 年，泰安市实现社会消费品零售总额 1161.8 亿元，比 2012 年增长 25%。

促消费活动丰富多彩。2020 年疫情期间，鼓励支持商贸流通企业开展“无接触配送”“无接触消费”，对全市 48.9 万单配送业务以奖代补 100 万元。实施“春暖花开、畅享泰安”促消费活动，累计发放消费券 900 万元，拉动消费近 8000 万元，有力促进消费市场复苏回暖。开展“百万补贴共抗疫情”活动，全市医护及教育工作者 8000 余人参加，补贴金额 460 余万元，带动销售额 1430 余万元。2021 年牵头组织“千年泰安、盛世老街迎春纳福”等 8 项促消费活动，纳入“山东消费年 暖冬消费季”和“2021 惠享山东消费年·约惠春夏消费季”活动盘子。创新老字号发展模式。连续多年举办“泰安老字号”评选、“绿色饭店”创建和泰山“名吃、名菜”评选活动，引导大众消费和餐饮业创新发展。截至 2021 年底，泰安市“中华老字号”“山东省老字号”“泰安市老字号”分别达 1 家、17 家、37 家，年销售额 18 亿元；13 道菜品、小吃获评“齐鲁名菜”“齐鲁名吃”，14 家企业荣获“山东省绿色饭店”“齐鲁餐饮名店”称号。实施城市商业、夜经济提升行动。泰安市自东向西形成吾悦广场、盘古天地、财源街、银座金街、万达广场、爱琴海购物公园、泰安老街 7 个成熟商圈，城市消费服务功能日臻完善；以投资 32 亿元的老

街文旅街区、大观街主题街区等项目让泰安旅游“火起来”；引导商业特色街建设中突出亮化质量和亮化分区，让泰安夜景“靓起来”；改造提升老县衙步行街、新泰文创街、肥城春秋古城、宁阳文庙历史文化街、东平龙泉步行街、五矿万境广场步行街等特色街区，让泰安商业“旺起来”。电子商务发展势头良好。全市电子商务网络零售额逐年增长，2021 年达 112.74 亿元，增长 25.5%，增幅列全省第 2 位，比全国、全省平均增幅分别高 13.6、5.5 个百分点。示范县项目经验获推广，新泰市、肥城市国家电子商务进农村综合示范县项目稳步推进，全省电子商务进农村综合示范项目观摩会在新泰市举办，新泰市电商示范项目固定资产管理课件在商务部网站作为典型案例进行全国推广。直播电商发展步伐加快，出台《电子商务直播基地认定办法》，认定首家市级电商直播基地，成立全市直播电商协会；在肥城设立全省第一个阿里数字乡村产地仓。电商快递物流融合发展，探索打造了“快递＋商超＋电商公共服务中心”“三体”融合模式，有效解决电商快递进村“最后一公里”问题，被商务部官网和省厅肯定推广。物流产业快速发展。建设完成中央冷链物流发展示范城市，并获中央财政资金支持 3000 万元；编制出台了《泰安市千亿级现代物流产业集群规划》，制定了《现代物流业突破行动计划》，促进现代物流产业快速发展。2020 年以来 18 个现代物流插旗项目累计完成投资 17.8 亿元，重点推动了新合作供销云仓、新易泰大数据全链条、新泰青云国际冷链智慧物流园等项目。

二、对外贸易实现新突破，规模质量双提高

近十年，泰安市外贸进出口实现稳步增长，贸易体量逐步扩大。2020 年进出口额首次突破 200 亿元大关；2021 年完成进出口额 291 亿元，较 2012 年进出口额增长 2 倍以上，其中出口额 193 亿元，是 2012 年的 2.5 倍，进口额 98 亿元，是 2012 年的 1.7 倍。

加强外贸主体队伍建设，稳定外贸发展基本盘。积极培育外贸主体，组织开展外贸“十百千”工程，打造外贸强企方阵。截至 2021 年，全市有进出口业绩企业 926 家，是 2012 年的 1.9 倍；其中进出口额过亿元企业 65 家，是 2012 年的 2.7 倍。组建了稳外贸基本盘企业服务队，出台了《关于进一步促进外贸稳定增长政策措施的通知》等系列政策措施。创新推出“泰山贷”贸易融资办法，建立了“政府＋银行＋企业＋出口信保＋担保公司”合作和风险共担机制，助力全市进口业务的开展。积极打造外贸平台，促进外贸转型升级。2019 年筹备成立了

泰安市外贸企业协会，积极招引培育新华锦、中外运、正威供应链、港泰隆等一批贸易平台扩大进出口业务，加快业绩引流。鼓励企业在境外开展商标注册、体系认证和专利注册，全市省级国际自主品牌认定企业 11 家。2021 年泰山区成功认定为国家级外贸转型升级基地（纺织服装），泰安市智财翻译有限公司认定为 2021～2023 国家重点文化出口企业。大力培育跨境电商，助力外贸高质量发展。组织开展“跨境电商进万企”系列活动，截至目前，在海关备案的跨境电商企业已达 374 家。2021 年完成跨境电商进出口额 19.3 亿元，同比增长 15.4 倍。培育做强岱银集团、泰鹏家居等公共海外仓，目前全市已在美国、加拿大、德国、韩国、印尼等国布局海外仓 10 个，实现了企业抱团“借仓出海”。

三、利用外资实现新发展，总量增幅双跃升

近十年，泰安市不断优化外资结构，推动利用外资深化发展。全市实际使用外资从 2012 年的 1.7 亿美元，增长至 2021 年的 4.06 亿美元，年平均增幅在 10％左右，实现了平稳增长。十年间全市新设外商投资企业 634 家，投资总额 204.9 亿美元，合同外资额 122.4 亿美元，实际使用外资 46 亿美元。世界 500 强企业在泰投资逐年增长，截至目前，在泰安市投资的世界 500 强企业有 15 家，总投资 10.7 亿美元，合同外资 4.37 亿美元，实际到位 3.64 亿美元，主要涉及高端装备、新能源、食品加工、电力生产、地产等行业。

利用外资结构进一步优化。制造业实际使用外资呈逐年上升趋势。2017～2021 年，我市制造业实际使用外资分别是 193 万美元、578 万美元、3649 万美元、9037 万美元、11642 万美元，2021 年房地产业实际使用外资总量和占比从 2020 年的 13046 万美元、占比 19.11％分别压减至 2000 万美元、5.45％。投资来源地更加多元，出资方式更加务实。长期以来泰安市外资来源地主要集中在香港地区，近几年日韩投资占比呈上升趋势，已从占比不到 1％，提升到 6.29％；外资出资方式往年以技术出资为主，占比达到了 85％左右，2019 年以来出资方式已全部转变为货币出资。利用外资方式进一步拓宽。深入挖掘存量外资企业优势潜力，鼓励动员企业增资扩股、利润再投资。2021 年泰安市外资企业通过利润再投资、利润转增资的方式实现 5234 万美元外资到位，全市增资项目数量和增资到位数额均为历年来最高值。以泰山财金集团为主体发行境外美元债，在 2020 年实现 1 亿美元返程投资的基础上，2021 年又成功发行 3 亿美元，开辟了利用外资新途径。

四、招商引资实现新跨越，营商环境逐年优化

近十年，泰安市不断加大制度创新、体制突破、平台搭建力度，新业态、新模式、新载体稳步构建。

招商引资体制机制创新取得新突破。先后制定出台了《泰安市招商引资扶持激励政策》《关于着力化解突出问题推动“双招双引”工作高质量发展的实施意见》等文件政策，为实现高质量招商引资提供了制度保障；研究制定了《泰安市社会化招商中介机构招商促进办法（试行）》，大力推进社会化中介招商，深入推行委托代理招商，落实选聘一批招商专员，构建了体制内、外“双轨”并行招商工作体系；创新招商引资方式方法，实行“线上＋线下”联合招商，确保疫情期间项目洽谈不见面、签约不断链、服务不断线。优化外商投资环境取得新进展。建立挂钩包保责任链工作机制，县市区、功能区配套出台领导挂钩联系镇街工作机制；深化外资企业全生命周期服务机制，出台了《泰安市外商投资企业服务大使制度实施办法》，全市共选取111名精通业务的同志担任服务大使，发放《服务连心卡》323张；建立健全外商投资全流程服务体系，积极打造线上一站式外商投资服务平台，实现投资项目和落地区域在线匹配和定向对接；健全利用外资政策支撑和要素保障体系，制定出台了《关于促进全市开放型经济高质量发展的六条政策措施》，着力破解外资项目要素保障不集中的瓶颈。配套出台了《关于保障重点外资项目能耗要素的通知》《关于外商投资项目土地要素保障工作的意见》等政策，资金到位率明显提升。

五、外经合作拓展新领域，“走出去”步伐加快

近十年，泰安市坚持“走出去驱动”策略，努力实现境外投资与“引进来”共同发展的目标。疫情过后的2021年，泰安市实现对外承包工程营业额19979万美元，增长24.1%，分列全省第6、第2位；新设立境外投资企业6家，中方备案核准额1354.29万美元，完成境外投资中方实际投资额6836.9万美元，增长23.8%，列全省第6位。近十年，全市累计新签对外承包工程合同额25.5亿美元，完成营业额27.7亿美元，境外投资实际投资额7.2亿美元，派出各类劳务人员2.4万人。

探索新策略谋求新路子。2021年在疫情影响和中美贸易摩擦复杂多变的国际经贸形势下，全年新设3家境外平台公司，全部由中方出资，新设公司主要

经营进出口贸易、发债等业务。加快带动优势产能和装备走出去。近五年，全市境外项目累计带动进出口5.46亿美元，其中出口2.55亿美元、进口2.91亿美元。“一带一路”占比分别为：88.4％、63％和100％。鼓励企业积极融入“一带一路”沿线国家市场。积极推动重点企业境外大项目建设。山东岱银纺织服装集团2013年注册成立岱银马来西亚纺织公司，项目总投资2亿美元；石横特钢向新加坡桃都实业有限公司项目投入2亿美元，有力加快了企业国际化进程。

六、开发区发展实现新跃升，平台建设取得新成效

近十年，泰安市以开发区体制机制改革作为高质量发展的契机，不断壮大经济体量和发展规模，发展活力和内生动力得到提升。

开放引领作用不断增强。2021年，全市7家省级以上开发区预计注册企业9253家，实现公共财政预算收入113.07亿元、税收收入131.67亿元、实际利用外资4.81亿美元、进出口总额72.4亿美元，较2012年分别增长5936家、63.19亿元、74.65亿元、3.7亿美元、61.03亿美元，平均增长率分别为178.96％、126.69％、130.92％、333％、536.76％。开放载体建设迈出新步伐。将全市8家省级以上开发区列为全省体制机制改革创新试点单位，是全省唯一一个全面改革的市。通过改革，管委会所属机构由203个精简压缩至67个、分流工作人员201人，精简率分别67％、23％；梳理保留经济管理职能746项，剥离社会事务管理职能1102项，剥离开发运营职能322项，开发区体制机制改革试点任务顺利完成。启动泰安综合保税区规划建设，成立了综合保税区建设领导小组，编制完成了《综合保税区铁路专线可行性研究报告》。开发区政策体系不断完善。2017年出台了《关于“突破园区转型发展实现新旧动能转换”的意见》《关于进一步深化开发区体制机制创新的实施意见》等一系列政策文件，充分释放体制活力，加快推进开发区转型升级和创新发展，在全省率先启动开发区改革创新工作。开发区改革试点建设逐步深化。2016年以来，泰安市新泰、东平、岱岳经济开发区先后列入省第一、第二、第三批全省经济开发区体制机制创新试点单位。新泰经济开发区“一口办结”的服务模式，被评为全省第一批试点最佳实践案例。平台载体建设取得新进展，2019年建设的新泰经开区国际陆港快递类海关监管场站，填补了济南海关关区内无在营跨境直购海关监管场站的空白，是商务部2020年中欧跨境贸易十大落地项目。目前，已开通9610跨境进口和出口模式、9710跨境出口模式、9810跨境海外仓模式。

砥砺奋进谋发展　奋楫扬帆启新程

（威海市商务局）

近十年来，威海市坚持把服务和融入新发展格局贯穿到商务工作各方面、全过程，全力抓好招商引资、开放试点、外资外贸、扩内需促消费等各项工作，推动全市商务工作不断实现新突破、迈上新台阶。

一、狠抓招商引资，大力招引优质项目

一是领导带队招商。强化市级领导同志重大在谈项目分包推进机制，市委、市政府主要领导同志常态化带队外出招商，每人分包 3 个重大在谈项目；其他市级领导同志根据工作需要，每人分包 2～3 个重大在谈项目，为招商项目提供“顶格”保障。聚焦七大产业集群、十条优势产业链，有针对性开展产业链招商，激光打印机“拆解 8000 个零部件”的产业链招商经验做法，成为招商引资的精彩范例。

二是打造专业队伍。组建新的投资促进中心，采取市场化方式招聘精干专业队伍，建立科学严格的绩效考核体系，迈出专业化招商的重要一步。市级层面，成立全球合伙人事业中心，已有 6 名个人、5 个机构成为“城市合伙人”；在 33 个市直部门、单位增设或加挂产业发展科，专门负责招商工作，“让专业的人干专业的事”。区市层面，在国家级开发区全部配备专业招商队伍的基础上，推动各区市组建专业招商机构，“尖刀队”成为招商引资的“标配”。

三是创新招商方式。与时俱进推进招商方式现代化，充分利用智能化、智慧化手段，开拓“云招商”“热力图”等招商新方式，采取“地图＋信息”模式，全面、生动地推介招商项目、地块楼宇、创新平台、重点园区等优势资源，为产业链招商提供精准服务。目前，在威投资外商企业近 1700 家，其中世界 500 强企业 24 家，“威海——全球投资首选地”“选择威海、共赢未来”成为更多企业的共识。

二、做优平台载体，全面提升开放能级

一是打造中韩自贸区地方经济合作示范区升级版。依托独特区位优势，做

好深耕日韩文章,被定为中韩自贸区地方经济合作示范区,2018年"威海成为中国首个也是目前唯一被写入自贸协定的城市"成功入选山东省庆祝改革开放40周年40件最具影响力的事件。深入实施中韩自贸区地方经济合作示范区建设攻坚突破三年行动计划,加快实体园区建设,推动与韩国在贸易、投资、服务、产业等更多领域合作优化升级,巩固扩大对韩开放优势。韩国成为威海最重要的外资来源地和贸易伙伴,与威海口岸有贸易往来的115个国家中,韩国进出口总值占比80%以上,其中水路运输方式对韩进出口额位居全省第1位、全国第2位,经过山东口岸入境的韩国化妆品、食品、日用品有2/3通过威海口岸进入。

二是抓实全面深化服务贸易创新发展试点。2016年以来,威海成为全省唯一连续三次入选国家服务贸易创新发展试点的城市。主动适应外贸转型升级新形势新要求,在服务贸易领域先行先试、创新探索,"中韩'四港联动'海空港多式联运""打造特色服务贸易集聚区""助力远洋船舶维护维修业集群式发展""创新服务贸易国际合作机制"等11个典型案例被国务院在全国复制推广,数量在各试点中位居前列。高标准建设服务贸易产业园,已吸引软银、日立、阿里巴巴等266个项目入驻运营,其中世界500强企业10家、上市公司4家,先后获评山东省现代服务业集聚示范区、山东省科技企业孵化器、山东省数字经济园区名录库入库园区。试点以来,全市服务进出口年均增长15%以上,高于全国、全省平均值。

三是深入实施城市国际化战略。深入实施城市国际化三年行动,建好用好市长国际经济咨询委员会年会、"城市合伙人"计划、威海国际商会海外联络处等平台载体,推动城市功能、经济、人文与国际全面接轨。将每年6月份的第三个周设为"威海国际周",6月11日举行首届"威海国际周"启动仪式,围绕"蓝色活力之都 全球投资首选"主题,集中举办20余项国际经贸、科技、文化、体育活动,吸引社会各界、外籍人士近万人次参与,境内外新媒体发布各类宣传报道100多篇,城市国际影响力进一步提升。

三、加快互联互通,打造国际物流枢纽

一是加快"四港联动"建设。深化"四港联动"国际物流一体化体系,推动中韩双方就整车运输试运行谅解备忘录协议内容基本达成一致,为全国对韩开放担当先行先试和压力测试之责,持续巩固"东联韩日、西接欧亚"的国际物流枢纽地位。东联韩日方面,已开通至韩国、日本的海上航线16条,客滚和集装箱航

班达到每周29班，形成了“夕发朝至、航线密集、运力稳定、空运速度、海运价格”对韩日海上物流的优势；空中货运航线至仁川每周18班、至大阪每周6班，2021年国际货运量增长161%。西接欧亚方面，中国外运在文登区投资建设国际物流多式联运中心及配套产业园，中欧、中亚、中蒙、中俄班列实现常态化运行，货物从威海装车，直达德国杜伊斯堡、乌兹别克斯坦塔什干等重要城市；威海港已开通国际国内航线24条，其中今年新开通至土耳其的海上航线，是威海正式开通的第一条欧洲航线，也是威海的第一条远洋航线。2021年，全市外贸进出口首次破2000亿元大关。

二是大力发展跨境电商。获批国家级跨境电子商务综合试验区，开通全国首条“中国—韩国”海运电商专递，吸引顺丰、韩国汎韩物流等一批优质物流企业落户，在韩国、日本布局建设海外仓7家，引进菜鸟、洋码头等一批在国内具有较高影响力和带动力的跨境电商平台，2021年全市跨境电商进出口271.2亿元，位居全省第2位，增长6.8倍，占全市进出口的13.3%，较上年提升11.2个百分点，跨境电商成为外贸发展的重要增长点。

三是优化口岸通关环境。推动进出口环节监管证件减至41种，其中38种实现网上申请、网上办理；实现非查验进出口货物到港“秒放”，码头作业时间减至10分钟，通关效率全省领先，打造了一流口岸营商环境。

四、畅通经济循环，全力扩内需促消费

一是完善城市商业体系。加快推进威海老港、金线顶等区域整体改造，提升改造13处特色商业街区，韩乐坊获批第二批省级步行街改造提升试点、入选全市民生实事典型案例，荣成市九龙城购物广场获评国家级绿色商场创建单位。出台《威海市发展夜间经济实施方案》，聚力打造13处夜间消费集聚区。加强农产品供应链体系建设，获批山东省农产品供应链试点市，家家悦集团入选全国农村商业建设工作现场会典型案例。

二是全面规范市场秩序。出台成品油市场违法违规行为举报奖励政策，持续开展成品油“自流黑”专项整治行动，排查整治自备油罐523处，处理流动加油车63辆，取缔黑加油站5处。完成肉菜流通追溯体系一期工程建设，启动实施二期工程，加快构建地方特色产品（海参）追溯体系。引导商贸流通企业强化品牌意识、争创特色品牌，6家企业获批“山东老字号”，组织20家省、市“老字号”及名优企业参加“中华老字号”故宫过大年、“中华老字号”（山东）博览会等活

动，支持“老字号”企业走出去开拓市场，提高品牌知名度。

三是加快发展电子商务。文登区、荣成市、乳山市获评省级电子商务示范县，荣成市获批国家电子商务进农村综合示范县，设立电子商务创业园，建设100余处镇村公共服务站点，服务网络覆盖85％以上的行政村。吸引抖音在威海落地全国唯一的渔具电商直播基地，与全国118家渔具商家签署服务协议。大力发展农村电商，入选淘宝镇4个、淘宝村8个。积极探索电商发展新模式，深化“互联网＋”赋能乡村振兴，在“1688”设立荣成海鲜云市场专区，在京东稳定运营荣成馆、乳山馆，打响威海特色产品区域品牌。

威海市商务系统将深入贯彻落实省第十二次党代会精神，锚定“走在前、开新局”，统筹抓好促招商、抓试点、稳外资、稳外贸、扩内需、促消费等各项工作，全力打造“全球投资首选地”品牌，努力在服务和融入新发展格局上走在前，不断开创“精致城市·幸福威海”建设新局面，奋勇争当新时代社会主义现代化强省建设排头兵。

十年磨一剑　日照商务实现精彩蝶变

（日照市商务局）

日照市商务系统坚持以改革开放为根本动力，解放思想、开拓创新，全力推动商务发展，十年来，实现了规模由小到大、发展质量由低到高、载体功能由弱到强的变化。

一、创新发展模式推动外贸稳定发展

十年来，我市外贸出口稳定增长。日照市有进出口实绩的外贸企业约1200家左右，进出口额过亿元企业101家。贸易合作遍布170余个国家和地区。2021年，日照市进出口1165.7亿元。2022年1～6月，实现进出口715.3亿元，同比增长6.4%。

（一）外贸新业态发展成效显著

2016年日照市被省政府认定为全省5个跨境电子商务综合试验区之一，成为鲁南地区唯一获批城市。重点培育了3个外贸新兴业态项目：日照美天贸易外贸综合服务平台、中大体育波士顿公共海外仓和山东外国语职业学院跨境电商实训基地。2020年，跨境电商“9810”“9710”“1210”业务实现了零的突破，我市在全省率先实现跨境电商模式全覆盖。建成启用跨境电商进口商品展示中心，东港区获批国家外贸转型基地，首批山东省进口贸易创新示范区，岚山区获批首批山东省外贸高质量发展示范区，贸易数字化服务中心经验做法被省商务厅发文推广。2022年获批国家级跨境电子商务综合试验区。实施“三同”工程建设，开展“三同”产品进商超、进社区、进万家，以及“中国名厨邀请赛”等近50场活动，“三同”产品实现国内销售超过16亿元，获批国家服务业标准化试点（内外贸一体化）。

（二）积极开拓外贸市场

突出目标市场开拓这个主攻方向，在巩固日韩、欧盟、北美等发达市场的基础上，积极引导带领企业“走出去”开拓澳洲、中亚、中东、南美等新兴市场，分行业、分类别、有重点地组织全市企业参加广交会、华交会、中俄博览会等境内展会。组织发动企业参加日本千叶食品展、美国五金展等重点境外展会，累计达成意向和签订订单约200亿元。推出70家重点境外展会计划。每年组织近300家外贸企业参加展会，在大阪展、中东欧展等重点展会中搭建“日照品牌馆”，推进“日照品牌海外行”计划。引入“富通天下”外贸营销管理平台，全面推广“外贸互联网”模式，开展“搭平台寻订单”百企市场开拓计划，扩大网上外贸营销。

（三）外贸结构持续优化

货物贸易结构调整趋向均衡，货物出口占进出口比重由2012年的15.3％上升到2021年的34.6％，提高19.3个百分点。商品出口结构持续优化，2021年全市机电和高新技术产品完成出口122.4亿元，比2012年底提高115亿元。民营企业活力更加旺盛，2021年民营企业进出口占比超六成。2021年度对“一带一路”沿线国家出口360.3亿元，增长4.5％。对RECP成员国进出口515.2亿元，增长13.3％。日钢、岚桥、五征、兴业等外贸企业入选中国民营企业500强。东港区和岚山区创建为省级外贸转型升级试点县（区）。

二、积极推动外资项目招引取得新成效

十年来，共新设外资企业295家，实际使用外资22亿美元。目前，日照市共有229家在营外资企业。有现代、泰森、华润、光大等16个世界500强企业的27个项目落户日照市。2021年日照市实际使用外资5.2亿美元，同比增长11.3％。2022年上半年预计日照市实际使用外资3.9亿美元，增长15.1％。

（一）改革机制激发招引活力

一是坚持一把手工程。把外资项目招引作为“一号工程”，一切围绕项目干、一切围绕项目转，坚持高层推动，以活动促项目，全市上下做到领导带头、全员出击、重点突破。二是完善工作推进机制。整合市商务局和市投资促进服务中心，建立内外资招引一体化工作机制，形成对外项目招引合力。按照“专业招商＋以商招商＋招才引智”模式，组建产业招引小组。设立了日韩经贸联络中心，派专人赴日本、韩国招商，着力推动对日韩项目招引。建立重大项目提级会商工作机制，对区县园区重大招引项目，提早切入、联合会商，提高招引质量和落地成功率。三是压实工作责任。坚持高点定位，自我加压。出台《高质量发展综合绩效考核经济工作季度考核方案》《2022年产业精准招商任务分工方

案》，下达全年任务目标，并进行季度目标分解，实行旬调度、月通报、季考核，进一步激发区县功能区抓项目抓招引的积极性。

（二）多措并举开展项目招引

一是积极组织参加各类投资促进活动。成功组织开展了省政府驻外经贸首席代表“走进日照”活动，参加“欧洲山东周”“美国山东周”“日韩山东商务周”及赴菲律宾、新加坡、越南等系列经贸活动、赴香港开展“双招双引”活动，举办“选择山东”云平台韩国企业齐鲁行、跨国领导人青岛峰会等重要投资促进活动。2022 年新签约采埃孚北方生产基地项目，是今年全省最大的世界 500 强制造业项目之一。二是积极开展云推介云招商。积极应对疫情影响，参加全省重点外资项目集中签约仪式。举办日照市“选择山东”云平台线上招商会，集中签约了 32 个项目。参加山东与世界 500 强连线欧洲、东盟、美国、韩国专场活动和上海进博会，倍合瑞新材料项目、艾利亚农业科技项目、美正生物二期项目成功签约，省委主要负责人与新加坡金鹰集团、现代汽车集团主要负责人进行了视频连线。其中，在韩国专场组织开展了日照配套活动。三是创新利用外资方式。破解利用外资瓶颈，积极创新利用外资方式，推动日照港裕廊股份有限公司在香港联交所主板成功挂牌上市，实际使用外资 3350 万美元。日照高新区创新开展外资并购，由山东美正生物并购国内 6 家企业后，引入荷兰珀金埃尔默集团公司开展外资并购，股权交易额 1.52 亿美元，实现到位资金 1.47 亿美元。推动现代汽车集团收购现代威亚由日照港所持有的 30% 股份，约折合 2.05 亿美元。推动以境外发债返程投资等方式利用外资，能通工程项目到资 3912 万美元。

（三）以优质服务稳外资促增资

一是着力打造优质营商环境。认真落实外商投资企业准入负面清单，着力打造投资自由化便利化环境，建立健全外资投诉机制，及时回应和解决外资企业合法诉求。二是向前一步问需解难。建立全市稳外资工作专班，协助解决岚福智城、亚太森博等项目注册登记、增资变更、开设资本金账户及入账登记等手续方面的问题。三是加强政策宣传推介。制定出台了《日照市积极利用外资若干措施》和《关于稳投资稳外贸稳外资促消费的意见》，推动要素资源向外资项目集聚，全力稳住外资基本盘。编印了《鼓励支持外商投资企业发展政策汇编》《外资投资企业法律法规汇编》，采用“点对点”精准推送的方式，及时向外资企业传递国家和省、市支持企业发展政策措施。依靠优质的营商环境和贴心服务，推动了亚太森博、宝华新材料、京华新型建材等一批增资项目纷纷落地开花。

三、稳步推动对外经济合作

（一）加快对外投资合作项目进展

加大“走出去”项目支持力度，积极引导企业开展稳健的海外投资合作。2014年，岚桥集团并购澳大利亚西部能源公司，成为全国首家跨境收购海外上市能源公司的民营企业。2016年，结合“澳大利亚周·中国”活动，与北领地签署了经贸合作交流协议，与达尔文市签署了合作备忘录，并签署了7个合作协议。岚桥集团投资5.6亿澳元的达尔文港项目、达尔文临港产业园项目、投资2.8亿美元的巴拿马运河科隆省玛格丽特岛港口项目，实现以临港经济国际合作为突破口的新型合作模式。浮来春柬埔寨工业园争创省级境外经贸合作区的培育工作正在推进中。五征海外组装销售项目、三奇越南无纺布生产项目等加快发展，近10年，累计完成境外投资64.5亿美元。日照市对“一带一路”沿线国家和地区投资项目28个，累计投资额17.1亿元，切实加强了与“一带一路”沿线国家的贸易合作。

（二）积极做好劳务输出工作

十年来，累计外派劳务人员17304人。坚持先培训、后派出的原则，外派劳务市场由以日本、韩国、新加坡等传统市场为主，逐步转向巩固传统市场、积极探索加拿大、澳洲等新兴市场并行发展，外派方式也由单纯的劳务外派转向劳务外派与大学生海外就业并行发展，取得积极成效。

四、加快对外开放平台建设提升对外开放承载力

（一）积极推动开发区进位争先

从2015年开始，实施了“突破园区、聚力招引”头号工程，全面加强园区基础设施配套建设，提升承载能力。牢牢抓住开发区先行先试、开发开放的战略机遇，制定出台了《关于推动开发区体制机制改革创新促进高质量发展的实施意见》，组建工作专班，全力推动开发区机制体制改革创新，在日照经济技术开发区、岚山经济开发区开展试点，实现了机构瘦身、人员精减等六个方面的创新。其中，日照经济技术开发区、岚山经济开发区体制机制改革经验被全省推广，日照经开区帮扶案例入选全国15个国家级经开区帮扶边合区、跨合区典型实践案

例。积极规划搭建集约发展新平台，精心指导1个国家级和4个省级开发区创新发展，推动开发区进位争先，在全省开发区2019年、2020年、2021年综合发展水平评价中，日照经济技术开发区连续3年排名保持在全省前20%。

（二）积极推动中韩（日照）国际合作产业园发展

加快日照中韩汽车零部件产业园建设，目前已入驻韩资、日资、欧美汽配企业40余家，其中规模以上企业22家，2020年以来，园区已累计利用外资3.6亿美元，占日照经开区的70%。日照经济技术开发区已经发展成为现代汽车在海外最大的动力总成生产基地，形成了发动机100万台、变速箱140万台、汽车模具920套、车桥25万套的年产能。先后被评为“国家新型工业化汽车产业（零部件）示范基地”、山东省特色产业集群。在此基础上，日照市新招引了长城汽车、中兴汽车等整车项目，实现了“整车梦”。2021年4月，中韩（日照）国际合作产业园成功创建全省首批国际合作园区。

（三）加快综保区发展

日照市于2015年6月14日正式申建日照综保区，2018年5月31日获国务院批复设立，批复规划面积2.88平方公里。其中，一期面积1.01平方公里，于2019年7月16日通过国家正式验收，2019年8月20日封关运营。出台了《关于支持日照综合保税区高质量发展的若干意见》，启动了综保区二期港区基础设施建设。在全省率先开展了“一带一路-海铁联运＋国际保税班列”业务。积极复制推广山东自贸试验区改革创新经验，探索深化与自贸试验区联动创新发展。

看商务力量磅礴　沂蒙大地万象更新

（临沂市商务局）

2012年，中国在欧洲地区建设的首个商贸物流型境外经贸合作区——中欧商贸物流合作园区成立；2013年，省政府批准临沂商城开展省级国际贸易综合改革试点；2014年，国务院批复正式建立临沂综合保税区；2015年，临沂首趟国际货运快速班列——临沂经满洲里口岸至德国汉堡的国际货运快速班列开行；2016年，临沂商城工程物资市场获批市场采购贸易方式试点，是全国首个工程物资类试点市场；2017年，"蒙阴蜜桃"远渡重洋卖到迪拜，全市首批3个国家电子商务综合示范县获批；2018年，临沂被商务部等8部委批复确定为全国供应链创新与应用试点城市；2019年，开发区体制机制改革推进如火如荼；2020年，国务院批复同意设立中国（临沂）跨境电子商务综合试验区；2021年，临沂叫响了"直播电商之城""临沂商城、中国大集"城市名片……党的十八大以来，在以习近平同志为核心的党中央坚强领导下，在上级商务主管部门的鼎力支持下，全市商务系统感恩奋进、接续奋斗，用生动实践开创了新征程上的新气象，推动沂蒙大地发生了华丽蝶变。

一、万象更新、发展水平不断快速提升的十年

十年来，扩内需促消费取得新进展，2021年社会消费品零售总额达到2931.1亿元，是2012年的2.2倍，年均增长9.5%，网络零售额达到2021年的440.2亿元、规模稳居全省前列，充分发挥了消费对经济循环的牵引带动作用。外贸进出口规模不断跃升，2021年外贸进出口总额达到1766.8亿元，是2012年的3.6倍，年均增长15.2%；2021年临沂有出口实绩的企业数量达3970家，是2012年的2.8倍，表明外贸经营主体活力更足。利用外资规模稳定增长，2021年实际使用外资达到13.8亿美元，位居鲁南经济带第1位，十年来累计利用外资74.3亿美元，外商投资环境明显改善。对外投资与合作迈出坚实的步伐，2021年对外直接投资0.8亿美元，十年来累计对外投资4.4亿美元，互利共赢效果明

显。开发区综合发展实力全面提升，2021 年，全市开发区年末实有注册企业 33751 个，其中独角兽、瞪羚、单项冠军、隐形冠军企业 48 个；进出口占全市比重达 84.9%，实际使用外资占全市比重达 94.5%；省级以上技术创新平台数达 249 个，省级以上孵化器、众创空间 31 个，呈经济总量扩大、质量提升、开放凸显的态势。

二、新旧动能转换、高质量发展凸显的十年

2013 年，习近平总书记视察临沂商城时强调："临沂物流搞得很好，要继续努力，与时俱进，不断探索，多元发展，向现代物流迈进，你们的事业大有可为。"润物无声，初心不改，9 年来牢记殷殷嘱托，沂蒙老区从历史上的"四塞之固、舟车不通、内货不出、外货不入"，到如今的商贸物流通达四方，已经构建了"数字商城、国际商城、绿色商城、链式商城"的商贸物流首善战略格局，探索出以商城国际化"打通内外贸、构建双循环"的有效路径。如今，临沂已建成直播电商园区（基地、专营区）50 余处，成为中国北方最大的短视频直播电商基地，直播交易额居全国前列；创新动能加速释放，受市场采购贸易方式试点、跨境电商零售进口试点、跨境电商综合试验区政策带动，市场采购贸易出口规模 5 年增长近 10 倍，达到 2021 年的 685.8 亿元，跨境电商进出口规模从 2020 年的 9.2 亿元增长至 2021 年的 211.3 亿元，实现了跨越式增长；"中国大集"首选度不断提升，2021 年，临沂商城 123 个专业批发市场实现市场交易额 5402.6 亿元，是 2012 年的 3 倍，年均增长 13.2%，内外贸一体化水平稳步提升；区域性会展中心城市雏形初现，十年间，全市重大会展活动年度数量由 42 个提升至 137 个，展览面积由 54.5 万平方米提升至 121.5 万平方米，取得了可喜的成绩，在"2020 中国城市展览业发展综合指数"中，临沂位列全国城市展览业发展综合指数第 12 位、在全国地级市中排名第 1 位。

三、开放格局优化、"朋友圈"不断扩大的十年

临沂作为一个多维立体的开放枢纽，境内现有高铁线 1 条、铁路专用线 7 条，高速公路 6 条；开行国际国内货运班列 13 条，是山东省中欧班列三个集结中心之一；开通国际国内航线 58 条，航空口岸已正式开放。得益于宽领域、多维度的开放战略，临沂贸易伙伴遍布全球 213 个国家和地区，其中新兴市场开拓卓有成效，东盟成为临沂最大的贸易市场，进出口占比升至 19.1%，较 2012 年提高

5.7个百分点，“一带一路”沿线国家进出口占比升至38.7%，较2012年提高9.1个百分点；传统市场依然稳固，2021年对欧美日韩进出口783.4亿元，是2012年的3.8倍。“开门迎客”，扎实落实国家对外商投资实行准入前国民待遇加负面清单管理制度和外商投资信息报告制度，外商投资便利化水平大幅提升，截至2021年末，全市外商投资企业存续746家，现存山东临工工程机械有限公司、华润新能源（临沂）有限公司、沃尔沃建机（中国）有限公司等12个世界500强投资项目。“走出去”建设，临沂企业足迹遍布全球42个国家和地区，设立了115家境外企业，涉及商贸物流、建材、机械、化工、木业、纺织服装、矿业等多个行业，建设国家级境外经贸合作区1家、省级境外经贸合作区2家，为全省深化国际经贸合作、推动构建开放型经济作出了积极贡献。

四、坚持共建共享、推动民生福祉提升的十年

通过促城市商业“增特色”、促农村网络“补短板”、促流通效率“上台阶”，现代流通体系建设实现了新突破，为消费结构持续升级，新型消费蓬勃发展，城乡消费协调发展夯实了载体。“十二五”时期，通过实施城市社区“双进”工程和“万村千乡”市场工程，全市城市社区商业覆盖面达到了90%以上，如今已达100%覆盖；“十三五”时期，通过国家供应链创新与应用试点、第二批城乡高效配送专项行动试点以及国家电子商务进农村综合示范项目建设，进一步实现了物流标准化建设水平提升、商城批发市场统仓统配模式创新、城乡双向流通效率提高、农村电商公共服务体系健全，有力助推了脱贫攻坚、乡村振兴重大国家战略实施；通过步行街改造提升、“智慧便利店进社区”工程、“一刻钟便民生活圈”建设、大力推广社区电商等新业态，畅通城市经济“微循环”，让居民的幸福感受“近在咫尺”。特别是2019年新冠肺炎疫情爆发以来，全市商务系统坚持市场保供与疫情防控双统筹，围绕物资保供目标，抓牢重点环节、重点领域，迅速打通“点对点”生活物资配送渠道，并展现沂蒙支前精神积极组织物资驰援外地，为坚决打赢疫情防控攻坚战提供了充足的生活物资保障。

底蕴深厚的商业传统与红色基因叠加，凝聚起奋勇向前的强大力量。在沂蒙精神的感召下，临沂商务已在过去的十年间取得了非凡成就；放眼未来，这片红色热土还将撰写更多写满希望和幸福的答卷。新时代的工作坐标已设定，临沂商务系统将坚持以习近平新时代中国特色社会主义思想为指导，完整准确全面贯彻新发展理念，主动服务和融入新发展格局，锚定“走在前列、全面开创”

“三个走在前”的总遵循、总定位、总航标，以实施商贸物流首善战略为主线、以改革创新为根本动力，加快建设商务高质量发展体系，推动扩大内需与对外开放有机结合、“引进来”与“走出去”双向驱动、新型业态与传统业态相融并进，不断开创商务发展新局面。

不忘初心谋发展　踔厉奋发谱新篇

（德州市商务局）

党的十八大以来，面对复杂严峻的国际形势，德州市商务系统坚持以习近平新时代中国特色社会主义思想为指导，立足新发展阶段，构建新发展格局，踔厉奋发、笃行不怠，推动商贸流通扩容提质，助力打造内陆对外开放新高地，推动德州商务加快高质量发展。

一、商贸流通持续繁荣发展、扩容提质

（一）现代流通体系日趋完善

2013 年 12 月，德州市成为全省唯一的“全国中小商贸流通企业服务体系建设试点城市”，设立服务站 13 个、服务点 30 个服务商贸流通企业发展。2016 年，开展了国家级物流标准化试点工作，形成了农副产品“托盘＋周转筐”的一贯式运输等可复制可推广的运作模式。2021 年，开展了农产品供应链体系建设工作，推动跨区域农产品批发市场和干线冷链物流建设等。市场体系日趋完善，现有年交易额过亿元的商贸流通市场 43 处。齐河县被评为 2021 年度山东省现代流通强县。流通现代化水平不断提升，连锁经营、电子商务、物流配送等现代流通方式得到广泛应用，全市商贸线下线上融合发展速度加快。

（二）消费品市场稳定增长

2014 年，印发《德州市中心城区商业网点规划（2014～2020）》，这是德州市首次对中心城区商业发展进行规划定位。出台了《加快区域性商贸中心城市建设的意见》《关于加快建设现代服务业集聚区的意见》，先后开展了农超（区超）对接、万村千乡市场工程、满意消费惠万家等重大活动，推进服务业高质量发展。城市商业综合体建设加速推进，澳德乐时代广场、铜锣湾奥特莱斯小镇、万达广场、奥莱广场等一大批商贸流通项目实现运营，逐步成为引领消费的市场主体。全市限额以上批发零售住宿餐饮企业由 2012 年的 730 家壮大到 2021 年底的 1304 家。消费市场繁荣发展，社会消费品零售总额由 2012 年的 872.3 亿

元，增长到到 2021 年的 1257.41 亿元。

(三)居民消费品质不断提升

积极落实“稳增长、促转型、扩内需、惠民生”的各项措施，推进早餐提升工程，发展夜间经济，加快中心城区农贸市场改造升级，开展了“一刻钟社区便民生活圈”改造提升。加强“老字号”品牌培育，全市已有“中华老字号”品牌企业 5 家，“山东老字号”品牌企业 19 家。2016 年以来，开展了重要产品追溯体系国家级试点建设，共接收 18 家企业上传数据 5000 余万条，消费者扫码近 150 万条。2019 年董子文化街入选全省首批省级步行街改造提升试点。消费结构持续优化，高品质需求不断增加，肯德基、必胜客等国外特色餐饮业进军德州，全球最大的连锁商业机构 7-11 便利店已布局 14 家、零售“黑马”橙子便利店已布局 6 家。

(四)电子商务快速崛起

印发了《德州市电子商务发展“十四五”规划》，实施电子商务“六进”工程，落实“十百千万”培育计划，先后举办了网红直播德州峰会、格力电器全国巡回直播德州站、双品网购节等系列电商促消费活动，推动电商新业态新模式发展。2015 年以来，齐河县、夏津县、禹城市先后被认定为省级电子商务示范县。全市有“互联网＋品牌”企业 3 家、电商小镇 1 个、淘宝镇 4 个、淘宝村 5 个。2020 年，电子商务工作列第 3 位，获省财政单项奖励 1000 万元。全市网络零售额由 2018 年的 103.4 亿元增长到 2021 年的 145.0 亿元，增幅 40.2%。

二、深度对接东盟，打造内陆对外开放新高地

十年来，德州市积极抢抓“一带一路”建设、RCEP 等重大历史机遇，主动融入全省对外开放大局，积极打造内陆对外开放新高地。德州市经贸代表团多次出访澳大利亚、新西兰、日本、韩国、俄罗斯等十几个国家，加强对外推介，推进重点外资项目。2018 年，市委出台了《关于推进新一轮高水平对外开放的意见》。2020 年 7 月，中共德州市委十五届八次全体会议审议通过了《关于深化改革创新打造内陆对外开放新高地的意见》。制定了《德州与东盟合作指南》《德州市落实〈区域全面经济伙伴关系协定〉先期行动计划》，开展了深化德州与 RCEP 成员国合作路径研究，与广西国际博览事务局、广西大学分别签订了战略合作框架协议，建立了长效合作机制。近年来，连续举办“中国(山东)-东盟中小企业合作发展大会”等高规格国际会议，开展了“百企下南洋”“东盟投资推介

会—走进德州”等品牌活动，在产业合作、经贸往来等方面关系愈加密切，对接东盟成效不断显现。东盟已经成为第一大贸易伙伴，2021 年德州市有 536 家企业与东盟开展贸易往来，进出口贸易额达到 69.5 亿元，是 2015 年的 22.9 亿元的 3.03 倍。

三、促进外贸转型升级，推动对外贸易保稳提质

十年来，积极应对中美贸易摩擦和新冠肺炎疫情冲击，积极组织外贸企业开拓国际市场，推动对外贸易转型升级和保稳提质。2016 年，出台了《关于加快外经贸发展的实施意见》，设立了外经贸发展专项资金。全市外贸市场主体不断壮大，现有进出口实绩外贸企业达到 1298 家，较 2012 年底的 588 家增加 710 家。其中，年进出口额 10 亿元以上企业 7 家。国际市场结构更加多元化，产品出口到 196 个国家和地区，出口商品结构持续优化，对外贸易规模不断增长，2021 年全市货物进出口达到 513.6 亿元，是 2012 年的 171.8 亿元的 2.98 倍。

外贸转型升级成效明显。德州市先后被认定的省级外贸转型升级专业型示范基地 6 个，国家级外贸转型升级基地 2 个，省级科技兴贸出口基地 3 个，国家级科技兴贸创新基地 1 个。2017 年 6 月，成功创建为“山东省出口农产品质量安全示范市”。2018 年，乐陵市被省商务厅认定为省级外贸转型升级试点县(市)。2021 年，乐陵市被认定为省级进口贸易促进创新区，乐陵市、禹城市被商务部认定为国家级外贸转型升级基地。2022 年 7 月，德城区被评为山东省对外开放强县。

外贸新业态蓬勃发展。跨境电商、海外仓、外贸综合服务企业等新业态、新模式发展势头良好。2019 年，全市首家外贸综合服务平台——中非跨境电商平台正式运营，阿里“一达通”等知名外贸服务企业落户。2020 年 9 月，全市首票 9810 跨境电商业务顺利通关放行，标志着跨境电商企业对企业出口业务顺利落地。2022 年 6 月，出台了《加快推进跨境电子商务发展的实施意见》。全市跨境电商进出口额迅速膨胀，由 2020 年的 420 万元发展到 2021 年的 15.9 亿元，2022 年上半年已经实现 27.2 亿元，跨境电商企业已达到 200 家。

四、强化外资项目招引，推动利用外资稳中提质

十年来，持续优化外商投资环境，先后出台了《关于做好新时期积极利用外资工作的实施意见》《德州市招商引资激励办法》等政策措施，组织参加了“香港

山东周”“日韩山东周”、跨国企业领导人青岛峰会、儒商大会等系列重大经贸活动，加强与世界500强企业的对接合作，先后引进了醇源牧场、华润新能源、益海嘉里、光大、华润等世界500强投资的10余个项目，另有威讯半导体、有研科技、普洛斯、晋德、亚萨合莱等一批行业翘楚外资企业落户。世界500强企业美国雅培和新西兰恒天然共同投资设立的醇源牧场项目，投资总额2.99亿美元，成为当时德州市最大的外资项目。

利用外资领域不断拓宽，结构不断优化，围绕打造先进制造业强市，先后引进威讯、恒芯电子、索通齐力炭材料等制造业外资项目，有力支撑了全市经济发展。2020年以来，积极应对疫情冲击，创新招商方式，先后举办了首届德州境外招商网络洽谈会（日本站）、“选择山东”线上招商会·德州专场等招商推介活动，开展线上洽谈、云上签约，持续推进利用外资快速发展。2021年，全市实际使用外资4.5亿美元，是2018年8374万美元的5.4倍。

五、加快跨国企业培育，走出去融入“一带一路”建设

十年来，积极融入“一带一路”国家战略，2016年成立了德州市对外经济合作企业协会，支持有条件企业到“一带一路”沿线国家和地区投资。截至目前，形成了恒源石化、高速德建、莱钢永锋等一批布局海外的龙头企业，投资领域涵盖石油冶炼、设备制造、工程建筑和贸易等领域。2016年，山东恒源石油化工股份有限公司完成收购壳牌马来西亚炼油有限公司51%股权，项目投资总额1.3亿美元，为境外投资史上投资额最大的项目，也是山东省首家布局海外的地炼企业。

积极推动高速德建、德兴集团、兆维铁塔等企业开展海外工程承包，加强与国内工程大企业全方位合作，多方式多渠道进入国际工程市场，全市累计签订对外承包工程合同额18.96亿美元，完成营业额19.76亿美元。高速德建连续5年获评美国《工程新闻记录》全球最大250家国际承包商前200强，先后建设了苏丹国家俱乐部、赞比亚1683座太阳能磨坊等一批境外代表工程，其中赞比亚太阳能磨坊项目入选博鳌亚洲论坛绿色发展典型案例。

六、强化对外开放阵地建设，开发区加快创新开放发展

十年来，全市各级开发区不断加大招商引资力度、增加基础设施和固定资产投入，促进开发区转型升级、体制机制创新，逐渐成为带动全市经济发展的重

要载体。2012 年 3 月，德州经济开发区晋升为国家级开发区，及时出台了《关于加快市经济技术开发区发展的若干意见》，促进开发区发展。2015 年 9 月，德州（禹城）高新区升级为国家级高新区，成为全省首家设在县级的国家高新技术产业开发区。2018 年 8 月，出台了《关于促进开发区改革和创新发展的实施意见》，在规范理顺管理体制、创新用人分配机制、推行市场化运营机制等方面精准发力。2019～2020 年，全市省级以上开发区进行了体制机制创新改革，开发区内设机构压减 63%，人员压减 53%，管辖面积压减 29%，实现了瘦身强体，轻装上阵。十年来，各级开发区创造的规模以上企业工业增加值、税收收入、社会固定资产投资、高新技术产业产值在全市的占比日益提高，经济发展示范引领作用不断增强，在全市发展大局中发挥了重要作用。全市现有公用型保税仓库 4 个，正积极申建综合保税区、鲁北保税物流中心（乐陵）等海关特殊监管区，不断推进开发区对外开放主阵地建设。

十年奋进　商务工作全面开花

（聊城市商务局）

十年来，聊城市商务和投资促进局坚持以习近平新时代中国特色社会主义思想为指导，全面贯彻党的十八大和十九大以来历次全会精神，深入落实习近平总书记对山东工作的重要指示要求，牢固树立创新、协调、绿色、开放、共享的发展理念，积极贯彻落实中央和省委、省政府各项工作部署，紧紧围绕"争创一流、走在前列"的目标任务，统筹用好国际国内两个市场、两种资源，深度参与国际、区域性经济合作和"一带一路"建设，坚持"引进来"和"走出去"并重、外资外贸外经融合发展、扩大内需与对外开放有机结合，推进聊城商务实现高质量发展。

一、商贸流通呈现新趋势

聊城市推动商贸流通业主动适应和引领经济发展新常态，着力提升商贸流通发展水平，激发市场主体活力，积极发展新业态、新模式，全市社会消费品零售总额稳步增长。2021 年，全市社会消费品零售总额达到 917.5 亿元，同比增长 14.5％；实现网络零售额 169.5 亿元，列全省第 9 位，同比增长 34.2％，增幅列全省第 1 位。

二、扩内需促消费稳步发展

十年来，我们坚定实施扩大内需战略，积极促消费扩内需，发挥消费对经济循环的牵引带动作用。2021 年，全市社会消费品零售总额 917.55 亿元，同比增长 14.5％，增速较全国高 2 个百分点，较全省低 0.8 个百分点，比 2019 年增长 10.9％，两年平均增长 5.3％。按经营地所在单位分，2021 年城镇消费品零售额 718.90 亿元，同比增长 14.6％，其中城区市场零售额 525.75 亿元，增长 14.5％，乡村市场消费品零售额 198.65 亿元，同比增长 14.3％；按消费类型分，2021 年商品零售 856.06 亿元，比上年增长 14.4％，比 2019 年增长 11.7％，两年平均增长 5.7%；从限额以上批发零售业单位经营情况看，重点监测的 21 类商品中，有 13 类同比增速超过 10%，占比为 61.9%；餐饮收入 61.49 亿元，比上年增长 16.8%，比 2019 年增长 1.3%，两年平均增长 0.6%；2021 年，全市限额以上单位通过互联网实现零售额 9.80 亿元，同比增长 97.5%，高于社会消费品零售总额增速 83 个百分点，高于限额以上零售额增速 83.8 个百分点。

三、电子商务实现跨越式发展

十年来，聊城市电子商务发展创新发展，电子商务交易规模从无到有，发展到 2021 年的 169.5 亿元，电子商务经济成为全市经济增长新引擎。“十三五”末，全市实现网络零售额 126.28 亿元，比上年度增长 14.1%，增幅列全省第 2 位。实现农村网络零售额 68.93 亿元，比上年度增长 37.3%。农产品网络零售额实现 31.56 亿元，同比增长 23.8%。2019 年、2021 年增幅均列全省第 1 位。电子商务园区数量建成 38 个，入驻企业 300 余家。培育电商企业数量 5484 个，电商店铺数 81749 个，全市电商行业直接从业人数达 38165 人，带货主播达 1800 人。培育建成“淘宝镇”3 个，“淘宝村”19 个。指导临清市打造社会消费品、古典家具、卫生用品电商集聚区和轴承、农产品电商产业带，目前已有 17 个村入围“淘宝村”名单，在全省县市区级淘宝村排行榜上排名第 13 位，其中，烟店镇的“淘宝村”数量达 10 个，成为聊城市第 1 个“淘宝村集群”。

四、对外贸易保持持续增长态势

十年来，全市进出口总额达 4065 亿元，年均增长 4.16%。全市有进出口实绩企业达 1100 余家，高新技术产品和机电产品出口比例持续上升，跨境电商发展迅速。聊城市自 2011 年以来连续被评为“中国外贸百强城市”。十年来，市商务投资促进局大力发展外贸新业态，持续优化外贸结构。临清市被认定为省级外贸转型升级试点县，阳谷县被认定为省级外贸高质量发展区，山东山石麦尔乐器有限公司被认定为国家重点文化产品和服务出口企业，鸿远国际被认定为省级外贸综合服务企业，百佳食品美国海外仓、新腾威南非海外仓被认定为省级外贸新业态，聊城职业技术学院被认定为山东省服务外包人才培训机构。向上争取市场采购贸易方式试点共享政策落地聊城，新腾威、利贸通等 9 家企业获批，成为全省首批市场采购贸易方式试点共享企业。

通过利贸通数字化外贸综合服务平台，为企业提供通关、收汇、退税、信保、融资一站式服务，孵化中小微外贸企业 160 余家，带动出口超 4 亿元；推动高新区跨境电商产业园建设，进驻跨境电商企业 60 余家，开通亚马逊店铺 76 个，培训 1000 余人次，带动进出口 5 亿元。与吉布提自贸区签署跨境合作协议，在吉布提自贸区打造聊城产品集散中心和“聊城制造”产品跨境电商展销中心，为省内首例。

五、利用外资取得新突破

聊城市严格执行外商投资法以及有关政策措施，相继制定《关于新时期积极利用外资的实施意见》《聊城市利用外资奖励政策实施细则》等精准措施，构建起全方位促进、保护外商投资的政策体系。十年来，聊城市实际使用外资总量稳中有进。实际使用外资总量逐年提高，十年间实际使用外资总量达 14 亿美元，年均增长率为 17%；第二产业对我市经济发展做出重要贡献，第二产业实际使用外资 92289.1 万美元，占比达 65.2%，年均增长 10.6%，其中电力、热力、燃气及水生产和供应业实际使用外资 20041.5 万美元，建筑业实际使用外资 6134.5 万美元，制造业实际使用外资 66113.2 万美元；第三产业对我市经济发展起到良好的补充作用，第三产业实际使用外资 46354.2 万美元，2012 年第三产业实际使用外资仅为 3.25 万美元，年均增长 159%。

我市鼓励农业、基础设施、服务业等领域引进外资，创新采取增资、并购、境外上市等多种方式，积极拓宽利用外资领域和方式。2021 年实际使用外资 4.56 亿美元，同比增长 118%，创历史新高；其中制造业实际使用外资 14790 万美元，同比增长 217.3%，增幅高于全省 144.4 个百分点；日韩资实际使用外资 2667 万美元，同比增长 153.3%，增幅高于全省 100.9 个百分点。鼓励农业、基础设施、服务业等领域引进外资，创新采取增资、并购、境外上市等多种方式，积极拓宽利用外资领域和方式。

六、招商引资取得新进展

全市各级坚持把招商引资作为经济工作的总抓手和生命线，不断创新招商方式，拓展招商渠道，围绕九大产业集群，深入研究产业发展趋势，制定产业政策和招商方案，瞄准产业领军企业、行业隐形冠军和产业聚集地区，积极开展产业招商、精准招商，扎实推进强链、延链、补链，着力在引进产业链关键环节、核心企业和高新技术企业上实现突破。2012 年以来，聊城市累计招商引资到位资金6500多亿元，中化集团、中铁建集团、中材集团等央企及汇源集团、伊利集团、新希望集团等一批中国500强和行业龙头企业先后在聊投资项目，不仅引入了优质项目，还带来了先进技术、高端人才、成熟经验等，为全市经济社会发展提供了强劲动能。韩国希杰集团落户聊城以来，已连续投资10期项目，成功实现了“十连投”，成为我市招商引资工作的一大亮点。

七、对外投资和经济合作凸显新亮点

十年来，我市大力实施“海外聊城”战略，积极参与“一带一路”建设，鼓励企业在“一带一路”沿线国家开展国际产能合作、资源开发、建立营销网络，鼓励对外承包工程企业参与基础设施互联互通建设，我市对外投资和经济合作的规模和水平得到了全面提升。2012～2021年十年间，全市新增对外投资企业90家，境外投资额279526.5万美元，中方投资额1013986万美元，签订对外承包工程项目合同4个，合同额23374万美元，完成营业额43135.5万美元。在平信发集团华宇氧化铝有限公司在斐济的铝土矿开采顺利开工，实现回运铝土矿30万吨；在澳大利亚投资2980万美元收购了alpha铝土矿有限公司，并拥有了6个探矿权。祥光铜业阳谷祥光在中国香港的铜矿开采加工项目，在赞比亚取得了8000平方公里的10个矿权，正在风险勘探。临清三和纺织在中国香港的纺织制造项目、冠丰种业在巴西建设的一期1万公顷棕榈种植项目已完成育苗、催芽播种工作。

八、开发区改革取得新成效

我市共有10家省级以上开发区，其中国家级经济技术开发区1家，省级经济开发区8家。基本形成了以国家级经济技术开发区为龙头，省级开发区为主体，各具特色、竞相发展的良好格局。聊城市在深化开发区体制机制改革方面持续发力，先后出台了《关于加快全市经济开发区改革创新发展的实施意见》《关于推动开发区体制机制改革创新促进高质量发展的实施意见》，为全市开发区体制机制改革提供了遵循，目前已完成改革任务。市属开发区代管乡镇压减至2个，10家开发区内设机构由147个压减至65个，压减率56%，管委会人员由改革前1618人缩减为934人，压减率42%，实现了瘦身强体，营商环境得到持续改善。

这十年，滨州商务发展交出优异答卷

（滨州市商务局）

十年来，滨州商务奋勇前行，加快构建对外开放新格局，一步一个脚印踏出了滨州特有的开放味道，递交出了一份亮点纷呈的优异答卷。

滨州已建成2个国家级经济技术开发区、8个省级经济开发区、1个保税物流中心，1个内陆港、1个国家一类开放口岸，正在申报综合保税区，已与186个国家和地区建立了经贸合作关系，732家企业与“一带一路”沿线国家和地区、RCEP成员国有经贸往来，250余家外资企业落户滨州，连续5年入选中国外贸百强市。

一、对外贸易逐年攀升

十年间，滨州外贸快速发展，全市外贸进出口总额由2011年的432.5亿元，提高至2021年的1023.1亿元，年均增长9%，历史首次突破千亿元大关，一举跨入全国外贸“千亿元俱乐部”，实现了滨州外贸发展史上的新突破！2021年全市有进出口实绩企业930家，进出口额破百万元的企业达623家。进出口结构持续优化，逆差额度不断缩小，从4∶6的结构比优化为4.5∶5.5。主体结构中民营企业发展势头迅猛，凭借对市场风险敏感度高、灵活性强等优势，展现出较强的发展韧性和活力，在滨州外贸中的主力军地位更为稳固，2021年实现进出口800.9亿元，增长37.1%，占进出口总值的78.3%，比重较2020年同期提升7.3个百分点。

2021年，滨州出口产品共有涉及86章712个税目，形成了纺织品和服装、钢材及制品、化学制品三驾马车，辅以电器设备及元件、铝材及制品、家具的出口新格局。进口方面，铝矿砂、大豆、原油三类合计占进口总额的84%，结构演变为以资源为主的多元化格局。

2021年，滨州的产品已出口到全世界181个国家（地区），对美国、韩国、泰国、越南、印度尼西亚、马来西亚、巴西、日本、巴基斯坦、印度10个主要市场出口

198.2亿元，占出口总额的42.9%，贸易多元化有力地分散了贸易风险，促进了对外贸易的稳步发展。

到2021年，已形成了7个外贸转型示范基地和外贸转型省级示范县及聚集区。其中，拥有纺织服装、金属板材、化纤绳网3个国家级外贸基地。博兴县、滨城区2个省级外贸转型升级试点县，以及邹平省外贸高质量发展区和博兴省进口贸易促进创新区。

外贸增长集聚新动能，跨境电商方面，2021年全年跨境电商模式出口达24.2亿元，跨境电商从业企业61家，其中以9710模式(跨境电商B2B直接出口)规模最高，达到18.7亿元，占77.3%，实现突破式发展。滨州华拓跨境电商产业园、博兴开发区跨境电商产业园获批省重点培育跨境电商产业园；京博云商获批省重点培育跨境电商平台。海关监管区方面，保税物流中心进出口同比增长2324%，进入全国50强行列；进口种牛隔离场进口活牛2.64万头，连续打破国内单批次活牛进口数量纪录；内陆港完成报关491票，货值4.14亿元，较2020年全年增长129倍，量和质均走在全省同类内陆港前列。外贸综合服务企业方面，实现贸易额47.3亿元，增长了122.7%，带动和孵化我市广大中小微企业出口。

二、加快构建招商新模式

聚焦“双招双引”一号工程，制定了招商引资考核办法、激励办法、服务办法等一系列政策，提供了制度保障；构建了“10＋5＋N”招商模式和项目月调度、月通报、季评估、半年观摩、年终考核等督导考核机制，强力助推工作开展；搭建了世界高端铝业峰会、渤海科创大会等峰会平台，近年来连续组织参加青岛峰会、儒商大会等省级重点峰会，借助峰会连续三届组织滨州专场活动，展现滨州发展成果、展示对外形象。自2020年新冠肺炎疫情爆发以来，市商务局积极创新招商方式，利用网上洽谈、视频会议、在线签约等方式进行网上招商，充分发挥“选择山东”云平台线上招商的平台作用，确保招商引资不断链。截至目前，已组织参加线上签约活动12场，签约项目24个，投资总额20.4亿美元。招引了一大批外资项目，起到了良好的招商引资效果。

这十年，是我市利用外资工作跨越发展的十年，全市累计实际利用外资43.9亿美元，年均到账外资4.39亿美元，利用外资逐步成为我市对外开放的重要一环。2021年全市实际使用外资5.14亿美元，同比增长42.6%；制造业实际使用外资 3.79 亿美元，同比增长 104.75%；日韩资金实现 6140 万美元，占比 11.94%。2021 年度利用外资综合考核列全省第 6 位，党政主要领导外资项目工程考核得满分，列全省第 1 位。

三、因势利导组织企业“走出去”

以境外资源开发和国际产能合作为重点，推动有条件的企业在“一带一路”国家布局项目，目前全市境外资源开发、国际产能合作、国际营销网络等领域的境外投资企业累计达 80 余家，参与“一带一路”建设项目 10 余个，与“一带一路”沿线国家有贸易往来的企业 600 余家，对全市经济发展、资源供应、市场开拓发挥了重要作用。2019 年境外投资 18.93 亿元，增长 91.5%，总额全省第 8 位，增幅全省第 5 位。2020 年受疫情影响，滨州市兴办境外企业 2 家，总投资 7110 万元，中方投资 7110 万元，主要投资对象为斯里兰卡、新加坡等国家，主要投资项目包括滨州新丝路海洋渔业有限公司申请在斯里兰卡新设成立新丝路食品（私人）有限公司、无棣鑫岳化工集团有限公司申请在新加坡新设成立山东玉浩能源有限公司。2021 年滨州兴办境外企业 2 家，总投资 790 万元，中方投资 757 万元。山东渤海实业股份有限公司在新加坡新设成立渤海（新加坡）贸易有限公司、山东泽汇海洋生物有限公司在乌兹别克斯坦新设成立卤虫生物水产养殖有限公司。

四、加快开发区提档升级

2019 年 8 月以来，按照“走在前列”工作定位，推行专班、专会、专报、专督的“四专”工作法，强力推进开发区体制机制改革。我市开发区改革工作先后 2 次在省开发区改革工作会议上作典型介绍，权责清单编制模式被省委编办在全省推广、“一区多园”管理模式入选全省开发区改革十大典型案例，滨州市开发区体制机制改革工作专班被省委、省政府授予“勇于创新奖”先进集体表彰。2019 年 12 月底，滨州经济技术开发区、北海经济开发区、滨州高新技术产业开发区、邹平经济技术开发区 4 个试点开发区改革工作全面完成。

2020 年 3 月份，全面推开沾化、惠民、阳信、博兴四个非试点开发区体制机制改革工作，每个开发区均成立了 2～3 个产业公司和城建、科创、投融资 3 个平台公司，内设机构数量由改革前 38 个压减为 20 个，减少 47%，人员由 364 人缩减为 241 人，精简 34%。推行“一区多园”管理模式，合理规范管辖范围和面积，每个园区重点发展2～3个优势主导产业，实现“一张棋盘布棋子、一张蓝图全覆盖”。2021年，省级以上开发区亩均税收、实际利用外资、投资强度、外贸进出口分别增长70%、44.6%、44.2%、24.6%。开发区考核列全省第6位，较2020年提升5个位次。

五、加快培育消费新增长点

推进商贸品牌建设，打出滨州商贸特有的知名度。自2011年起，先后评获6家国家级钻石酒家；中华老字号1家，山东老字号18家；省级特色商业街区1条。引进海底捞、星巴克等“首店经济”和吾悦广场、帝堡广场、中骏世界城、红星美凯龙等商业综合体。

大型流通企业和专业市场发展壮大，以银座、大润发、圣豪、惠生等为代表的品牌店、连锁店、加盟店、专卖店发展迅速，已成为内贸流通业发展的支撑业态。全市一批在全国具有规模和影响力的特色市场不断发展壮大，博兴钢材、沾化冬枣和海产品市场、惠民绳网和苗木市场、阳信畜产品和家具市场等已成为拉动区域经济和产业发展的重要力量。

商贸物流业取得了长足进步，2019年成功争取省级物流标准化试点和山东智慧新零售示范工程(滨州试点项目)。博兴县、滨城区、惠民县先后入选山东省城乡高效配送示范县。惠民县获批省级“县乡镇商贸中心建设引领县”。

消费品市场规模稳步扩大。社会消费品零售总额由2011年的505亿元，至2021年突破822亿元，年均增长5%。

电子商务发展取得新突破。2021年，全市网络零售额累计完成125亿元，同比增长11.7%，其中实物商品网络零售额109亿元，同比增长12.7%。培育发展电商企业6172家、电商店铺59405家，直接从业人员49911人，涌现了鲨鱼菲特、三星玉米、厨掌柜商用厨具等年网销额超过1000万元以上的店铺30多家，其中鲨鱼菲特完成网销额3.3亿元。惠民、博兴、邹平3个县市区先后获批全国电商进农村综合示范县。

抢抓“互联网+经济”机遇　菏泽创造电商“加速度”

（菏泽市商务局）

菏泽市委、市政府抢抓“互联网＋经济”发展机遇，将发展电商作为实现“科学赶超、后来居上”奋斗目标的突破口，十年来，菏泽电商从宣传动员到风生水起，已经从一个村到全市，创造了电商发展的“菏泽速度”。

一、星星之火点燃菏泽电商十年发展之路

菏泽电商发端于2013的大集镇丁楼村，十年间，丁楼村从全村有14辆轿车，到现在的340辆，年电商销售额超4亿元，自2013年来连续9年被阿里研究院授予“中国淘宝村”的称号。星星之火，可以燎原，发端于“草根创业”的菏泽电商，经过近十年的发展，已经成为江北一颗璀璨的明珠。

（一）菏泽电商成绩斐然

菏泽市被认定为“全国电子商务示范城市”“全省电子商务示范城市”。曹县、郓城县被列为“国家电子商务进农村示范县”，曹县、郓城县、牡丹区、定陶区、单县获得“山东省电子商务示范县”称号。曹县被评为“全国十大推进农产品流通现代化、积极发展农村电商和产销对接工作典型县”“全国电子商务促进乡村振兴十佳县域”“中国十大农村电子商务典型县”、2021年全国“农产品数字化百强县”，郓城县被评为山东省淘宝直播“村播计划”试点县。天华电商产业园被国家商务部评为“国家电子商务示范基地”，牡丹区天华电商小镇和曹县大集e裳小镇入选首批“山东省电商小镇”，目前全市网络零售店铺11.8万家，直接从业人数5.8万人，2.5万建档立卡贫困群众通过互联网创业致富，57万余人通过产业链延伸实现就近就业。电商已成为菏泽市一张靓丽的名片。

（二）农村电商迅猛发展

菏泽市把加快农村电商发展作为推动全市电商大跨越的基础和突破口，十年来，全市农村电商形成了“点上带动、面上开花、特色鲜明”的良好局面。菏泽市的淘宝村从2013年的2个、2014年的7个、2015年的34个、2016年的61

个、2017 年的 168 个、2018 年的 267 个、2019 年的 307 个、2020 年的 396 个，到现在的 516 个，数量位居全国地级市第一位。菏泽市培育淘宝村镇典型经验做法获省政府办公厅通报表扬，菏泽农村电商典型经验被省政府在全省复制推广。

（三）直播电商紧跟潮流

2020 年 5 月，菏泽出台《菏泽市直播电商发展行动方案(2020～2022 年)》，率先在全国地级市中对直播电商新业态进行政策层面支持。近年来，先后举办"菏泽网上年货节-曹州牡丹园网上贺年会""菏泽消费年·乐享消费季""沿着高速看菏泽""云赏牡丹"农特产品直播节、"好品山东·嘉味年货 2022 网上年货节""2022 菏泽网络消费节"等系列直播活动，今年上半年，全市开展各类直播活动共 6 万余场，成功培育"带货"网红 1300 余人，带动直播商品销售 4 亿元以上。目前已建成 31 个电商直播基地。

（四）跨境电商稳步发展

深入落实《关于加快跨境电子商务发展的实施意见》等文件，印发《菏泽市对外贸易创新发展行动实施方案》，政策支撑更加有力。组织跨境电商企业参加省跨境电商生态大会，区域间交流合作更加深入。大力培育菏泽跨境电商主体和产业园，推荐山东陆港跨境电子商务有限公司申报省级跨境电商主体公共海外仓，曹县中小企业孵化园申报省级跨境电商产业园。实施"互联网＋外贸"工程，鼓励引导企业通过跨境电商拓展海外市场。

（五）电商生态不断健全

菏泽市着力优化电子商务软硬件环境，电商发展生态不断健全。配套设施逐步完善。实施光纤入村工程，积极推进"快递下乡"工程，中通、申通等 12 家快递公司均在我市县区设立县级运营中心，网络、物流等电商配套设施持续完善，人才队伍逐步壮大。实施电商精准培训，与阿里、京东等平台深化合作培养电商专业人才，电商园区集聚发展。全市已建成天华电商产业园、中软创客电商产业园、e 裳小镇等电商产业园区 25 个，入驻电商及配套服务企业 3600 余家；数字化建设逐步推进。曹县成功入选 2021 年全国"农产品数字化百强县"；实施"互联网＋金融"战略，蚂蚁金服(曹县)中心累计放款 116 亿，居全省第 1 位；注册山东云上电商产业园企业微信小程序 430 家，数量居全省第 1 位；品牌创建逐步深化。涌现出"曹献优品""e 品好郓""沃，东明"等一大批县域公共品牌，为县域产品网上销售保驾护航。

二、政府引导助推菏泽电商燎原之势

在市委、市政府利好政策的引导和市场的驱动下，菏泽电商内生动力逐渐凸显，发展势头迅猛。

（一）政策支持强劲有力

市委、市政府高度重视电子商务工作，从2015以来相继出台《菏泽市人民政府关于支持电子商务发展的实施意见》等40多个支持电商发展的政策文件，多次将“中国淘宝村镇培育”纳入市对县区经济社会发展综合考核。

（二）发展环境良好浓厚

从2015年，每年召开全市电子商务工作推进会、现场会，举办第五届中国淘宝村高峰论坛主论坛、2018腾讯为村大会、首届牡丹之都发展论坛、第三届全国电子商务促进乡村振兴高峰论坛等会议，扩大了菏泽的城市知名度和影响力。人民日报、新华网等全国多家媒体“挖掘”菏泽电商致富经。“菏泽商务”微信公众号不断挖掘电商人物进行宣传报道，拥有粉丝近12万人，成为菏泽市最具影响力市直机构公众号之一。

（三）平台合作广泛深入

我市不断与国内知名电商平台深化合作，2015年5月，与阿里巴巴集团签订全国第一个地级市战略合作协议；之后，陆续与腾讯公司、苏宁集团、慧聪网、拼多多公司签订战略合作协议。通过这些顶层设计，菏泽市为电商企业发展营造了良好发展氛围。

三、十年电商“经济量变”推动“治理质变”

十年来的工作实践证明，发端于草根创业的菏泽电商，在推动实体经济与互联网相融合的过程当中产生叠加效应，从拉动“经济量变”带动“治理质变”，成为我市促进供给侧结构性改革和带动乡村振兴的一支重要力量。

（一）菏泽电商带动了产业兴旺，助推经济发展

借助互联网，群众获取信息、对接市场的能力大幅提高，农村的特色产品通过电商销往全国各地，助力精准扶贫，电商产业及其相关服务业的发展为外出务工人员提供了在家门口就业创业的机会，大批青壮年返乡创业。目前全市网络零售店铺11.8万家，直接从业人数5.8万人，563个贫困村发展电商实现整村脱贫，2.5万建档立卡贫困群众通过互联网创业致富，57万余人通过产业链延伸

实现就近就业。

（二）菏泽电商助力了乡风文明，促进生态宜居

电子商务成为改善农村精神风貌的有力媒介。在菏泽的许多淘宝村镇中，富起来的村庄更加重视倡导文明、树立新风，促进了移风易俗和美丽乡村建设。全市有20个淘宝村被山东省农业厅认定为省级“美丽乡村”。在菏泽农村电商最早发展的曹县，近年来，全县新增美丽乡村210个、达到350个，覆盖率达到34.8%。产业的发展带来生态的振兴，一大批淘宝村镇整体呈现出百姓富、乡村美、乡风文明、生态宜居的良好局面。

（三）菏泽电商优化了治理结构，激发振兴活力

政府在推动电商发展的过程中，从组织形态上调整优化，引导村民自治。曹县率先探索了“支部带动电商”“电商带头人治理乡村”双管齐下新乡村治理模式，优秀的网商进入村两委班子带来新观念。目前，曹县共培养151名电商能人党支部书记，1200余名电商党员亮明身份，帮带1.5万余名群众开设电商网店，带动30万名群众从事电商行业，从业群众人均年收入突破10万元，有力激发了乡村振兴活力。

下一步，市商务局将坚决贯彻落实中央、省、市相关决策部署，按照任务目标和工作要求，以电子商务高质量发展为主题，持续放大电商“磁场效应”，夯实新经济“压舱石”，推动网络零售快速增长，巩固淘宝村镇全国地级市领先地位，助推电子商务在菏泽“后来居上”新征程中走在前、开新局。

园区篇

乘风破浪图创新　砥砺前行谋发展
——山东自贸试验区济南片区三周年发展回顾

（山东自贸试验区济南片区）

商务工作是国内大循环的重要组成部分，是联结国内国际双循环的重要枢纽，在构建新发展格局中发挥重要作用。

山东自贸试验区济南片区自2019年8月获批成立以来，始终坚持以制度创新为核心，不断探索首创性、差异化、系统性创新，注重最优营商环境打造，片区商务发展取得显著成效。截至2021年5月底，片区累计新设企业3.8万余家，毕马威、鼎熙麦道、联合国工发组织东部区域协同中心等多家国际知名企业和机构成功落户片区；实现税收805.6亿元，均居山东自贸试验区三片区之首；累计完成进出口总额1518.8亿元，占全市比例35.6%；实际使用外资25.7亿美元，占全市比例40%。

一、营商环境持续优化

（一）持续深化简政放权

首批承接22个省直部门下放的167项省级权力事项，投资、贸易、金融、民生等高频事项实现"区内事区内办"。推动人才管理改革试验区建设，拓展人才金卡服务功能，共享绿色通道服务。以区块链技术为支撑，全国首创"一箱双链"模式，群众办事提交材料数量平均减少61%。推行"证照分离"、建设项目"多测合一"、商事主体登记确认制等改革举措，营业执照办理时限最快压缩至10分钟。2021年前5个月，片区新设企业6154家，同比增长14%，占全市的15.4%。

（二）推动贸易投资便利化

出台自贸试验区投资贸易便利化17条措施，海关推出支持济南打造对外开放新高地10条措施，实现外贸企业备案业务全链条全程网办。税务推出增值税留抵退税“一键确认制”、出口备案单证无纸化等创新举措。国际贸易单一窗口实现25个口岸管理部门信息共享，设立企业智能撮合综合服务板块，开设国际经贸技术标准综合服务平台，助力企业出海。片区累计新增外贸企业1400余家，占全市外贸企业的23.3%。用足用好外商投资准入负面清单，吸引外商独资培训机构、外资旅行社、航空代理机构、虚拟大学等新业态落地济南片区。片区累计新增外资企业252家，占全市的26.5%。

（三）推动法治服务创新

联合市检察院等12个部门出台法治化营商环境提升三年行动方案，新设自贸巡回法庭、检察工作站等11个特色法律服务机构，推出“智慧法庭＋法治会诊＋柔性执法”线上线下融合创新模式，构建“六位一体”法律服务保障体系。完善与国际接轨的知识产权制度，建设自贸知识产权维权援助工作站、司法鉴定工作站、知识产权服务平台，打造知识产权服务业集聚区和海外维权一站式服务窗口，实现知识产权申请受理、展示交易、维权援助等全链条服务。累计调解国际商事纠纷360余件，成功率85%以上。

二、开放水平全面提升

（一）畅通出海通道服务国家战略

链接粤港澳大湾区战略，与珠海横琴片区签订战略合作协议，推动宏济堂、省药学科学院等6家企业和机构落地粤澳深度合作区，拓展中医药出海新模式。与海南省五指山市、琼海市建立战略合作伙伴关系，对接优惠政策、推动产业协作，齐鲁制药、博科生物等10余家企业在海南设立研发生产基地。跨区联动激发中老铁路活力，与云南昆明片区联手推动中老铁路和中欧班列对接，拓展东南亚市场。建设欧亚运贸中心，构建“综保区＋内陆港＋班列”互联通道，打造“一带一路”沿线国际物流枢纽。

（二）培植新业态新模式拉动外贸增长

积极培育“中欧班列＋跨境电商”，完成全省首批中欧班列跨境电商B2B模式货物出口。大力发展保税物流、外贸综服等新业态，2021年实现保税物流进出口130亿元，占全市的78.6%。落户日本最大免税店乐购仕中国保税中心，实现跨境电商业务模式全覆盖。片区实现进出口总额601.4亿元，占全市30.9%，赋能济南高新区进出口总额突破1000亿元，济南综保区进出口总额连跨四个百亿台阶，突破400亿元，同比增长320.3%，拉动全市进出口总值同比增长14个百分点。

（三）集聚要素资源打造开放平台

出台章锦综保区产业发展规划，吸引美国壹瑞特生物、香港俊发电子、联东U谷科技孵化产业园、亿丰跨境电商产业园等科创类外向型企业集聚，2021年综合排名位居全省新封关3个综保区第一。打造集文化创意、产品制作、跨语言服务于一体的文化贸易公共服务平台，服务带动省会经济圈和黄河流域2000余家文创中小企业集聚发展，布局14个海外贸易中心，成功获批国家文化出口基地。打造高能级对外开放平台，争取国家部委开放创新资源，集聚欧洲科技创新资源要素，成功获批中欧（济南）绿色制造产业园。

三、产业生态突破发展

（一）推动生物医药产业高端发展

高标准建设中日国际医疗科技园、明湖国际细胞医学产业园、食品药品监管服务和创新大平台等高端载体，引进日本东丽株式会社透析中心、医疗影像中心、美国休斯敦医学中心MD安德森癌症个性化诊疗平台、上海细胞治疗集团干细胞和免疫细胞诊疗中心等高端医疗资源，提高医疗服务竞争力。首创备案制中医诊所、智慧中药房等发展模式，在医保申请、容缺办理、执业范围等方面打通政策堵点，提升中医药发展和服务水平。2021年，医养健康产业规上企业营业收入492亿元，同比增长20%。

（二）推动人工智能产业突破发展

依托人工智能产业集聚区、人工智能大厦等产业载体，集聚浪潮、华为（济南）云创新中心等一批基础层优势企业，培育引进海康威视、深兰科技人工智能研究院等一批技术层特色企业，落地科大讯飞、兰剑智能等一批应用层企业，形成从基础支撑、核心技术到行业应用的完整产业链条。助力片区企业攻克“卡脖子”技术，晶正电子成功研发纳米厚度铌酸锂薄膜材料，有效打破5G高端滤波器进口瓶颈制约。山东航芯院研发国内首款具有完全自主知识产权的物联网安全芯片，填补我国物联网安全芯片精准识读的技术空白。片区人工智能企业超过160家，其中规模以上企业74家，2021年实现营收796亿元，同比增长14%。

（三）推动产业金融创新发展

积极在金融领域先行先试，出台推动融资租赁发展19条，加快离岸贸易发展若干措施，合格境外有限合伙人(QFLP)试点落地，出台合格境内有限合伙人(QDLP)试点办法，正积极向国家外管局争取试点额度。高标准运行全国首家科创板培育中心，华熙生物、山大地纬、兰剑智能3家企业成功登陆科创板。成功发行全国首单自贸特色房地产抵押支持证券项目(济高控股)，发行长三角地区外首单自贸区离岸债券(济南城建，6亿元)。落地全省首单离岸人民币债券(山东国惠，6.4亿元)、租赁住房类投资信托(济南城投，35亿元)和知识产权基金业务(济南三价)，推动全市首家融资租赁单一项目公司注册(济南金控)。集聚德华安顾、恒丰银行等10余家法人金融机构总部，新增22家自贸分(支)行，渣打银行、汇丰银行、毕马威、安永落户济南片区，金融业态更加完善。

四、下一步发展重点

济南片区将进一步服务和融入新发展格局，积极发挥自贸试验区促进要素流动的载体作用、创新发展的带动作用、畅通双循环的桥梁作用，建设现代流通体系，促进消费持续回暖，稳住外贸外资基本盘，打造对外开放新高地，全面推动片区商务工作高质量发展。

(一)加快推进规则规制先行先试

着力推动制度型开放，促进贸易投资转型升级，创造国际竞争合作新优势。对接CPTPP国际经贸规则，在人员货物通关便利化、跨境运输标准化、服务贸易等方面先行先试，争取部分试点任务率先在济南落地。探索落地《中欧全面投资协定》(CAI)条款内容，响应中欧绿色伙伴关系倡议，集聚欧洲科技创新资源，探索中欧绿色合作新领域、新机制、新模式。加快实施《高质量落实RCEP行动方案》，引导片区企业适应更加开放、充分竞争的市场环境。

(二)加快推进资源要素优化配置

服务科创金融改革试验区建设，探索资本服务科创企业新路径新模式，支持银行创新科技信贷服务，支持科创企业利用资本市场直接融资。进一步深化"放管服"改革，选准一批接得住、用得好的高频事项，作为新一批省级权限下放事项承接清单。探索实行产业链供地，支持产业链链主、平台公司集中拿地后合理分配产业链上下游配套企业。

(三)加快推进特色产业融合创新

高标准建设中欧(济南)绿色制造产业园，打造中欧产业合作示范区、绿色产业体系策源地和中欧经贸合作成果展示区。推动国家级医药技术创新平台、国家创新药物孵化基地和企业技术中心、重点实验室等创新载体，与检验检测、先进医疗技术转化平台协同发展，形成研发生产、成果转化、医疗服务等全产业链条。建设国家对外文化贸易、国家文化出口双基地，完善黄河流域文化出海公共服务平台功能，推进设立全国首支文化服务贸易基金，推动中医药、游戏动漫、版权交易等系列文化产品集群发展，向世界讲好黄河故事，传递中国声音。

锚定"走在前、开新局" 再创改革开放新局面

——山东自贸试验区青岛片区三周年发展成绩

（山东自贸试验区青岛片区）

中国（山东）自由贸易试验区青岛片区自2019年8月30日挂牌以来，在省委、省政府和市委、市政府的坚强领导、在省市商务系统的业务指导和大力支持下，全面贯彻落实习近平总书记关于自贸试验区"大胆试、大胆闯、自主改"等系列重要指示精神，主动对标国际先进经贸规则，充分利用国际国内两个市场、两种资源，深入实施制度创新，持续释放自贸红利，推动经济建设高质量发展。青岛片区外贸进出口、实际利用外资均实现两年翻一番，分别累计达到3760亿元、18.99亿美元，累计引进项目352个，总投资3216亿元，其中引进世界500强投资项目达到143个。在"2020～2021年度中国自贸试验区制度创新指数"排名中，青岛片区位列全国第5批自贸试验区19个片区第3位，先后获评"中国十大最具投资价值园区""高质量发展改革创新十佳园区"。自贸片区内的前湾综合保税区在全国134个综合保税区2020年度发展绩效评估中排名第15位，上升11个位次，晋为A类。

一、坚持制度创新核心，深化投资领域改革

深入实施106项改革试点任务，强化改革创新系统集成，实践形成226项创新案例。

（一）建立协同创新机制

印发实施《中国（山东）自由贸易试验区青岛片区推进工作领导小组工作规则》《中国（山东）自由贸易试验区青岛片区制度创新工作机制》，将开展制度创新情况纳入市级考核，推动市区两级设立103名制度创新专员，构建全市一体的协同创新体系，推动健全完善鼓励创新、允许试错、宽容失败的机制，全力攻坚突破"涉及中央部委事权未能落地"和"项目暂无承接主体"等堵点难点。加强首创性、差异化探索，研究审议《关于深化贸易投资便利化改革创新，推动青岛

自贸片区高质量发展的措施》，首创“区关港”“区税银”“政区法”等联动创新机制，畅通片区管委与海关、税务、港口等部门协作，围绕提升营商环境，形成了一系列市场主体获得感强的创新成果。其中，进口原油“先放后检”监管新模式、企业集团加工贸易保税监管 2 项创新举措获海关总署全国推广，20 项获商务部领导肯定性批示，29 项在全省复制推广。

（二）提升投资便利化

加快政府职能转变，深化“放管服”改革，推行极简审批，创新商事主体登记“即认制”，极大减少审批环节、提高审批效率。首创市场主体“免费托管服务”模式，推行“休眠”“唤醒”管理和 360 度服务，为企业量身定做个性化帮扶措施。率先在全国自贸区发起成立“云端自贸”政务服务联盟，智能登记系统在全省复制推广，“云上审批”模式实现跨国注册“零距离”，全国首个德资职业技能培训机构、山东首家外商独资旅行社不到 1 小时落户。推进“标准地”改革，实现“拿地即开工”。“多测合一”制度助力产业项目全流程零费用，充分释放自贸红利。

（三）提升金融便利化

组建自贸金融创新实验室，首创专利权质押保险贷款、保税数字仓单质押融资等新模式，助力浦银租赁、久实麟德先后在全省开展首单单机融资租赁和首笔船舶离岸融资租赁业务。货兑宝平台在全国率先开展数字仓单质押业务。推行企业出口退税“核实可视”＋“信用赋能”模式，首批 12 户企业“出口退税贷”获银行授信 8000 余万元。建立“线上＋线下”联动服务机制，联合 18 家机构推出“自贸贷”、8 小时退税“白名单”和汇率避险等 55 个服务举措，助企纾困增效。依托“区税银”和自贸金融联合创新机制，先后落地人民币资本项下输出贸易项下回流、首笔海外人民币贷款业务。中储京科入选国家“区块链＋贸易金融”创新应用试点。全国“首单”橡胶区块链以及保税原油数字、区块链联盟链跨链流转数字等仓单质押融资业务顺利落地。

截至目前，新增企业主体 2.4 万个，是成立前总量的 1.4 倍。新增纳税主体 1.18 万个，是成立前总量的 1.1 倍。企业活跃度 86.2％，比 75％的“非常活跃”基准高 11 个百分点。

二、服务融入内外循环，推动贸易转型升级

积极融入国内国际双循环新发展格局，推进传统优势资源和新业态新模式相融合，全面提升国际贸易竞争力。

（一）提升贸易便利化

原油进口“先放后检”、企业集团加工贸易监管、货物船边直提、进口棉花“集成查检、分次出区”等模式，助力企业节省通关成本，吸引总投资1.7亿美元的中外运华中、贤能石化、班芙能源等重点企业集聚。推出大宗商品价格指数、检测服务等14项措施，完成首单不同税号保税燃料油混兑调和业务，首创“入仓即退税”跨境电商9810出口退税模式，山东大宗电子仓单质押业务全面启动。搭建“货兑宝”“货易银”物联网＋区块链大宗商品交易平台，率先上线全国大宗商品仓单登记系统，建成大宗商品资讯中心与航运可视化平台。山东国际大宗商品交易市场、青岛港大宗商品交易中心相继运营，全国首个大宗商品航运物流与采购基地揭牌。总投资15亿元国际冷链暨水产品交易中心建成投入运营，中国北方肉类进口基地、北方展示交易冷链物流基地揭牌运作。“数字化仓库示范园”启动运营，完成全国首单原油区块链数字仓单质押融资业务，实现融资放款4000万元。

（二）加快港航物流转型升级

首创入境空箱顺势无干扰智慧监管、水水中转智能管理、“原油无储罐直接装卸国际中转业务”等新模式，助力企业节省物流成本。依托专家智库等资源组建专班，编制产业促进政策和发展规划纲要，建立跨部门协同联动机制，重点推进总投资75亿元的28个港航物流重点项目。落地首个国际水上运输项目丰华国际海运，推进国际船舶交易中心、国际海员中心、华洋科考船船员基地和集行通网络货运平台建设，中青大冷、国际冷链物流交易中心投入试运营。

（三）培育发展贸易新业态

率先发起成立跨境易货贸易联盟，首批11个国家和地区的92家企业会员参与新型贸易模式实践，助力全国首家跨境易货贸易企业注册落户。设立新型离岸国际贸易服务中心，“易货达”平台1.0试运行。联手天猫打造“保税进口＋零售加工”新世界工厂，全省首家跨境电商保税直播基地、中日韩消费专区跨境电商中心相继投入运营，创造一次仓内直播过亿元的全国纪录，每天出货量超过5万单，单量突破2000万元。跨境电商产业园先后获批省级园区、省级平台、省级公共海外仓。

三、深化开放合作，推动优质要素资源集聚

发挥国家级新区、自贸试验区等政策叠加优势，深入推进区域经济合作，加

快建设国际资源配置中心。

（一）深化中日韩德合作

拓展日本“国际客厅”功能，线上线下组织日本产品发布、对日投资等活动24次，引进伊藤忠、荏原环境等过亿元项目6个，注册资本60亿元的全省首个世界500强总部——欧力士中日产业超级链接者平台项目落户。完成中日（青岛）地方发展合作示范区总体规划，封闭运作模式获批复。新开通省内首班青岛至东京全货运包机，实现日韩空中航线“公交化”，日韩贸易航线突破70条。率先实现与韩国食品农产品的检测前置和结果互认。德国“国际客厅”正式运营，总投资6000万欧元的BWT（倍世海尔）水净化装备项目开工建设，35家世界行业领军地位的德国企业落户片区。

（二）抢抓RCEP战略机遇

深化与RCEP成员国的地方经贸合作，新开通至越南河内及东盟区域的跨境电商货运包机、鲜品快线等外贸航线26条，新增海铁、陆港联运线路7条。与迪拜吉布拉里、德国多特蒙德、俄罗斯西伯利亚等7个经济区合作，共享贸易、港航、技术、人才等资源。落实与韩国仁川等5个经济区的合作协议，依托青岛口岸，加快海外仓布局。亿卫生物疫苗、香港原油大宗商品贸易等13个项目签约落地，20余家企业提交RCEP补发证书申请331份，累计货值5000多万元。

（三）着力国际资本集聚

针对影响青岛国际航运中心排名的短板、弱项，建设国际资源配置中心，一期总投资160亿元的42个重点产业项目入驻海辰园，完成北片区E、F地块建筑设计方案，一期项目开工面积5万平方米。加拿大AST、金犇鸿业液晶屏项目率先在全省开展维修检测业务。着力推进国际合作重点项目，海丰全球航运物流中心、新润丰、泰和嘉柏国际贸易总部等项目落地，博佩发动机零部件等项目开工。搭建国际贸易孵化基地，引进中化弘润石油、日本住友等国际贸易项目22个。

四、聚焦先进制造领域，推动创新驱动发展

以先进制造业为主导、以创新驱动为引领，培育壮大集成电路、基因科技、智能制造、海洋经济等优势产业集群，夯实片区产业基础。

（一）培育智能制造产业生态

总投资8亿元的智能网联汽车示范应用项目签约落户。力神叠片式磷酸铁

锂、绿联智能制造实现投产。总投资30亿元的海尔热水器超级工厂项目签约落地。芯恩8英寸芯片量产，12英寸芯片投片，良率98%以上。富士康项目加速推进，一期总投资100亿元电子元器件产业生态基地签约落地，半导体高端封测项目竣工投产，12英寸芯片月封装3万片。世界500强投资项目代傲电控板项目正式落户。卡奥斯建成全球首个智能＋5G互联工厂，获国家工信部等十部委认可，获评全国“2021工业互联网先锋榜TOP100”榜首。松下电子完成全自动化技改升级，生产的超精密轻触开关全球占有量第一。

（二）推进生命健康产业集聚

华大智造全球最大时空组技术平台投产，实现全球唯一原位捕获空间全转录组测序技术。首创国内全封闭式新冠病毒检测一体机，获国家科技部致信感谢。国内首个、全国最大的测序酶研发生产基地，每分钟基因测序数据6.95GB，解决基因测序领域“卡脖子”问题。率先组建国际海洋基因组学联盟，与国内外166个科研院所开展“万种鱼基因组”等科学合作项目535个。组建时空谷基因科技公司，加快建设海洋、育种和大健康领域基因科技平台，有序推进总投资54.6亿元的17个产业链项目。中德建联杜仲康养中心等重点产业项目开工。

（三）加速科研创新成果转化

总投资53亿元的水下潜器和海洋探测存储科技等12个海洋经济项目签约落地。清原创新中心粮食作物杂草抗药性治理技术荣获年度国家科学技术进步奖二等奖。金卓工业互联网平台上线覆盖180个国家105万用户，居全球第2位。易货通供应链等科技平台落地。潍柴动力科技研发中心研发基地楼宇竣工。着力人才交流服务，国家海外人才离岸创新企业基地试点获批。青欧研究院实现两批博士生入学。全省首个国际人才社区、博士邨、日韩服贸港人才公寓等项目建成运营，为加速片区科技创新提供强劲人才保障。

下一步，青岛片区将继续坚持稳中求进工作总基调，进一步发挥深化改革“试验田”和开放创新引领示范作用，以制度创新为核心，深入推进高水平制度型开放，增创国际合作新优势，以建设发展新成绩迎接党的二十大胜利召开。

深耕试验田　创新不止步

——山东自贸试验区烟台片区三周年建设成果

（山东自贸试验区烟台片区）

山东自贸试验区烟台片区于2019年8月26日获批，总面积29.99平方公里，叠加烟台开发区、中韩产业园、综合保税区三个国家级园区和黄渤海新区、国际招商产业园、中日产业园等省级政策优势，重点发展高端装备制造、新材料、新一代信息技术、节能环保、生物医药和生产性服务业，致力打造中韩贸易和投资合作先行区、海洋智能制造基地、国家科技成果和国际技术转移转化示范区。烟台片区成立以来，紧盯“为国家试制度、为地方谋发展”，不断以改革创新破解瓶颈，以扩大开放激发活力，以科技创新培育优势，以优化环境汇聚要素，迅速成为经略海洋、日韩合作、区关港铁联动的品牌样板，奋力实现既当“试验田”更当“高产田”、既当“测试场”更当“加速场”的初心初衷，为山东和烟台高质量发展、高水平开放趟出了新路径、积累了新经验。

一、致力打造制度创新试验田

两年多来，平均每5天推出1项制度创新成果、累计达200多项，其中“多方联动构筑海洋生物资源‘大养护’格局”成为山东省唯一入选的全国“最佳实践案例”，“山东海南聚焦‘蓝色种业’协同培育优质海洋水产种质资源”做法被国务院部际联席会议简报推广，标志着国家层面对自贸创新工作的最高认可，同时还有3项被海关总署备案，10项在全国、28项在全省复制推广。首创并实施“关保通”“进出口货物知识产权预确认”等一系列重大制度创新，企业凭一张保函在全国各地“零成本”通关，办理知识产权状况预确认货物10万余件，口岸通关成本处于全省最低水平，2021年外贸进出口总额占全省自贸试验区的42.9％。

二、致力打造对外开放新高地

发挥全国唯一叠加中韩产业园战略优势，推动自由贸易区与自由贸易园区联动发展，建成中韩、中日两大经济文化交流中心，搭建日韩风情街、中日韩体育文化产业园等特色平台，谋划建设 RCEP 国际合作示范园区，形成外商投资企业集聚发展的最优生态。中韩产业园布局建成韩国中小企业产业基地，引入全国首个韩国国家级科创孵化平台，新增韩国新能源汽车电子、SK 等韩资项目 100 多个。中日产业园启用日本中小企业产业基地，在全国率先引进日本夏普超高清 8K 研究院，全球首发并量产 120 英寸 8K 超高清电视，新增日本住友等日资项目 50 多个。大力培育自贸新业态新模式，获批全国首个保税混铜业务试点，金银铜铁油等多品类的全球矿产品保税混配中心加速崛起，混铁转口、保税混油总量位居全国、全省前列。争取富士康游戏机等产品纳入全球保税维修增列目录，建设全球保税维修中心。上线跨境贸易综合服务平台，通关时间、通关峰值速度跻身全国前十，汇聚跨电企业 100 多家，直接带动全市跨境电商贸易额增长 7.3 倍。着眼于撬动制造业转型新支点，探索实施“优质企业白名单制度”，先行先试支持新型离岸贸易发展，跨境资金结算额 1 亿余美元，比去年增长近 7 倍，2021 年外贸新业态合计拉动全市进出口增长 10 个百分点。两年多来，烟台片区平均每天落户外资外贸企业 3 个、累计新增市场主体 2 万多家，在全市千分之二的土地上创造了近 1/3 实际外资和近 1/2 外贸进出口。

三、致力打造经略海洋新生态

从国之重器的“蓝鲸一号”到全国先行先试的海洋牧场，从南北联动构建“水产苗种产业走廊”到中韩合作共同养护海洋生态，烟台片区“自贸海洋”蓝色标识越来越响、越来越亮。创建海洋生态修复“新模式”，由中韩渔业框架委员会主导的中韩联合增殖放流活动连续放到烟台举办，充分彰显我国参与国际渔业治理的“烟台担当”。聚集平台建设、标准制定、金融创新等多个维度合力推进蓝碳生态系统保护和修复，成立全国保险行业领域第一个海洋保险创新研发中心，全国首发政策性海洋碳汇指数保险，完成投保海洋面积 10 万亩，最高补偿金额达 100 万元。首创实施入海排污口“分级分类”精细化管理，整治完成入海排污口 1400 多个，率先开展排污许可证审批到监管全环节流程优化，整体提速 60%以上。构建海洋种业全链条发展“新途径”，联动海南三亚崖州湾科技城，积极探索水产种苗跨省协同跨国引育，推出鲜活水产品出口“绿色通道”，通关时限由原来的 8～9 天一举缩短至 3 个小时。培育发展海工装备“新业态”，推进海工装备与海洋牧场融合发展，启动实施现代化海洋牧场“百箱计划”，建立起

“研发、确权、融资、增信、推广”集成创新新链条，示范引领全国海工装备“油转渔”加速崛起。打造海洋科技创新“新引擎”，大力实施海洋科技创新强基行动，引进名校哈工程等涉海科创平台 29 个，率先推出“企业出题-学校解题”“科技人才双聘任”等产教融合新模式，带动涉海产业产值突破 300 亿元。规划占地 100 平方公里的空天海装备智造城，先期启动 30 平方公里先导区建设，集中布局海工装备研发制造等平台载体，打造“航空航天航海看烟台”的崭新城市名片。

四、致力打造科技创新策源地

聚焦创新载体培育，依托八角湾新城、环磁山国际科研走廊等重大平台载体，先后引进落户先进材料与绿色制造山东省实验室等高端研发机构 45 个，加快建设企业创新、科技孵化等科创平台六大体系，建成上海、深圳两大离岸孵化基地，设立中韩、中俄、中加等海外创新中心，孵化创新型企业近百家。聚焦主导产业变革，积极探索传统产业数字化治理和智能化改造全新路径，已为全国 150 余家企业提供数字化转型服务，帮助全区 50 余家企业节省各类人力成本 50%～80%，整体提高企业综合效率 10%以上。携手北京自贸区实现医疗器械注册人制度跨省办理，时限压缩至 1 月内，为更多省份器械企业合作提供“路径参考”。聚焦高端人才服务，在全省率先成立国际人才集团，建成自贸区国际人才港，启动国际人才社区建设，集聚国家级高层次人才 130 多人。推行高层次人才“十全”服务举措，实施高端人才车辆配租，发布“人才生态指数”，打造人才发展“雨林生态”。聚焦知识产权保护，落户全国首家自贸区知识产权保护中心、知识产权检察办公室和全省首个互联网知识产权巡回审判庭、知识产权犯罪侦查大队，构建基于行政、司法、仲裁、调解、公证、商业秘密等多位一体的知识产权保护高地。截至目前，烟台片区高价值发明专利拥有量 1229 件，占到有效发明专利的 40%。

五、致力打造营商环境新样板

政务服务方面，全省首设企业服务专区，140 个事项“跨省通办”、350 个事项“跨片区协作”，88%可比事项列入“全国最快”水平，企业集成开办最快 2 小时办理。实施“境外投资一件事”审批服务模式改革，通过事前事中事后“一链办”高质量服务 100 余家境外投资企业。首推特殊工时审批制度改革，为 10 余家企业享受“一次审批、五年有效、零材料续期”的高效审批红利。创新“验资报告”

简化模式改革，新成立的社会组织机构直接线上扫码在银行开设验资账户，实现“零证明、零见面、零费用”三零审批。推进“旅游＋仲裁”机制改革，年均调处日韩等跨境旅游仲裁纠纷案件10余起，受理期限压缩50％、受理材料压缩60％。大力推行“智慧办税”，构建“票税通”数字化税务管理新模式，全省率先打造10分钟自助办税圈，出口退税最快1.3小时办结。实施国产研发测试用车辆购置模式创新，解决现代汽车境外测试用车辆复运出境难题，年均降低研发成本近2000万元。成立全国首家工商企业“获得电力”服务中心，企业入驻即送电，为近300家企业实现电力接入“零投资”。工程建设方面，全国首创全链条全周期供地管理新模式，创新实施“新型产业标准地”“拿地即开工、建成即使用”“施工许可分阶段办理”等改革，助力项目“四证齐发”，从拿地到开工最快6小时。金融创新方面，全国首创“备货贷”“订单贷”“库存贷”链式金融服务，全省首发知识产权证券化产品，先行先试“汇率保”业务创新，打造增值税“留抵贷”升级版，形成涵盖企业发展全生命周期的金融支撑体系，助力中小微企业融资超30亿元。

六、致力打造城市建设新标杆

坚持“国际视野、世界标准、国内领先、烟台特色”，先后建成启用9大商业综合体、7家五星级酒店，八角湾新城率先起势，八角湾国际会展中心、来牟文化小镇、后沙广场、扬帆广场、恋烟台成为网红新地标，烟台国际葡萄酒城、古现里文旅小镇等重点战略板块蓄势待发，八角湾国际医院、八角湾体育公园、东岛咀海岸公园三大民生工程开工建设，朝建成烟台“小深圳”“小浦东”的目标加速迈进。

勇立潮头搏浪行　砥砺奋进启新程

（青岛经济技术开发区）

青岛经济技术开发区（以下简称“青岛经开区”）于1984年10月经国务院批准设立，1985年3月动工兴建，是全国首批14个国家级开发区之一。2014年5月，根据青岛市委、市政府决策部署，作为西海岸新区功能区之一，逐步剥离社会事务职能，重点承担开发建设、经济发展等工作。2018年9月，进军王台打造北部产业新城，进行“二次创业”，引领全域高质量发展。2020年8月，根据省、市统一决策部署，启动新一轮体制机制改革创新，改革后全域管辖面积478平方公里。回顾发展历程，大致可以分为四个阶段：探索起步阶段（1984年10月～1991年4月）、调整成长阶段（1991年5月～2000年2月）、快速发展阶段（2000年3月～2013年11月）、转型升级阶段（2013年12月至今）。

作为全省改革开放的“排头兵”和试验田，2012年以来，青岛经开区结合国家和省、市关于青岛西海岸新区设立及系列体制机制改革决策部署，坚持以国务院《关于促进国家级经济技术开发区转型升级创新发展的若干意见》《关于推进国家级经济技术开发区创新提升打造改革开放新高地的意见》等精神为指导，以始终不变的改革勇气、蓬勃喷涌的创新活力、艰苦奋斗的创业精神、时不我待的干事激情，聚力于深层次改革、高水平开放，持续激发发展活力动力，全力推进转型升级、创新发展，逐步发展成为青岛市乃至山东省开放型经济发展程度最高的现代化综合功能区之一。

一、经济实力更强

这十年，青岛经开区紧扣高质量发展发展主线，聚焦主责主业，聚力经济发展，以占青岛市不到4%的陆域面积，创造了全市1/4的工业总产值和1/5的GDP，贡献了全市1/6的外资。2021年，全年实现地区生产总值超过2500亿元，是2012的近2倍；外贸进出口超过2500亿元，是2012年的4倍多；财政一般预算收入超过200亿元，是2012年的2.8倍。2022年青岛市发布的首批47

家先进制造业产业链链主企业中，青岛经开区有17家，占比36%；24条重点产业链企业中，青岛经开区有10家，涵盖9条产业链，占比37.5%。综合发展水平连年位居全国经开区前列、全省首位。先后获批国家生态工业示范园区、国家智能化工业园区示范试点、国家级园区循环化改造示范试点，获评“山东省人才工作先进单位”、“中国经济十大最具投资价值开发区”等称号。一个个沉甸甸的金字招牌，注解着青岛经开区近40年风雨兼程、艰苦辉煌的创业史、奋斗史和发展史。

二、发展质量更高

这十年，青岛经开区深化供给侧结构性改革，打造更具韧性和竞争力的产业链。加快推进港口、家电电子、汽车、石化、造修船、海洋工程等传统优势产业集群加快转型升级，重点配套和核心技术项目达200余个，产值占规模工业产值的85%以上，较2012年提高近20个百分点。家电电子、石化、汽车、船舶海工等四大集群产值均占全市“半壁江山”，家电电子产业基地成为青岛市首个千亿级产业集聚区。成功创建家电电子、船舶和海洋工程、软件和信息服务3个国家级新型工业化产业示范基地以及国家级船舶出口基地、汽车整车进口口岸，智能家电入选国家先进制造业集群。坚持优势产业转型升级与新兴产业培育壮大“双措并举”，大力推动互联网、大数据、人工智能和实体经济的深度融合，战略性新兴产业产值占规模以上工业产值的比重超过30%，较2012年提高5个百分点。“四新经济”加速崛起，“芯屏”产业实现质的突破，目前全域已集聚总投资超千亿元的产业项目30余个。芯恩集成电路8英寸、12英寸芯片投片，富士康半导体高端封测项目相继投产运营，初步形成半导体全产业链。京东方物联网移动显示端口器件青岛生产基地、东旭光电显示新材料产业园等一批百亿级大项目相继开工建设。围绕京东方、富士康等“链主”企业项目，2022年新签约落地福建万达等7个重点项目，预计达产后可实现年产值300亿元。在2022青岛国际显示大会上，总投资206亿元的11个重点项目签约落地，青岛市首个新型显示产业千亩园区快速推进，一条千亿级全链条芯屏产业集群、中国北方光电显示高地正迅速成势。中日韩消费专区电商体验中心、跨境电商产业园建成启用，2021年跨境电商进出口额突破100亿元。

三、发展活力更足

这十年，青岛经开区辖内集聚起山东自贸试验区青岛片区、青岛前湾保税港区、国际经济合作区（中德生态园）等一批国家级园区，政策优势叠加效应显著、区域发展活力强劲。域内山东自贸试验区青岛片区面积 52 平方公里，获批两年来 106 项试点任务全部实施，形成 176 项创新案例，其中 13 个作为山东首批“最佳实践案例”在全省复制推广。截至 2021 年末，全域拥有各类市场主体 11 万余个，其中世界 500 强投资项目 124 个、外商投资企业 3000 余家（较 2012 年增长 50％以上）；拥有中国石油大学（华东）、山东科技大学、青岛理工大学等高等院校 8 所，在校大学生达 16.5 万余人，较 2012 年增长 27％；拥有省级以上高层次人才 454 人，其中院士 59 人，全区人才总量达 46.73 万人，较 2012 年实现翻番；拥有省级及以上各类研发机构近百个、国家级孵化器众创空间 13 个，发明专利拥有量、PCT 专利申请量等主要科技指标均居全省开发区前列。依照“产业集聚、主题突出”和“大项目供地、小项目入园”思路，精心打造的中电光谷、联东 U 谷、山东机器人产业园等 8 个主题园区建设成效明显、特色鲜明，“园中园”科大讯飞未来港被国家工信部授予“国家人工智能创新应用先导区（青岛）赋能中心”。港口效应持续放大，2021 年，青岛港共完成货物吞吐量 6.3 亿吨、集装箱 2371 万标准箱（较 2012 年分别增长 57.5％、63.5％），全球排名从第 7 位跃居至第 4 位，发展势头强劲，蹄疾步稳。

四、营商环境更优

这十年，青岛经开区结合体制改革持续优化营商环境，相关做法多次被省市领导批示和国家部委推广。2014 年 5 月，根据青岛市委市政府决策部署，青岛经开区逐步剥离社会事务职能，重点承担开发建设、经济发展等工作。2020 年 8 月，根据省、市统一决策部署，启动新一轮体制机制改革创新，实行“两剥离一加强”（即剥离所有社会职能和开发运营职能，加强经济管理职能），全面承接 200 余项经济管理权限，实现“开发区的事开发区办”。改革以来，青岛经开区坚持市场理念和生态思维，依照“管委会＋”思路，大胆探索试行“开发区吹哨、新区部门报到”、与属地街道深度协同作战、与主题园区联合招商服务会商、与平台公司融合发展、与省内外园区合作共建系列机制，持续探索新形势下国家级开发区与行政区、平台公司、属地街道、主题园区融合发展及省内外园区联动发展新模式。全面实行园区项目准入评审、重点项目筹建保障和以构建企业全生命周期服务体系为核心的“三四三”企业服务等系列办法，在精准挖潜、服务企业和项目建设方面取得良好效果，外资制造业纷纷增资扩产，其中贝卡尔特青岛公司2022年4月一次性增资5000万美元扩建生产线、计划年内动工，再创外资制造业企业近年单笔增资扩建新高。深化“一次办好”改革，推行区域评估、模拟审批、联合验收等改革举措，全国首创“一证(照)通”，破解“准入不准营”难题，59类行业申办材料减少35%，审批环节减少56%，办理时限缩减32%。京东方项目于2021年8月29日签约、9月1日注册，从工商注册到取得土地仅用29天、从取得土地到正式开工仅用13天、提前63天主体封顶、预计2022年11月实现首片产品点亮，再次刷新项目落地建设速度。

五、发展魅力更大

这十年，青岛经开发区更加幸福宜居，先后获评中国生态(人文)宜居规划建设示范区、中国人居环境范例奖等称号。坚持绿色集约发展，国家循环化改造示范试点和国家生态工业示范园区顺利通过验收，是全国首个成功创建国家可持续发展实验区的国家级开发区。胶州湾跨海大桥、胶州湾隧道正式通车，地铁13号线、1号线分别于2018年、2021年开通运营，地铁6号线、胶州湾第二条海底隧道在建，青岛东、西海岸进入一体化同城桥隧、地铁时代。青岛市委赋予的王台老工业区升级改造工作正在强势推进，西海岸北部芯屏产业新城、中国北方光电显示高地雏形初见。凤凰岛省级旅游度假区、珠山国家森林公园环绕左右。青岛国际啤酒节已成为世界规模最大的啤酒盛会，一座集山、海、岛、滩、湾和居、业、学、养、游于一体的“城在景中、人在画中”的现代化文明和谐新城区已然形成。

时代浪潮涌，扬帆正当时。按照习近平总书记在出席庆祝改革开放40周年大会上的讲话要求，青岛经开区继续锚定“走在前、开新局”，秉持“闯”的精神、“创”的劲头、“干”的作风，聚焦聚神聚力于“建设高端产业集聚区、创新发展先行区、绿色发展示范区、对外开放引领区、营商环境样板区，打造全国开发区高质量发展新标杆”，持续发挥全省改革开放排头兵作用。

滕州经济技术开发区十年发展历程

（滕州经济技术开发区）

滕州经济技术开发区是1992年经山东省人民政府批准设立的省级经济开发区。2021年6月17日经国务院批复，滕州经济技术开发区升级为国家级经济技术开发区。核心区6平方公里，实际管辖面积72.6平方公里，处于京沪发展轴线上，北靠京津冀、南连长三角、西接中原腹地，紧邻青岛、日照、连云港三大港口和济南、徐州两大机场，京沪高铁、京沪铁路、京台高速公路、104国道和京杭大运河绕区而过，交通便捷、地理位置优越。

十年来，滕州经济技术开发区坚定不移地扛起狠抓经济发展的使命担当，创造了令人瞩目的发展成就，特别是晋升为国家级开发区以来，发展思路更加清晰，主导产业持续做强，体制改革加快推进，高质量发展进入快车道，为推动枣庄、滕州经济高质量发展作出了重要贡献。目前，开发区入区企业达到864家，其中“四上”企业297家。2021年，实现规上工业总产值482亿元、税收42亿元，连续3年位居全省省级以上开发区综合考评前三。先后获得国家新型工业化产业示范基地、国家火炬特色产业基地、全国知名品牌创建示范区、省对外开放先进园区等荣誉称号。

一、聚力规划引领、功能提升，明确发展方向

科学编制规划。按照国家级经济技术开发区的标准要求，坚持高起点定位、高标准谋划，优化开发区功能定位和规划布局。明确“一核、两轴、三片区”发展布局，积极构建层次分明、多规合一、科学合理的规划体系。一核：高铁新区引领核；两轴：产城融合发展轴、千亿级产业发展轴；三片区：综合工业区、高端装备产业园区、鲁南高科技化工园区。制定五年攻坚突破行动计划。按照“一年打基础、两年见成效、三年大跨越、五年翻一番”的总体思路，着力在综合评价争先进位、建强主阵地、激发动力活力、协同高效发展四大重点领域，全力打造千亿级园区，力争跻身全国一流开发区行列。

二、聚力改革创新、"瘦身强体",建立精简高效的管理体制

优化机构设置,设立7个部、3个派驻机构,按照"6+3"现代产业体系,抽调精兵强将,成立高端装备、高端化工等七大产业服务办公室,进一步优化组织架构。实行全员聘任制,配齐配强人员,通过内部竞岗、外部选聘、绩效考核等方式,激发全体人员活力。实行"管委会+公司"模式,高规格成立山东滕发投资控股集团有限公司,将3家市政府一级优质国企、148亿元资产整建注入集团公司,实现有效"强体",打造了集产业培育、工业地产开发、资本运营、项目孵化于一体的新平台。

三、聚力做强优势、做优特色,加快培育现代产业集群

围绕"6+3"产业、滕州"633"产业,积极打造高端装备、高端化工两大千亿产业版块,形成了六大优势产业集群。每个产业成立一个产业服务办公室,专职专业,集中办公,狠抓产业建链、强链、延链,夯实产业发展基石。其中,高端装备产业,目前企业达到220家,其中规上企业73家,培育了威达重工、山森数控、腾达不锈钢等链主企业,形成了基础铸造、数控系统、零部件配套等较为完整的产业链条,获评2021年度省特色产业集群。高端化工产业,依托山能鲁化、联泓新科两大链主企业,重点做优做强氨基、醇基新材料两大产业链条,获评2022年度省特色产业集群。

四、聚力精准招商、项目建设,加速集聚发展新动能

经过多年来的坚实积累和砥砺奋进,滕州经开区已成为滕州市招商引资的主战场、经济发展的主平台,引进了一批高质量项目。近年来,联想控股、长江实业、中国建材、正威国际、山能集团、中铁置业等一批世界500强、国内500强企业落户开发区。总投资125亿元的联泓新材料新能源和生物可降解材料一体化项目、总投资120亿元的正威华能军民融合新材料产业基地、总投资2亿美元的钢帘线二期项目、总投资50亿元的中材锂膜三期项目等正在建设中。

五、聚力创新驱动、人才保障,持续激发发展新活力

加强创新载体建设。建设了滕州市人才创新驱动中心、北理工鲁南研究院、北航机床创新研究院、墨子科创园等创新创业综合体,与中科院、北航、北理

工等科研院所建立全面合作关系，墨子科创园创业创新综合体获2000万元省级创业创新示范综合体补助资金。突出企业创新主体。截至目前，开发区拥有高新技术企业95家，省级以上研发平台89个，发明专利475个。加大人才引进力度。柔性引进国家级人才10人，引进泰山学者2人，长江学者1人，省泰山产业领军人才12人，西部紧缺人才2人，枣庄英才28人。

六、聚力集约利用、资源整合，拓展发展新空间

近年来，整合项目50多个，盘活低效闲置用地5000余亩。滕州经济技术开发区在全省113个省级工业主导型开发区土地集约利用评价中排名第2位。先后盘活祥源制衣、辰阳数控等沉睡资源，引进了山田橡胶、北玻院科技成果孵化基地等项目，实现"腾笼换鸟"。科学处置"复杂资产"，通过政府协调、提供过桥资金等方式，帮助中塑集团等企业化解资金危机，实现"凤凰涅槃"。规划建设总面积5.58平方公里的墨子科创园，借鉴国内外先进园区运作经验，以"标准厂房＋量身定做＋保姆服务"的模式，助力企业高效落地轻装上阵。目前已建成13万平方米标准厂房，吸引华中数控、金研光电、清峦集团等10家科研团队和企业入驻，实现"筑巢引凤"。

下一步，滕州经济技术开发区将在全面落实"工业强市、产业兴市"三年攻坚行动中扛旗夺标，努力打造一流国家级经济技术开发区，以更加优异的成绩向党的二十大献礼！

东营港经济开发区　奋进十年跨越发展

（东营港经济开发区）

面对开发区转型升级、爬坡过坎的复杂局面，提高政治站位、强化责任担当，东营港经济开发区广大干部职工按照省市要求，自觉对标一流、自我加压奋进，把全部心思和精力用到事业发展上，以务实苦干的实际行动践行初心使命。十年来，开发区争先进位，在全国化工园区排名中，连续8年持续前移，2020年综合实力跃居全国第7位。在全省开发区综合考核评价中，东营港经济开发区由2017年排名90位跃升至2021年的第10位，跻身全省开发区领先方阵。

一、加强党的建设，党建引领作用充分发挥

坚持党管一切，注重将党的组织优势转化为攻坚克难的强大力量，推动党建与发展“同频共振”。先后成立项目一线行动党组织28个，涉及11个重大工程项目。探索党组织共建新模式，促成4个省直部门与非公企业党组织结对共建。创建“合力前行”“一诺红心”“聚＋”等品牌，营造浓厚的党建氛围。推行党建入章等工作，全区93％的企业把党组织的机构设置、职责分工、工作任务等内容写入了公司章程，切实发挥党建引领作用。

二、全面深化改革，体制机制实现系统性重塑

坚决扛起全省开发区体制机制改革首批试点重任，按照市委市政府部署安排，立足开发区实际谋划改革思路，创新实施了“7＋7”体制机制改革。改革中，东营港经济开发区改革方案在全省第一批完成审核备案。改革后，开发区形成“一园三区一基地”发展格局，内设部门、人员总数分别压减70.8％、63.8％，构建起“管委会＋公司＋基金＋专业团队”运营模式。代管面积中经省市认定化工园区面积达到90.25平方公里，列“全国化工园区30强”第2位，集群发展目标初步实现，发展后劲大幅提升。

三、加快动能转换，产业发展实现提档升级

着力破解开发区转型升级难题，找准高质量发展主攻方向。在工作中，围绕开发区芳烃、乙烯、丙烯、碳四四条优势产业链，按照“上下游衔接、隔墙供应”原则对园区现有项目及未来发展项目实施整体谋划，对补链项目逐个攻破，构建起产业发展“四梁八柱”。东营港经济开发区重大项目建设持续突破，以年均2个百亿产业项目速度迅速推进，目前在全市6个百亿项目中独占四席，形成了百亿项目滚动接续的良好态势。同时20余个补链、强链项目先后落地，东营港经济开发区成为全省第2个突破千亿产值化工园区。东营港经济开发区烯烃芳烃产业集群、功能性高分子材料和先进碳材料产业集群成功入选山东省“十强”产业“雁阵形”集群名单。

四、服务全省大局，港口建设实现历史突破

主动参与全省港口资源整合，东营港成为渤海湾三市四港中第一个完成资产移交的港口。同时以产业需求厚植港口承载力，全面瞄准提升港口能级聚力攻坚。十年来，开发区克服泥质海岸线在建设深水码头方面先天不足，建成的16平方公里大环抱港池及10万吨航道等项目，可容纳建设120余个10万吨级泊位。25万吨原油进口泊位及配套工程用海预审意见正式获得自然资源部批复，即将实现由5万吨到25万吨的历史跨越。

五、坚持环境打造，区域环境形成发展优势

努力克服起步晚、配套薄弱特点，在环境打造上大力气抓投入、抓见效，努力为企业发展提供“阳光雨露”。十年来，在全省化工园区中率先实现了集中蒸汽供应、集中污水处理、集中危废处置、集中车辆停放、地下综合管廊、大型发电机组的综合配套建设。先后实施总投资140亿元的中海油原油仓储、总投资98亿元的大唐电厂、56.8亿元的东营疏港铁路建连接港口与码头库区的42公里公共管廊及近2000公里的各类管道等一大批基础设施项目。建成全国首个“5G+智慧园区”，建设省内唯一的山东高端石化产业创新创业共同体，园区配套服务体系建设由一穷二白走在了全省前列，进入全国化工园区“第一梯队”。

向海图强十年磨砺　奋楫扬帆正当时

——国家级潍坊滨海经济技术开发区十年腾飞路

(潍坊滨海经济技术开发区)

潍坊滨海经济技术开发区(以下简称"潍坊滨海")地处山东半岛中部,世界风筝都潍坊北部,成立于1995年,2010年升级为国家级经济技术开发区。近十年来,潍坊滨海经济实力不断增强,产业结构持续优化,生态环境明显改善,区域面貌日新月异,走过了一段不平凡的发展之路。2021年,在全省160家开发区综合考评中位列第九。十年来,潍坊滨海地区生产总值增长270%,规模以上工业主要业务增长176%,公共财政预算增长390%。先后被评为国家科技兴贸创新基地、国家生态工业示范园区、国家职业教育创新发展试验区、国家园区循环化改造示范试点园区、国家产城融合示范区、山东省产才融合发展示范区。

一、聚力产业发展,构筑海洋产业体系

潍坊滨海,因海而生,因海而兴。海洋,是潍坊滨海的天然宝藏、城市名片,也是潍坊滨海的优势所在、潜力所在、未来所在。经过多年来的发展,潍坊滨海从过去单一的海洋化工产业起步,构筑起完备的海洋产业体系,聚力打造高端石化、精细医药、新材料、海洋化工、"海-陆-空"高端装备制造5个千亿级产业链,建设北部高端化工基地、北部新能源基地,不断完善特色鲜明、优势突出的现代海洋经济产业体系,提升现代海洋经济实力。

高端石化产业,依托弘润、鲁清石化等项目,中化弘润原油超市项目库容1220万立方米,已经成为全球最大单体石油储备库、全国最大第三方保税仓库。精细医药产业,依托浙江新和成、国邦医药、京新药业、海翔药业、万盛股份5家上市公司组团,持续壮大产业集群,加快延链、补链、强链步伐,打造世界一流的精细化工产业基地。新材料产业,依托山东万盛新材料有限公司年产31.93万吨功能性新材料一体化生产项目,全面推进新材料产业基础高级化、产业链现代化,将新材料产业打造成为潍坊滨海高质量转型发展的新引擎。海洋化工产

业，以山东海化集团为龙头，立足海洋化工资源禀赋和产业基础，大力发展现代海洋经济。装备制造产业，以潍柴重机为龙头，加快推进大缸径发动机万台产能项目建设，抢占全球高端装备制造产业制高点。

二、聚力项目招引建设，实现由大到强新跨越

潍坊滨海紧紧围绕全市“向北发展、拥抱海洋”的决策部署，不断强化向北向海发展的主战场定位，集中精力推动经济社会高质量发展迈出新步伐。2022年以来，潍坊滨海将重大项目作为经济工作的“牛鼻子”、增强经济高质量发展后劲的“加速器”，新签约项目共32个，总投资445亿元。

以重点项目的落地为发展积蓄后劲，借力全面深化改革等举措激发发展活力，为潍坊滨海发展新旧动能转换按下了“加速键”。一批创新产业、高端产业项目正在加快布局建设——潍柴高端发动机试验平台、弘润原油超市二期投用；国邦健康产业园一期、高信新材料一期、优然牧业一期部分投用；远大住工、山东化工职业学院一期等9个省级重点项目投资完成率近300%；新和成蛋氨酸、伊利奶牛高产示范牧场等108个区级重点项目推进顺利。

三、聚力港产城融合，谱写发展新篇章

港口是潍坊滨海得天独厚的优势，是海洋经济的重要组成部分，也是打造“海洋强市”关键所在。发展海洋经济，离不开港口这个强劲引擎。从地图上看，渤海莱州湾宛如一个聚宝盆，潍坊港东距烟台港146海里，西距天津港155海里，北距营口港240海里，是济南、淄博等地最近的出海口，腹地广阔，有雄厚的产业支撑优势。

近年来，潍坊滨海抢抓山东港口整合机遇，积极打造区域性枢纽港、集装箱战略港，主动融入山东省港口发展格局，加速港口一体化和港产城融合发展。一是打响“港口牌”。紧抓5万吨级航道、疏港高速、疏港铁路、LNG码头、小清河复航等建设项目，拓展“海-河-陆-空-铁”多式联运，打造现代商贸港、能源港、枢纽港，加快迈向亿吨大港。二是做大做强临港产业。以海港经济区为核心，壮大临港加工制造、港口贸易、海港物流、金融服务等产业链条，带动产业聚集、城市发展，统筹提升港口、产业、城市竞争力。三是实施港产城融合。以潍坊港为龙头，加快推进中粮物流等重点项目建设和港口设施配套提升，进一步提高港区综合承载能力和产业集聚能力，加快物流、商流、人流、资金流、信息流等要

素集聚，做大物流产业，繁荣港城经济，建设现代海港城。

四、聚力科技创新，打造发展新引擎

在迈向高质量发展的征程上，科技创新驱动已成为潍坊滨海经济发展的新引擎。潍坊滨海根据企业实际需求，认真研究科技型企业成长规律，建立完善“科技型中小企业—高新技术企业—领军企业”梯次培育体系，全区科技型企业群体规模持续壮大。截至目前，潍坊滨海共计入库127家科技型中小企业，同比增长127%，科技型中小企业数量实现倍增。十年来，潍坊滨海高新技术企业数量增长2倍，研发平台数量增加5倍。2021年，潍坊滨海规上企业研发投入达15.6亿元，有研发活动企业占规模以上企业比例达48.3%，每万名就业人员中研发人员数约为783人。

坚持产教城一体，进一步擦亮国家职业教育创新发展试验区这一金字招牌，招引落地一流大学，提档升级大学园区。全力加快山东生态环境大学筹建，推动济南大学产教融合园区、潍坊学院等重点项目建成达效。目前，已有潍坊职业学院、山东化工职业学院、山东海事职业学院等30多所院校院所、培训机构入驻，12所院校招生运行，园区师生规模超过8万人。加快推进科创园建设，聚焦通用航空、智能制造、现代超算等，打造现代科创产业高地。用好国家海智计划工作基地、省级创业创新示范综合体、省级数字经济园区等战略平台，构建科研机构与园区产业一体化创新格局，努力打造全市科教创新的引领地。

五、聚力营商环境，跑出滨海新速度

实现高质量的蓬勃发展，离不开优良的营商环境。在打造营商环境方面，潍坊滨海以“优”无止境的气魄，在这条赛道上，创造了一次又一次记录，真正让“软”环境成为“硬”支撑。

潍坊滨海聚焦企业群众异地办事多地跑、多次跑、往返跑等痛点、难点、堵点问题，正式启动“跨省通办”工作，截至目前，共有140项政务服务事项纳入“跨省通办”清单、321项政务服务事项纳入“全省通办”清单，让群众办事不受地域和户籍限制，极大地方便了群众办事。

一是简政放权，向改革要动力。潍坊滨海持续深化“放管服”改革，大力推进“一次办好”，推行“一窗受理”“一网通办”“并联审批”“容缺审批”，形成一套减环节、压时限、降成本的机制。二是删繁就简，让企业少跑腿。潍坊滨海在行政审批办理上精简合并事项，取消8项审批服务事项和15项前置条件，优化设置8个合并事项，推行施工许可“五证合一”和市政管理类审批事项“多证合一”，审批时限进一步压缩。三是缩短时限，为企业发展赋力助能。全要素、全流程办理企业开办“营业执照办理、公章刻制、住房公积金登记、税务登记、社保、医保登记”多个环节，1小时内完成，创造了企业开办“滨海速度”。

潍坊滨海将锚定“走在前列、全面开创”“三个走在前列”的总遵循、总定位、总航标，紧盯“一二三”目标不放松，围绕“一二三四五”工作思路不动摇，拿出排头兵的气魄、主战场的担当，进一步打响“产业、港口、职教、生态”四张特色牌，高质量高速度推动潍坊滨海由大到强战略跨越，全力当好潍坊向海发展排头兵、海洋经济主战场、万亿级潍坊新的增长极。

砥砺前行迎巨变　开放发展谱新篇

（潍坊经济开发区）

潍坊经济开发区是经国家发改委审核确认的省级经济开发区，是国务院批复的唯一一个国家农业开放发展综合试验区的核心区，也是全省首家成功创建综合类国家生态工业示范园区的省级开发区。潍坊经济开发区管辖面积49.88平方公里，常住人口13.4万人，位于潍坊中心市区北部，融合潍坊市中央商务区、高铁新城片区、深圳（潍坊）科技园三区叠加优势，综合实力在全省160家开发区中排名第46位。

一、十年来，潍坊经济开发区奋勇争先、加快发展，综合实力显著提升

近年来，潍坊经济开发区发挥先行先试政策优势，深化系统改革激活力，培育新兴产业强实体，促进创新开放增动能，各项主要经济指标均呈现倍数级的增长态势，经济总量从2012年的30亿元发展到2021年改革后的200多亿元。一是项目建设成效显著。先后引进潍坊光电显示新材料产业园、新松（潍坊）智慧园等重点项目309个、高端技术人才（团队）266个；马石油润滑油中国总部迁至经济开发区，成为全市引进的首家世界500强企业总部。目前，潍坊总部基地已吸引900余家企业入驻，年税收达2亿元，一个个重大项目，为经济开发区的发展增添了“底气”。二是创新能力持续增强。科技企业孵化器获批国家级孵化器，高新产业园获批省级创业孵化基地，大学生创业孵化中心获批市级孵化中心，累计入驻孵化企业150余家。新建院士工作站、市级以上产业创新平台20家、78家，单项冠军、瞪羚企业发展到10家，高新技术企业增加到96家，康华生物被认定为“中国驰名商标”，恒联集团获国家科学技术进步二等奖，街景科技获“省长杯”工业设计大赛金奖。三是金融支撑作用凸显。先后争取期限长、利息低的政府专项债券资金46.8亿元，为大投入大发展奠定了坚实基础，贷款增速、存贷比多年领跑全市，不良贷款率降到全市最低。

二、十年来，潍坊经济开发区开拓创新、内育外引，对外开放再上新台阶

始终坚持以招商引资为核心内容的对外开放发展之路，将引进资金、引进项目、引进技术、引进人才作为“生命线”。一是外资结构更加优化。近十年来，规模以上固定资产投入中，外资利用率始终保持在60%以上，外资项目从以引进农业高端科技项目为主（特别是从西德引进的滴灌技术、从日本引进的酵素菌技术）到以引进先进制造业为主。二是外资规模持续扩大。近年来，我区新引进马石油润滑油、派克汉尼汾、麦德龙、中通快递等外资企业10余家，外资实际到账从2012年的1000余万美元到2021年的7000多万美元，中通快递集团（山东）智能产业园入选国家级重点外资项目。三是外贸持续提质升级。全区具有外贸经营资质的企业500余家，有实际进出口额的企业近400家，成功获批山东省进口贸易促进创新区，年对外贸易进出口总额从不足10亿元发展到现在的近60亿元；跨境电商产业园正式开园，跨境电商产业实现“从无到有”、发展壮大，2021年对外贸增长的贡献率达到69%。

三、十年来，潍坊经济开发区深化改革、锐意进取，发展活力充分释放

坚持以改革推动全局，以开放促进发展。在全省率先推行“一窗受理、各局通办”和国地税联合办税新模式，制定出台政府部门权力清单和服务清单，赢得群众点赞。一是创新发展模式。先后承接省级以上试点20余个，其中国家级试点10多个，农村宅基地制度改革、国家现代农业产业园长效发展模式等一批创新举措走在了全国、全省前列。二是不断创新投融资机制。20余家企业成功挂牌，文华高端教育园区入选国家首批PPP项目库，实现融资7.2亿元。加快推进“管委会＋公司”运营模式，城投公司、北辰高新投资公司实现市场化运作。三是优化企业服务。把服务企业发展作为优化营商环境的最强力抓手，选派500多名服务专员深入近千家企业开展包联服务，累计帮助解决问题3000余件。在城乡环卫、机关保卫、安全监管、档案管理等方面试行政府购买服务，服务更加灵活高效。

四、十年来，潍坊经济开发区大力发展乡村振兴，取得了丰硕成果

全国唯一获国务院批复的农业开放发展综合试验区——潍坊国家农业开放发展综合试验区核心区落户经济开发区。一是“3＋9＋N”产业布局基本形

成。总投资40亿元的中国潍坊畜禽产品交易城、投资10亿元的食品谷总部基地和总投资5亿元的中百大厨房运营情况良好，国际博览园、海水稻一二三产业融合发展示范区、国际食品产业园、国际种业研发集聚区等一批重点项目加快建设，“潍坊农业看寒亭”逐步叫响。二是农业基础进一步夯实，固堤西瓜、潍县萝卜跻身全国首批50个特色产业集群扶持范围，“三品一标”农产品达到61个。

五、十年来，潍坊经济开发区城市品质持续提升

一是交通枢纽地位逐步凸显潍坊北站建成投用，济青高铁、潍莱高铁开通运营，9条下穿青银高速道路顺利通车，城市框架进一步拉开，发展格局发生根本性变化。二是片区开发成效明显。以壮士断腕的决心，完成恒天海龙、恒联浆纸、亚星化学、柏立化学四大企业关停搬迁，潍坊中央商务区落户我区，完成拆迁5090亩，成功获批65亿元国家开发银行城市更新贷款，总投资83亿元的市政基础设施全面启动。高铁新片区，总投资75亿元的PPP项目扎实推进，7条道路建成通车，公交场站、长途客运站加快建设，全市唯一教育现代化综合创新示范学校——北辰中学今年9月份建成招生。三是城市配套日趋完善。谷德茂商业综合体、北辰医院等进展顺利，各类公园、游园达到100多处，城市管理更加精细，顺利通过国家卫生城市、全国文明城市复审。

十年发展谱华章　砥砺奋进再前行

（邹城经济开发区）

邹城经济开发区位于邹城市西部，始建于1992年，是山东省首批省级经济开发区之一。2020年3月，与邹城工业园区进行改革合并，揭牌成立新的邹城经济开发区。规划面积95.41平方公里，下辖化工产业园、高端装备制造产业园和新能源新材料产业园三个区中园，重点发展高端化工、新能源新材料、生物医药、高端装备制造、机器人五大主导产业。

十年来，开发区围绕深化改革和创新发展主旋律，围绕打造千亿级园区和创建国家级经济开发区的“两级”目标，攻坚克难，砥砺前进，经济社会发展稳中有进、稳中提质、稳中向好，各项重点工作取得全面突破、全面进步。经过不懈努力，开发区各项经济数据成倍增速。地方财政收入由2012年的89536万元增至2021年的365432万元，增长4.08倍，年均增长16.91%；规模以上工业企业总产值由2012年的35.1亿元增至2021年的692.14亿元，增长19.7倍，年均增长39.26%；固定资产投资由2012年的73.56亿元增至2021年的167.47亿元，年均增长9.57%；外贸进出口总额由2012年的8342万美元增至2021年的98626万美元，年均增长31.58%；规模以上工业企业个数由2012年的58个增长到2021年的145个。在2019年、2020年、2021年全省开发区综合发展水平评价考核中，连续三年排名进入山东省前20%，发展水平在全省园区中稳居前列。

一、深化改革创新，增强发展内生动力

2020年3月，按照省、济宁市开发区体制机制改革有关要求，邹城经济开发区与邹城工业园区两个省级开发区整合成立新的邹城经济开发区，开启高质量发展新篇章。

一是推行“大部门、扁平化”管理。邹城经济开发区按照“精简、统一、效能”的原则，整合13个内设机构，设立组织部、综合部、安全环保部、经济发展部、投

资促进部、财政金融部、科技建设部等7个部门，派出市行政审批分局、市应急分局2个机构。二是理顺区镇关系。理顺开发区与属地四镇一街关系，明确由开发区管委会按照发展规划实际管辖五个镇街经济带，将社会治理、征地拆迁等36项社会事务管理职能移交至四镇一街承担，双方权责及共同发展目标清晰明确，共同形成推动经济社会发展的巨大合力。三是实行“管委会＋公司”模式。明确由山东正方控股集团有限公司作为开发区开发运营公司，将项目投融资、基础设施建设等8项职能转移交至正方集团。目前，已开发运营包括工业供汽工程、危化品停车场建设等10余个基础设施建设项目。四是组建专业招商公司。成立正商商务服务公司作为开发区专业招商公司，与投资促进部“双轨运行、互为补充”。正商公司根据自身优势，全面拓宽招商渠道，开展委托招商等招商新模式，提高招商精准率。先后承办了我市在上海、深圳、杭州等地举办的大型双招双引活动，拜访北京、青岛等地多家企业。五是实行全员聘任制。开发区核定人员控制数由改革前的150名压减到110名，采取市场化的管理模式，开发区原有人员“全体起立、竞争上岗”。我们拿出开发区管委会主任以外的全部职位进行选聘竞聘，打破身份限制，不拘一格选拔录用人才，打造了一支年轻化、专业化、知识化的高素质管理服务队伍。同时，研究制定了《邹城经济开发区绩效考核办法》，划分4个绩效薪酬档次，严格目标管理，切实发挥薪酬激励作用。

二、坚持系统观念，完善园区发展规划

根据企业分布、产业集聚情况，将园区实际管辖面积由改革前的201.64平方公里缩减到95.41平方公里，设立化工产业园、高端装备制造产业园、新能源新材料产业园三个区中园，培育壮大高端绿色化工、生物医药、新能源新材料、高端装备制造、机器人五大主导产业集群，形成错位发展的产业、空间布局。围绕加强前瞻性思考、全局性谋划、战略性布局、整体性推进，我们委托山东省城乡规划设计院专业团队，根据园区布局、建设优劣、产业链条、企业培育、基础设施等方面工作开展摸排梳理、总结研究，编制完成了《邹城经济开发区总体规划》，进一步细化“一区三园”建设思路，擘画了开发区一体发展蓝图。同时，不断健全完善开发区规划体系，先后编制完成了现代工业新城核心区控制性规划以及电力、热力等专项规划，明确以现代工业新城建设为核心，打造核心区6平方公里“生态创新城”，构建布局20公里的“创新走廊”，协同推进四镇一街经济

带一体化建设，为开发区长期发展预留足够空间。

三、坚持围绕“两化”，培育壮大主导产业

按照产业基础高级化、产业链现代化的发展方向，聚焦五大主导产业，精准发力，细化举措，按照邹城市产业链现代化建设“三年攻坚行动”，研究制定《12条产业链建设计划》，紧盯重点企业项目，逐条逐项制定发展目标、实现路径和工作计划，不断壮大产业集群。围绕入选济宁市第一批“攀登工程”的34家重点企业，制定《“一企一策”培育方案》，推动各企业逐渐由成长性企业向骨干企业转变、由骨干企业向领军企业升级，持续加大对园区“双20”企业、32家骨干企业的培育力度，全力锻造“3526”强企方阵。加强规模以下工业企业摸排，梳理建立“准四上”和“种子”企业库，强化动态监测，一对一制定培育计划，及时跟进、帮扶指导。

四、坚持量质并举，着力突破项目招引

把招商引资作为开发区“天字号工程”，狠抓产业链招商，制定《产业链招商实施方案》，绘制产业招商地图，建立重点动态项目库，定期邀请园区产业链重点企业召开专题招商座谈会，聚焦重点区域、围绕主导产业、瞄准目标企业，积极“走出去”“请进来”，2021年，先后赴北京、武汉、深圳等重点区域开展产业链招商活动160余次。启动驻外招商，设立北京、上海、深圳、青岛等招商联络处，安排专人轮驻，紧盯重点企业精准招商。在全面激发产业招商、以企招商、以商招商等传统招商活力的基础上，创新实施“云招商”，借助互联网和新媒体，开展线上招商，举办“云洽谈”活动，2022年以来先后开展“云招商”活动30余次。推进活动招商，组织举办经开区青年企业家峰会，参加第十九届中国国际铸造博览会、第十五届国际有色金属及特种铸造展览会、跨国公司领导人青岛峰会、2021济宁与日韩投资洽谈会等招商活动，大力宣传推介园区，吸纳优质客商。

五、坚持创新引领，激活产业发展动力

坚持把科技创新作为发展的核心要素，推进产业链、创新链、人才链三链融合，优化产业和企业创新布局，打造高水平创新园区。加强与山东省、济宁市产研院对接合作，推动组建开发区产研院，全面统领“四园四院”技术创新，为产业高端发展赋能。积极举办承接高校科技成果转化活动，上半年成功举办了曲阜

师范大学（邹城）技术成果对接座谈会，邀请山东大学等高校专家教授到天河科技、兖矿轻合金等企业对接技术需求，推进产学研深度融合。全方位培养、引进、用好人才，发挥北京、上海、杭州、深圳双招双引工作站作用，摸排邹城籍在外人才情况，绘制在外英才地图，深入实施"邹鲁英才"计划，落实"尊贤使能·人才兴邹"行动和青年创新创业人才培养等人才引育计划，逐步建立更有竞争力的人才制度体系。

六、坚持软硬兼施，持续优化营商环境

开发区充分发挥"管委会＋公司"模式优势，以完善基础配套为重点，以优质全程服务为抓手，着力打造市场化、法治化、专业化和开放型、服务型、效率型"三化三型"营商环境，不断增强园区核心竞争力。我们研究制定了开发区承载力提升三年行动计划，充分发挥正方集团职能，加快推进园区环境提升、道路提升工程，推动 PPP 综合管廊、化工园区电力迁改等工程深入实施，切实保障企业项目蒸汽、燃气、电力、污水处理等配套需求，促进园区基建一体化发展。创新实行"企业代办员＋网格化包保"服务机制，对开发区重点企业、重点项目实行全员包保，开展"一对一"全生命周期精准服务，及时帮助协调解决困难和问题，切实为企业项目的发展服好务、护好航。

十年逐梦 再启高质量发展新征程

（汶上经济开发区）

十年发展，精彩蝶变；十年振兴，振翅腾飞。十年，在经济发展的长河中只是弹指一挥间。但对一个不断跨越赶超、加速崛起的开发区而言，却显得格外沉甸。

2002年，汶上经济开发区成立，2003年升格为市级经济开发区，2006年经山东省政府批准为省级经济开发区。2020年初，深入贯彻山东省委、省政府关于推进开发区体制机制改革创新决策部署，同汶上化工园区（省级认定化工园区）完成整合，呈现出“1＋1＞2”的聚合效应和发展效果。自成立至今，一批批经开区人以敢教日月换新天的壮志豪情，以撸起袖子加油干的脚踏实地，一年接着一年干，一个项目接着一个项目拼抢，一件事情接着一件事情办，奋力开创了开发区改革创新开放发展跨越式的成就与变革。

2012年是“十二五”规划实施的关键之年，而2022年是党的二十大召开之年，也是“十四五”发展的重要一年。回望这十年来的发展历程，产业集群成效愈显，项目建设如火如荼，科技创新蔚成风气，改革开放阔步前行，营商环境加速蝶变，园区能级持续提升……十年来，汶上开发区上下砥砺奋进、勇毅前行，取得的每一次重大突破、每一个重大进步、每一项重大成就，都是推进新时代园区对外开放发展的火热实践，不停开创着经济高质量发展的新篇章。

一、经济发展引领新速度

（一）经济发展指标实现大幅增长

2021年，开发区实现规上工业总产值83.6亿元，实现营业收入101.19亿元，分别同比增长约110％、120％；完成固定资产投资87.38亿元，同比增长约125％；新风光电子于2021年4月13日成功登陆科创板，打破济宁市科创版上市企业零的突破。区内特色主导产业的引领和示范作用进一步增强，行业聚集效应明显加快，综合实力明显增强。

（二）自主创新能力取得重大突破

目前拥有国家级高新技术企业 43 家，院士工作站 2 家；市级以上科技研发平台 144 家，其中省级 36 家；拥有有效发明专利 135 件。培育国家级制造业单项冠军 1 家，省级 2 家，培育瞪羚企业 3 家；2021 年，新风光电子获国家科技进步二等奖、省长质量奖，金成技术获批山东省技术创新示范企业。

（三）园区对外影响力进一步扩大

十年里，汶上开发区交出了一份份亮眼的成绩单：2020 年 9 月，汶上开发区化工产业园成功创建第三批“中国智慧化工园区试点示范（创建）单位”；2021 年度，汶上开发区在全省开发区综合发展水平评价中排第 34 位；2022 年 1 月 29 日，汶上开发区化工产业园作为全国 31 家发展农药产能重点园区之一列入“十四五”全国农药产业发展规划。透过这一串串数据，可以看到汶上开发区砥砺奋进、蓬勃发展的成长轨迹。

二、产业发展跃上新高地

（一）聚焦济宁市“231”产业集群建设主攻方向

牢牢抓住推动先进制造业高质量发展这个关键，逐步建立起产业集群链长体系，加快龙头企业发展提质增效，强化上下游和协作关联配套企业引进，全面突破产业链高端环节、缺失环节项目，全力打造优良产业生态，聚力推动装备制造、纺织服装、高端化工三大主导产业集群特色化发展。

（二）装备制造业产业以集群化、高端化为发展目标

重点发展装备整机及轨道交通设备制造，逐步实现由配件加工向整机生产和精密制造转变，打造国内知名的高端装备制造基地。机械制造方面，全力抓好省“瞪羚企业”金成机械技改升级，加快推进瑞乐装备制造、齐驱汽车零部件产业园、大型冲压机床整机生产、液压马达生产制造等项目建设。轨道交通方面，全力推进海纬机车高铁动车组制动盘生产基地项目建设，进一步丰富了产品种类，打造高铁产业基地。新风光电子公司成功上市，启动了新风光电子轨道交通能量回收装置、变频器和 SVG 研发升级及扩产等项目建设。装备制造产业发展水平和企业核心竞争力得到了全面提升。

（三）纺织服装产业充分发挥“中国休闲服装制造名城”规模优势

纵向延伸产业链，横向拓展产业面，强化全国制造业“单项冠军”如意技术等龙头企业引领，加快了如意时尚科技产业园、耐克产业园、挺雅高档时装设

计、邦尔泰服装检品等延链拓面项目建设，引导纺织服装产业不断优化内循环链条，从产业链、供应链到销售链加快国内替代，形成产业链闭环，提升产业抵御风险能力。同时，走智能化、专业化、柔性化、贸工一体化的发展路子，逐步打造成为集加工生产、产品研发、创意设计、贸易营销为一体的现代化大型纺织服装生产基地。

（四）绿色化工产业已成为开发区经济的重要增长极

以现有中银电化、安迪新材料、星亚化工等企业为基础，初步形成了以中银电化为龙头的盐化工产业链。在产业发展路径上，围绕现有龙头企业和产业链末端价值提升，着力推进新型盐化工产业和化工新材料产业的发展。近五年来，引入了洲蓝环保、汉峰新材料、三信材料等20余个项目落地建设，重点培育了洲蓝环保、汉峰新材料、三信新材料等3个省优选项目，为化工产业的做大做强打下了良好的发展基础。

三、项目为王发展后劲足

（一）招商引资是高质量发展的“助推器”

汶上开发区始终将招商引资放在经济工作首位，锁定资源优势、围绕发展定位、精准绘制招商图谱，一手抓“铺天盖地”促量的增长，一手抓“顶天立地”促质的提升，不断做好补链文章、特色文章、智能文章，招引一批批大项目、新项目、好项目，促进三大主导产业由小到大、由弱变强，产业链条逐步完善。

（二）十年间，区域品牌的知名度和影响力形成并逐步扩大

威海迪尚、威海联桥、威海金猴、上海东方国际、江苏国泰、浙江华城集团、青岛绮丽集团等服装行业龙头企业或知名企业相继来汶投资，戎若服饰、新博威服饰、浙鑫服饰、佰川鞋业等企业拥有自主研发能力，如意技术、新花源纺织、凯蒙纺织企业的建设，进一步完善了从纺纱到色织布到布料整理这一细分链条，汶上县获得“中国休闲服装制造名城”荣誉称号，成为57个国家级纺织服装产业集群之一，“汶上制造”区域品牌的知名度和影响力形成并逐步扩大。

（三）十年间，装备制造产业规模进一步壮大

新风光电子成功上市，募集资金建设SVG研发升级、储能PCS产品研发及产业化等项目，海纬机车新建生产基地，高铁动车组制动盘成为复兴号唯一批量供应商，华力机电成为除尘行业领跑者，并投资新建西曼克重载机器人研发和生产基地，高端装备产业龙头引领作用日益凸显；李尔线束生产项目将带动

上下游企业来汶投资，为打造百亿级汽车零部件生产基地奠定了坚实基础；华尚电气、迪格重工、众达利电气、晋工重工、诚誉汽车精密配件、领秀车载氢气罐等项目顺利落地，促进装备制造产业规模进一步壮大。

（四）十年间，化工产业实现了快速膨胀

从2009年成立之初的中银电化1家企业，到目前投产和在建企业共50余家，汶华香兰素、信敏惠新材料、洲蓝环保、中科新材料、齐沣和润生物科技、德耐驰新能源等一批重大化工项目落地建设，绿色化工产业链条更加紧密，产业特色愈加鲜明。

（五）十年来，外资外贸连创新高，园区开放水平显著提升

这十年是汶上经济开发区对外开放跨越发展的十年，十年间，汶上经济开发区对外开放意识逐步增强，积极采取平台招商、委托招商等方式，挖掘对外开放资源，开展对外合作，外资外贸指标由最初的几乎空白，实现连年大幅增长。尤其是自2018年以来，实际使用外资连年保持40％以上增长，外贸进出口额保持30％以上增长，个别年度可实现倍增。

四、夯实承载激发新活力

（一）注重载体建设，不断增强服务效能

持续不断提升企业管理服务的效能和水平，推动企业快速成长、做大做强，是园区提升核心竞争力的关键。投资建设开发区综合服务中心，实施代办员制度，为项目审批前置工作提供专员代办，同时为企业提供人力资源、知识产权、品牌商标和对上争取政策资金等全方位服务。对辖区内所有企业实行扎口管理，统一对辖区内企业开展运行统计、现场管理、人才培训、对外交流、知识产权、企业投融资等管理服务，进一步提升企业管理服务的效能和水平。拓宽企业融资渠道，定期召开政银企协调合作会，帮助企业通过融资租赁、产业基金、挂牌上市等方式拓宽融资渠道。

（二）优化营商环境，不断完善承载功能

根据园区发展实际，进一步优化产业结构，拓展发展空间，全面推进“两区同建”，全方位推动高质量发展。开发区整体实现“九通一平”，区内设立大数据云平台、风险预警体系等数字化管理平台，对企业安全生产、环境监测等进行智慧化监管。坚持迈实市场化运作步伐，组建汶源集团、华瑞招商两大平台公司，探索建立更加灵活务实的市场化开发运营机制，积极推进产业新城、特色产业

园、科创服务平台等建设，同步配置多元化、高品质的居住、教育、医疗、交通等配套资源，着力推动基础设施、资源配置从“九通一平”上升到“新九通一平”，不断增强对要素资源的吸附力和对产业的承载力，全面提升开发区高质量发展水平和核心竞争力。

十年风雨路，扬帆正当时。不断前行的汶上经济开发区，在探索高质量发展的道路上，正以更宽广的全局视野和更长远的战略目光，奋楫扬帆，迈向新的征程。

统筹优势资源　扩大对外开放
打造全省领先的新时代经济园区

（兖州工业园区）

以改革开放的总设计师邓小平视察南方谈话为标志，上世纪 90 年代初，我国改革开放和现代化建设进入新阶段，沿海经济特区和内地经济开发区如雨后春笋般相继兴起。邓小平南方谈话公开发表后，山东省召开了对外开放会议，兖州市委、市政府认真贯彻会议精神并出台了《关于设立兖州经济技术开发区的决定》（兖发〔1992〕28 号），于 1992 年 9 月 29 日举行了开发区奠基仪式。2013 年，原兖州经济开发区与原兖州工业园区于合并成立兖州工业园区。历经三十年的发展，园区民营企业已发展到 2000 余家，是园区设立之初的近 23 倍，其中中国 500 强企业 2 家、规模以上企业 222 家（其中工业企业 100 家、服务业企业 100 家、建筑业企业 22 家）。落户世界 500 强企业及知名跨国公司 28 家。年均利用外资 1 亿美元以上，外贸进出口占济宁市三分之一以上。在省级开发区综合评价中排名由 2010 年第 12 位上升至 2016 年第 2 位，2020 年在全省 159 家国家级和省级经济开发区总排名中，兖州工业园区列 12 位。批准为全省开发区体制机制创新首批试点单位，荣获全国投资环境百强、国家循环经济标准化示范园区等，区域经济发展带动作用日益凸显。

一、坚持开放先行，外向型民营经济蓬勃发展

开发区因开放而生，民营经济因改革而兴。建区以来，我们依托优质民营企业，坚定不移推动开放型园区建设，大力倡导敢闯敢试、敢为人先的理念，引导民营企业舍得拿出优质资产、优势资源对外合作，勇于以大开放大招商促大发展。华勤集团和太阳纸业两家中国强 500 企业是园区民营企业两大巨头，华勤集团以超前胆略开“以股权换发展”之先河，先后与意大利倍耐力、德国大陆、比利时贝卡尔特等多家世界 500 强企业或跨国公司合作，在高性能轮胎、高端工程橡胶、高强力钢丝制品领域走在了世界前列。太阳纸业拿出最优势资源，与

世界500强企业、全球最大的林纸企业——美国国际纸业公司合作，无菌液态包装纸技术填补亚洲空白；在老挝投资建设了“林浆纸一体化”项目，成为济宁市第一家民营上市公司和全国最大的民营造纸企业。在抢先一步、快人一拍的开放合作理念的引领下，园区对外合作持续升温、硕果累累。新加坡丰益国际、巴西淡水河谷、日本伊藤忠、益海嘉里、美国爱科等世界500强和荷兰帕特公司、爱尔兰CRH公司、美国ASC公司、日本日清株式会社、加拿大麦格娜、河北华龙集团、联想弘毅投资等国内外知名企业接踵而至。高性能子午线轿车胎、高档白卡纸、液体包装纸、食品包装卡纸、商业文化综合体等一批投资过亿元项目陆续建设。2018年，我们引入世界最高水平工业4.0智能轮胎生产技术，打造世界水平的橡胶轮胎研发中心和试车场；中欧（济宁）国际合作产业园启动建设，中小企业双向投资服务平台上线运营，对外合作再掀新高潮。

二、聚合要素资源，优势产业日益壮大

产业是园区发展的命脉，也是壮大民营经济的载体。我们坚持高端高质高效的发展方向，一企一策扶持优质企业，因地制宜培育优势产业，逐步形成了橡胶制品、纸制品两大支柱产业和装备制造、食品加工两个主导产业，以及精细化工、电子信息等N个优势产业并驾齐驱的“2＋2＋N”产业格局。相继建成了国内领先的文化用纸生产基地、橡胶轮胎生产基地、粮油加工基地、农机研发生产基地、汽车零部件生产基地和全球最大的AKD造纸助剂研发生产基地等，农机产业被列为全国产业集群区域品牌建设试点，食品产业被列为省级产业集群，化学助剂产业园被认定为省级专业化工园区，园区产业呈现出规模化扩张、集群化发展强劲态势。我们坚持“创新是第一动力，人才是第一资源”。骨干企业大力实施产学研合作，先后建成工程技术研究中心、博士后科研工作站、博士后创新实践基地、科技孵化等各类创新创业平台71家，其中国家级平台4家、省级以上公共服务平台7家、省级以上科技研发平台60家，创新创业支撑体系日益完善。企业自主创新亮点频出，蒂德“高速桥式龙门五轴联动加工中心”荣获行业最高奖项“春燕奖”，引领了国内数控机床行业转型发展；百盛生物成为全国最大的葡萄糖酸钠生产研发基地；迪一电子成为全国最大的桥式整流器生产研发基地等；2019年太阳纸业被评为全国造纸标准化先进企业、中国轻工业百强企业、荣获国家科技进步一等奖；天意机械被评为国家制造业单项冠军企业。我们致力打造产才融合创新平台，先后引进两院院士、国家千人计划专家、省泰

山学者、省泰山领军人才等各类人才1200余人，以产业吸引人才、以人才推动产业的氛围日益浓厚。

三、优化营商环境，复合型承载功能不断提升

环境是民营企业持续发展壮大的基础条件。我们瞄准“充满竞争力的优良环境和充满亲和力的优质服务”这个目标，倾力打造吸引投资、承载项目的金字招牌。坚持“筑巢引凤、平台先行”，建区以来累计投资260多亿元，实施了水、电、气、暖、路和绿化、亮化等一大批基础设施工程，形成了“九纵十横”主干路网，建有多处供水水源、污水处理厂、变电站、天然气门站等，网通、移动、有线电视、宽带等弱电设施实现了全覆盖。园区与兖州主城区互通互融，共享教育、医疗、商业等公共服务设施，构筑起优质公共服务圈。我们坚持实行“保姆式、店小二式”服务，园区干部分组研究产业、联系企业、包保项目，投资服务中心专注于服务企业、服务项目，“联办审批”和“代办帮办”服务流程不断优化，园区成为名副其实的民营经济服务高地。园区先后出台了《招商引资工作意见》等一系列含金量高、操作性强的优惠政策，园区财政列支专项资金对做出突出贡献的企业给予奖励，激发了民营企业加快发展的斗志。园区紧盯国家和省、市政策导向，精心策划包装项目，让更多的项目纳入上级计划，积极争取政策性资金扶持。深化政企合作对接，用足用好各类产业发展基金，拓宽企业融资渠道。积极组织与境外商会、协会、园区合作对接活动，围绕中小企业技术、产品、项目需求，推进对外项目合作，引进海外技术和创投资本资源。加快推进以企业为主体的科技创新体系建设进程，提升民营企业核心竞争力。

四、持续深化改革，全力创建国家级园区

兖州工业园区于2011年启动国家级开发区申报工作，2013年1月16日，姜大明省长签发了《关于申请将兖州工业园区升级为国家级经济技术开发区的请示》(鲁政呈〔2013〕2号)，当月21日以省政府名义报送国务院，随后国务院批转至商务部待批。国务院批转至商务部后，市、区两级领导一直高度关注，多次出面协调推进，全力争取。2013年4月，原兖州经济开发区与原兖州工业园区合并成立新的兖州工业园区，合并后的兖州工业园区下辖新兖镇和大安镇两个大型乡镇，以创建国家级园区为动力，在努力推进园区经济发展的同时，保持与上级商务部门密切联系，随时掌握最新动态，对照商务部下发的国家级开发区

最新考核评价指标体系，逐项对比分析，补短板促提升，不断夯实创建基础。2018年，园区内的企业达到2000家；2019年，园区实现工业主营业务收入1105亿元、进出口165亿元、公共预算收入21.48亿元，分别占兖州区的92%、95%和46.2%，占济宁市的16.6%、35.7%和5.3%。被济宁市委、市政府授予"先进开发区"荣誉称号，园区综合评价位居全省省级开发区第2位。2020年3月，为贯彻落实《中共山东省委关于推动开发区体制机制改革 创新促进高质量发展的意见》（鲁发〔2019〕14号）园区进行了体制机制改革，改革后的园区不再下辖乡镇，实行"党工委（管委会）＋公司"管理运营模式，突出园区管委会协调和服务功能，承担落实发展规划、推动政策落地、强化"双招双引"、推进项目建设、协调服务企业、促进产业发展等职能；剥离管委会开发运营职能，成立专业运营公司——山东惠园工投产业发展有限公司，承担园区投资开发、运营管理、产业培育、专业化服务等市场化服务职能；成立招商促进公司——山东惠园工投招商服务有限公司，实行招商促进公司化、市场化运行，深层次进行体制机制创新，全面打造对外开放新高地。

站在新起点，迈向新征程，兖州工业园区将继续坚持"工业立区、民营强区、开放兴区"战略，树牢对外开放意识，以开放促改革、以开放促转型、以开放促发展，努力描绘高质量发展的壮丽画卷。

南海新区商务发展这十年

（威海南海新区）

威海南海新区位于山东半岛最东端，与韩国、日本隔海相望，是山东环渤海经济圈中心区域，也是山东半岛蓝色经济区重点建设的海洋经济新区之一。核心起步区160平方公里，东部依托南海新港，建设临港产业区；西部依托生态资源，建设旅游度假区；中部两河环抱，建设综合商务区，着力建设富有特色的现代化、生态化、国际化滨海新城。

一、战略加持，新区乘势腾飞

自南海新区成立以来，备受国家和威海关注。战略政策叠加，城市承载力提升，跨国合作频繁。2011年1月4日，国务院正式批复《山东半岛蓝色经济区发展规划》，蓝色经济区建设上升为国家战略，为威海南海新区未来发展提供了前所未有的机遇。2012年4月9日，威海市第十四次党代会明确指出要举全市之力加快威海南海新区建设。2013年11月21日，威海成功入选全国首批“中欧城镇化伙伴关系合作城市”，与比利时根特市签约建立合作伙伴关系，威海南海新区成为中欧城镇化合作重点区域。2015年2月4日，国家发改委正式公布《国家新型城镇化综合试点方案》，威海南海新区作为威海城镇化建设重点区域，打造综合试点城市中的“发展样本”。2015年6月，中韩自贸协定在韩国首尔正式签署，为威海南海新区提供了与韩加强交流合作的窗口。2018年7月13日国务院常务会议决定推动跨境电商在更大范围发展，威海南海新区依托中韩跨境产业园打造跨境电商进口集散地。

三大国家战略、各项利好政策加持，如今南海新区已然成为海洋经济体制机制综合改革发展示范区、中韩自贸区地方经济合作示范区、跨境电商综合试验区，亦是威海市副中心城区、举全市之力打造的重点区域。

二、抢抓机遇，深化体制改革

2013年5月，文登市南海新区管理委员会经济合作局改建为威海南海新区管理委员会投资促进局，负责制定对外开放和招商引资政策，开展各种招商引资活动。2013 年，参加广东省潮州商会年会，推介南海新区；2014 年 3 月 22～27 日，赴广州参加“山东文登重点项目推介会”，5 月 16～18 日，参加重庆“渝洽会”，5 月 23～26 日，参加“西洽会”，重点推介南海新区发展现状、区位优势、投资优势等；2016 年多次赴韩国开展招商活动，就建立长期战略合作关系等事项进行交流探讨。

2016 年 3 月，投资促进局更名商务局。2020 年组建了以投资促进中心为主体的专业招商服务体系，实现双招双引、项目服务全链条一体化运营。2021 年 5 月份，区管委新设投资促进中心办公室，实现了投促中心的实体化运行。10 月份，区管委又以整合招商资源、提升招商效能为目标指向，将原有的 8 个专业招商部门合并为 4 个，分别负责智能制造与新能源产业、新一代信息技术产业、新材料与精细化工产业、海洋生物医药与健康产业的招商引资工作，形成了“1(投促办)＋4(专业招商局)＋2(挂牌招商局)”的新招商引资体系。

三、项目为王，助力产业发展

突出抓好招商引资重点项目，多渠道捕捉招商信息，确定新材料、先进装备制造等产业作为重点主攻的新兴产业，投资领域从制造业扩展到基础工业和第三产业。

2017 年，全年新引进永固建筑科技、润辉生物科技等 10 多个项目，汽车及零部件产业园与北汽集团合作，共同成立新能源汽车零部件产业基金。石墨烯产业园与世界 500 强及行业顶尖企业签订多项合作协议。

2018 年，引进融创国际生态健康城、奥特莱斯购物小镇、华港智能科技、南海新能源材料等 35 个项目。完成签署海洋生物医药成果产业化基地项目战略合作协议。获批国家火炬威海南海新区海洋油气装备特色产业基地。

2019 年，积极融入“一带一路”建设，持续优化营商环境，全区开放工作稳步发展。当年引进重大项目 35 个，其中，新开工 21 个项目，一半以上实现当年落地、当年投产。电子信息产业园一期 34 万平方米厂房投入使用，并一次性落地高端消费类电子产业上下游企业 26 家。韩国万思特机械项目从注册到投产仅用 90 天，实际到位资金 1500 万美元，当年完成工业产值达 7000 万元。

2020 年，坚持项目为王、企业为王、产业为王，开展专业招商、精准招商，以招商引资和项目建设新成效推动高质量发展，完成招商引资项目 33 个，引进资金合计14.7亿元。由威海南海新区、昆仑新能源有限公司、韩国SK集团三方合作，投资百亿元的LNG接收站和燃气热电联产项目完成签约。省级重点项目恒嘉辉半导体产业园开工建设，电子信息产业园、中石油等百亿项目如期推进。

2021年，围绕主导产业开展招商引资活动，重点引进先进制造业，突出专业招商部门的骨干作用，激发精准招商攻势。共举行项目集中签约项目仪式两次，签约项目共计30个，项目总投资100余亿元，项目涉及高端装备制造、新一代信息技术、海洋生物医药、智能装备制造、碳材料(石墨烯)等产业领域。其中天立学校、中硼科技、赛尔新能源等内资项目总投资过亿元。批准外资项目11个，重点包括纽莱新能源和新清阳新能源工程项目等重点项目，实际利用外资15842万美元。

四、精准研判，综评名列前茅

自2019年山东省再次启动开发区综合发展水平评价工作以来，南海经济开发区给予高度重视，扎实抓好各项工作。成立以工委副书记亲自挂帅、分管副主任、各责任部门主要负责人参加的领导小组，组织各相关部门召开开发区综评专题研讨会，对4个一级指标、8个二级指标进行分析研判，特别是对各项指标内涵外延，切实做到精准把握，将考核指标任务分解落实到各相关部门，指导各部门详细做好数据分析，把各项工作做细做实，牢牢打好开发区综合评价工作的基础。每月调度综评各项指标，组织相关部门开会研究，特别是对短板弱势指标认真分析出现问题的原因，制定切实可行的工作措施，逐步予以完善提高。制定切实可行的工作规划，有针对性地发展好各项产业，特别是谋划发展好以新一代信息技术与智能制造、新能源新材料、医药康养为主要内容的前三主导产业，重点突破人才容纳量高、知识产权密集的高技术类产业。通过项目落地投产、企业膨胀发展、扩大对外开放等方式，实现实实在在的发展，为综评各项数据提供坚强支撑。着力抓好持续性发展，防止综评指标忽上忽下、大起大落，2019年至2021年开发区综评考核成绩稳定在前20%。

2022年，南海新区将紧紧抓住招商引资和项目建设攻坚这条工作主线，建立以专业招商部门为骨干、以区内国有企业为补充、所有区直部门参加的全员招商体制，展开精准招商新攻势，强力推进招商引资工作，切实在新一轮经济发展竞争中抢抓机遇、乘势而上，加快跨越发展、实现进位赶超。

真抓实干结硕果　奋勇前行谱新篇

（临沂河东经济开发区）

党的十八大以来，河东经济开发区始终坚持以习近平新时代中国特色社会主义思想为指导，坚决贯彻党中央、国务院决策部署，严格落实省、市、区工作要求，科学把握新发展阶段，坚定贯彻新发展理念，主动融入新发展格局，突出抓好商贸流通、电子商务、对外贸易、外资利用、对外投资等五项重点工作，真抓实干、奋勇前行，全力推动河东经济开发区高质量发展打开新局面、迈上新台阶。

一、商贸流通开创新局面

消费是最终需求，河东经济开发区积极响应国家扩大内需战略，积极促进消费，扩大需求，发挥消费对经济循环的牵引带动作用。

突出兴商聚市，以节庆大力刺激消费。依托“惠享山东消费年”“山东家电消费节”等活动，开展消费季消费券惠民活动，共计发放消费券230万元；支持线上线下各类企业利用春节、五一、“6·18”“双11”网购节等重要时点开展丰富多彩的促销活动。2021年，实现社会消费品零售总额128.3亿元，较2012年增长了2.1倍。其中限额以上贸易企业实现商品销售额125.6亿元，较2012年增长了2.5倍。聚焦本地特色，打造商文旅结合消费新高地。近年来，河东经济开发区统筹开展多领域、多层次、多元化促消费活动，持续释放消费潜力，成功举办“山东省步行街联盟”临沂分会场活动、临沂第四届“美食文化节”活动，形成了一些特色街区、网红打卡地，更好地满足了广大消费者对品质消费的需求。

二、电子商务取得新成果

目前，网络购物成为居民消费不可或缺的渠道。积极发展企业电商平台。十年来，河东经济开发区累计发展线上店铺1600余家，电商企业100余家，打造电商（直播）园区2处，培育发展各类电商平台10余家，涉及五金、制冷设备、果蔬、装饰画、家政服务等多种业态。2017～2020年，网络零售额年均增长30％以上；2021 年实现网络零售额 35.6 亿元，同比增长 32.6%。大力发展直播经济。打造佳画电商装饰画直播基地、创市电商五金直播基地 2 处，主动对接抖音、快手等直播平台，举办河东招商会，组织企业赴浙江大学、暨南大学等开展专题培训班，为企业发展赋能。着力推广电商新模式。总结推广“先每模式”“佳画模式”等发展新模式，为传统电商企业转型升级提供可借鉴、可复制、可推广的样板。其中，佳画模式被省厅采纳，在全省予以推广，作为全市唯一一家申报国家级电子商务示范企业，目前已通过省厅专家组验收上报商务部。

三、外贸发展达到新高度

河东经济开发区积极应对复杂多变的国际形势和疫情影响，持续实施市场多元化战略，大力开拓新兴市场，巩固提升传统市场，进出口总额持续增长。2021 年，开发区进出口总额达到 70.3 亿元，较 2012 年增长了 2.8 倍，10 年来年均增长 19.7%。出口结构不断优化。2021 年机电和高新技术产品等高附加值产品出口额取得新突破，出口占比较 2012 年提高了 2 倍，达到 45%。市场多元化趋势加强。从单一的美日韩市场扩展到东盟、“一带一路”沿线国家，外贸的经营主体增长了 3.7 倍，贸易伙伴由 2012 年的 87 个增长到 159 个，“朋友圈”不断扩大。外贸新业态拉动明显。2020 年以来大力招引培育市场采购类外贸主体，2021 年市场采购类外贸主体突破 20 家，市场采购出口贸易已成为出口主要增量，2021 年累计完成出口 62.5 亿元，同比增长 207.8%。跨境电商实现新突破，2021 年跨境电商进出口总额突破 1.2 亿元，10 年增长了 46 倍，内外贸一体化程度稳步提升。外贸营商环境持续优化。推动区政府与临沂海关签署关地合作备忘录，从改革税收征管措施、支持发展跨境电商、加大海关 AEO 认证工作推广力度等 18 个方面持续优化外贸营商环境。2021 年临沂百优特工艺品有限公司被商务部认定为“2021～2022 年度国家文化出口重点企业和重点项目”。

四、外资利用迈上新台阶

十年来，河东经济开发区聚焦世界 500 强，行业龙头企业，不断创新招引方式，突出招引重点，采用线上线下相结合的方式，全力拓宽对外招商渠道。

实际到位外资实现新突破。2012～2021 年开发区新增外资项目 26 个，实际到位外资 3.2 亿美元；2021 年实际到位外资首次突破 1 亿美元，达到 1.19 亿美元，较 2020 年增长了 162.3 个百分点。精准服务水平不断提升。全面提升外商投资企业服务水平，“独角兽”企业美莱网落户开发区，外资带动能力明显增强；全流程靠前服务，积极推动外资企业申报省市重点项目。纳维亚项目、万德福冻干项目入选全市书记市长项目工程，万德福冻干项目成功申报省领导重点联系项目。外资项目招引取得新成果。山东永安日成特种装备、山东现大精密机械、临沂建投智能装备、山东长胜科技等一大批重点项目有力支撑了先进制造业基地建设；电子信息、高端商业、互联网销售等领域的外商投资项目持续聚集，引资新领域得到有力拓展。联合商务部门率先举办全市重点在谈项目视频连线活动河东专场，(中日)建投礼爱汤头文旅康养产业园项目在2021年青岛峰会成功签约；2021年服务业实际利用外资规模首次超过制造业。

五、对外投资实现新突破

支持企业开拓国际市场。积极融入“一带一路”建设，加快在沿线国家布局和集聚发展。2012～2021年河东经济开发区累计完成境外实际投资额3.2亿元；2021年对外实际完成投资额1.5亿元，同比增长428.5%。全力推动境外项目建设。奥德集团澳大利亚丹尼森气田项目2021年已实现投产运营，月产值约400万澳元，实现境外能源投资新突破；安哥拉奥德工业园项目总投资5000万美元，目前入园企业和在建项目10家以上；2021年安哥拉奥德工业园获评第三批省级境外经贸合作区。

使命重在担当，实干铸就辉煌。站在新的历史起点，我们将坚持以习近平新时代中国特色社会主义思想为指导，增强“四个意识”、坚定“四个自信”、拥护“两个确立”、做到“两个维护”，准确把握新发展阶段，深入贯彻新发展理念，加快构建新发展格局，牢牢把握经济发展主战场定位，全力推动重点项目开工建设，大力开展双招双引，全心全意服务企业，切实推动党中央和省、市、区各项重大决策部署和工作安排落到实处，努力打造经济发展新高地，以实际行动迎接党的二十大胜利召开。

高标引领 跨越赶超 临沂综保区走出高质量发展之路

（临沂综保区）

临沂综保区自2016年3月开展业务，到现在整整五年时间。这五年是打基础、搭建“四梁八柱”的五年，是攻坚克难、快速发展的五年。五年来，在市委、市政府的坚强领导下，围绕“争创全省一流综保区”发展目标，坚持“服务大局、开放创新、实干担当、争创一流”工作理念，坚持党建统领、目标引领，以上率下、艰苦创业，开拓创新、实干担当，主要经济指标实现超常规发展，服务全市开放型经济的能力不断增强。

一、坚持高标引领，走出了一条跨越赶超之路

按照“3～5年之内争创全省一流综保区”的目标，在“一张白纸”上，连续四年实行高标引领，取得了令人瞩目的成绩，绘出了一幅美丽的图画。2017年，制定实施了“5171”工作计划，超额完成了市委、市政府下达的“确保8亿美元，争取10亿美元”的进出口任务，当年实现进出口11.45亿美元、增长11倍，其中一线进出口4.2亿美元、增长19倍，在当年全国封关运行的56家综保区进出口排名（下同）中，从2016年倒数第3名跃升至第29名，被市委、市政府评为市直部门综合考核先进单位一等奖、“三引一促”工作先进单位一等奖。2018年，着力实施“倍增计划”，当年进出口、固定资产投资、税收分别达到19.37亿美元、5.85亿元、1.33亿元，同比分别增长109.8%、136.8%、732%；实现一线进出口5.5亿美元，增长38%，在全国65家综保区中位列第34名。2019年，实施“新倍增计划”，全年实现进出口额37.7亿美元、增长103.5%，其中一线进出口10.57亿美元、增长109.5%，在全国73家综保区中位居第34名，在全省9家海关特殊监管区域综合考核中跃升至第2名，获市委、市政府通报表扬。2020年，全力实施“1+365”工作计划，一线进出口完成15.2亿美元，增长43.8%；固定资产投资完成14.8亿元，增长37.8%；实际到位外资3425万美元，增长1.3倍；税收完成

1.98 亿元，增长 46.7%。在全国 97 家有海关统计数据的综保区中列第 36 位，被省委、省政府授予全省“攻坚克难奖”先进集体。临沂综保区的知名度、美誉度大幅提升，已经成为全市对外开放的一张靓丽名片。

二、着力打造功能平台，走出了一条拓展园区发展之路

功能平台是释放综保区特殊功能政策的主要载体，更是吸引产业项目落地的重要抓手。几年来，始终把功能平台建设作为园区工作的重中之重，持续用力、精心培育。一是外贸综合服务平台不断壮大。在成功招引培育山东新联纺等 3 家省级、康荣供应链等 4 家市级外综服务平台企业的基础上，2020 年又招商引进了上海均和集团、尚海汇智供应链等多家外综服务平台企业，累计服务中小外贸企业 600 余家。外贸主体加速集聚，去年新增外贸经营者备案企业 451 家，累计备案 2626 家；其中 2020 年新增进出口实绩企业 168 家，累计达到 676 家，占全市 19%，有 4 家企业实绩过亿美元、69 家过千万美元。二是进口肉类指定口岸平台优势显现。从 2017 年初开始向国家申报，到 2018 年 10 月建成、2019 年 4 月通过海关总署验收，我区进口肉类指定监管场地运营顺畅。去年招引了投资 4.3 亿元集仓储、分拨、精深加工于一体的进口冷链物流仓储分拨中心，1 亿元地方专项债券到位，初步形成了进口肉类通关、检验检疫、仓储分拨、精深加工完整的产业链条；相继引进了山东洪泽国际贸易、青岛新协航、山东诺德英等 20 多家知名进口肉类企业来区开展业务，成为全省唯一一家实际开展进口肉类业务的综保区。三是跨境电商综合服务平台建成运营。高标准搭建硬件设施，跨境电商监管中心、跨境电商公共保税仓投入使用；去年与全国最优的关服务平台——宁波国际物流集团合作搭建的跨境电商综合服务平台上线运行，已有菜鸟仓、广州朝鹿电商、大龙网等 19 家知名跨境电商企业入驻运营，跨境电商产业生态体系日益完善。四是供应链金融服务平台初见成效。招商引进了临沂钢铁国际、城发国际、永晟国际和综保国际供应链金融平台公司，去年注册 1 亿元设立的临沂综保供应链管理服务有限公司投入运营。五家供应链金融公司 2020 年共获得银行综合授信 15 亿元，为贸易企业提供金融服务 20 亿元，有效破解了国际贸易企业“融资难、融资贵”问题，为大宗物资进口业务提供了有力的资金支撑。五是进口商品展示展销平台正在积极打造。已与东方国际集团合作，打造“上海首发、临沂同步”的保税展示交易模式，构建具有临沂特色的进口商品展示交易、国际经贸交流合作载体；泰盛恒广场进口商品展示

展销中心近期投入运营。五大平台的成功搭建，成为综保区发展的“硬核”力量，为今后跨越发展提供了强劲支撑。

三、主攻实体项目招引，走出了一条产业集聚之路

项目是立区之本，综保区发展最终都要体现在项目上。全区牢固树立“项目为王”理念，大力实施“项目强区”战略，确保每年在实体项目招引上都有大的突破，不断加快产业集聚步伐。一是实体项目招引势头良好。连续四年举行项目集中签约奠基仪式，累计引进落地投资类项目 43 个，有 27 个项目已建成运营。其中，2017 年招引落地 4 个，完成投资 13.4 亿元；2018 年招引落地 4 个，完成投资 5.3 亿元；2019 年招引落地 10 个，完成投资 11.7 亿元；2020 年新签约 26 个、合同投资额达 125 亿元，新开工项目 18 个，完成投资 14.6 亿元。二是三大产业集聚效应初见成效。坚持“有所为有所不为”，集中招引培育三大主导产业。智能制造产业，在天一汽配产业园、山东金泉智能仪表制造等项目基础上，去年新引进了投资 3 亿元利用外资 1500 万美元的香港吉永液晶显示屏项目、投资 5 亿元的深圳巅峰储能电源等一批好项目；另外，建筑面积 9.3 万平方米的综科电子产业园、8 万平方米的浩政智能制造产业园建设进度较快，竣工运营后将有效承接产业集聚。新材料产业，重点加快了博士爱高分子超轻黏土、天际新材料、华通新材料、易达新材料产业园、山东公路新材料等项目推进步伐。生物医疗产业，去年重点推进了上海烈冰生物科技基因检测、英国 Aior 生物科技等项目落地。三是重大项目招引实现历史性突破。在市委、市政府领导亲自策划、强力推动下，经过半年多不懈努力，世界 500 强格力电器(临沂)智能制造生产基地顺利签约落户综保区，极大提高了综保区知名度与影响力，成为我市招商引资的成功范例。积极对接长三角，招引落地了占全国跨境电商 70％业务量的行业龙头——菜鸟网络科技在我区设立中心仓开展业务，将成为我省跨境电商 1210 通关量最大的基地。总投资 5.5 亿元、主要服务阿里集团的杭州网营物联临沂智能供应链运营中心正在加快建设。这些重大实体项目成功落地，为综保区加快发展奠定了坚实基础。

四、聚焦业态创新，走出了一条先行先试之路

将复制推广自贸区政策制度、推动业态创新作为拓展功能的重要途径，会同临沂海关深入开展政策研究，先行先试，多项工作走在全省前列。积极复制

推广自贸区功能政策，目前适用我区的46项自贸区海关监管创新制度，已完成复制推广42项，复制推广率为91.3%；去年重点复制推广了两步申报等5项政策。认真贯彻国发〔2019〕3号文精神，率先在全省出台了《市政府关于进一步加快临沂综保区高水平开放高质量发展的实施意见》。进口粮食保税加工在全省率先获得海关总署批复，香港冠博生物科技发展势头良好，去年新引进的三个进口粮食加工企业正在加快建设。全国首创“跨境电商＋直播电商”新模式，招引全国排名第二的直播机构——山东煎饼控股集团、快手好物联盟基地和营销中心入驻，被评为“中国跨境保税直播电商总部基地”；成功开通跨境电商1210、9610等业务，去年实现跨境电商进出口1.1亿美元。积极招引保税维修、保税研发新业态，北京森茂科技打（复）印机保税维修、深圳百斯特IT电子产品保税维修、上海烈冰生物科技基因检测保税研发项目均为全省首家，在我省业态创新考核中，我区跨境电商、保税维修、保税研发均走在前列。省内首批获国家税务总局等三部委批准开展企业增值税一般纳税人资格试点政策，344家试点企业业务发展由“以外为主”向“内外并举”转变。这一系列政策制度的复制推广和业态创新，是综保区发展的“内核芯片”，将极大提升综保区持续发展的核心竞争力。

五、持续优化营商环境，走出了一条高效快捷服务之路

投资便利化和贸易便利化是吸引国内外客商安家落户的磁石。几年来，围绕“一次办好”，对标国内最高水平，持续推进流程再造，不断优化营商环境。一是开辟出口退税快速通道。在税务部门大力支持下，重塑工作流程，退税方式由每月一次转为即报即审。2020年完成退税4.5亿元，比2016年增长21倍，占全市10.4%。二是创新通关等审批方式。在海关的大力支持下，先后推行24小时无节假日预约通关、无纸化通关、税款网上支付等便利化措施，进出口货物整体通关时间压缩40%以上，无纸化通关率达99%，出入境货物检验检疫平均时长缩短50%以上，国际贸易单一窗口覆盖率100%，受到企业好评。深化放管服改革，有序承接省市县权力清单179项，实施“一窗受理、一表填报、全程网办”，证照审批时限由3天缩短至半个工作日，审批效率全市领先。创新实行商务秘书公司管理办法，努力加强事中、事后监管。三是强化安商服务。建立“管家＋店小二”服务模式，实行“一家企业、一个专班、一条龙服务”机制，两委领导当“管家”，有关办局为企业跑腿代办当“店小二”。开展重点项目攻坚打擂活动，

推动项目比着干、赛着建。防疫期间出台帮助中小企业纾困解难10条措施，为企业减免资金近100万元。去年新增高新技术企业3家，累计达到5家。获得国家贸促会颁发的原产地签证数字证书，成为全国综保区内首家获批的原产地签证点。认真做好土地收供业务，去年出让土地10宗，面积822亩，有力保障了项目落地。坚持守住底线，认真做好冷链、非冷链等防疫工作，扎实排查建筑领域、粉尘、消防等安全隐患。四是完善基础设施配套。“十三五”期间，相继建设完成进口肉类指定监管场地、跨境电商监管中心、进口商品分拨中心、综保港湾职工公寓、标准厂房三期等项目，累计完成投资7.5亿元，建筑面积达到16万平方米，全面提升了园区承载能力。去年二期围网的基础监管设施顺利通过国家验收，东方跨境电商产业园竣工使用。与青岛港合作建设的临沂国际集装箱中转中心已经建成，铁路物流园建设前期工作顺利推进，运营后可大幅降低物流运输成本。启动配套区一期拆迁工作，在河东区朝阳街道积极推动下，拆迁房屋247户，清理大田地1741亩，为后续项目落地腾出了空间。

六、坚持党建统领，走出了一条科学考核管理之路

几年来，把坚持和加强党的建设作为首要政治任务，抓党建、带队伍、强作风，同时用科学有效的目标管理考核制度做保障，党建统领与目标管理考核有机结合，持续创新园区工作机制，趟出了园区科学管理新路。一是党建统领强动力。开展“两学一做”学习教育常态化制度化、“不忘初心、牢记使命”等系列主题教育活动；坚持每周五集中学习、每月第一个周六党工委中心组理论学习制度，2020年开展集体学习27次、中心组学习12次、“领导干部上讲台”活动3次，连续四年获评市直党建先进单位。扎实开展“加强农村基层党组织建设”帮扶工作。“第一书记”驻梅家埠街道张贺北村累计落实帮扶资金600万元，修路架桥通水通气，办成了一大批民生实事，被市委、市政府评为先进单位。组织年轻干部外出挂职学习锻炼，先后提拔处级干部6人、科级干部26人、七级以上职员10人，一批干部在综保区得到锻炼、成长和进步。严格落实党风廉政建设主体责任和监督责任，去年党纪处分1人。加强意识形态工作，政务信息连续四年位居市直部门前15名，成功创建市级文明单位。二是目标考核增压力。科学分解任务，按照“全力奋跳摘桃子”的原则设置工作目标，将年度目标任务层层分解，按照两委成员高于部门负责人、部门负责人高于一般职工的标准，量化到每名干部职工，形成了“千斤重担众人挑、人人肩上有指标”的压力传导机制。严

格过程管理，建立重点工作周调度、月通报制度，每月调度并公布目标完成情况，安排分解下个月目标任务，挂图作战、严督实查。强化结果运用，提高目标量化考核比重，将目标管理考核结果作为评先树优、干部提拔、兑现绩效工资的主要依据，以实绩论英雄。三是体制改革激活力。在全省首批开展开发区体制机制改革试点，将原来的10个工作机构压缩为6个，实现了职能整合、高效运转；实行全员岗位聘用制，采取按绩分配薪酬办法，对聘为职员的原行政事业人员，落实档案职务与竞聘岗位、档案工资与实际薪酬、人事档案管理与合同聘用管理"三分离"，并坚持"以事择人、人岗相适"原则，打破人员身份限制，从三个层面完成了部门正职及以下职员竞争上岗，完成了职员等级晋升和套转工作，职员等级改革率先在全市开发区破题。

五年发展，成之维艰。我们坚信，有市委、市政府的坚强领导，有各部门单位的鼎力支持，有全区上下的共同努力，下一个五年，我们继续发扬"为民服务孺子牛、创新发展拓荒牛、艰苦奋斗老黄牛"的精神，一定能够再造一个激情创业的火红年代，书写综保区新时代高水平开放高质量发展的壮丽篇章。

匈牙利中欧商贸物流合作园区发展成长的十年

（匈牙利中欧商贸物流合作园区）

位于匈牙利首都布达佩斯的中欧商贸物流合作园区（以下简称“中欧合作园”），是中国在欧洲地区建设的首个商贸物流型境外经贸合作区，也是唯一的国家级商贸物流型境外经济贸易合作区。自2012年成立以来，合作园区经过十年发展，已成为一个集商贸展示与交易、物流运输与仓储、产业投资与合作功能于一体的中欧企业双向互动平台。

十年发展，十年耕耘，拼搏记忆中有着一个个平凡的故事。

2011年6月，第一届中国-中东欧国家经贸论坛在匈牙利举办。中方表示愿意与中东欧各国一道，推动经贸合作向更大规模、更宽领域、更高水平发展。这与匈牙利政府当时提出的“向东开放”政策不谋而合。

中欧合作园首席执行官吴江回忆：“从那时起，我们看到了中国和中东欧国家合作的前景，萌萌感觉一个新的发展机遇，产生出创建‘中欧合作园’项目的想法”。吴江不仅见证了园区的发展，也见证了中国与中东欧国家合作提质升级的过程。从那时起，中欧合作园甩开膀子，一步一个脚印地走来！

十年间，中欧合作园以“一区多园”，完成投资13511.95万美元，建筑面积14万平方米。建有承载交易、展示功能的“中国商品交易展示中心”，以海外仓和海外分拨业务的“匈牙利切配尔港物流园”“德国不莱梅港物流园”。园区入驻企业176家，完成贸易额33.1亿美元，跨境电商公共海外仓报关服务企业协作报关入仓额110亿美元，带动和拉动国内企业直接出口和间接出口达57亿美元，解决当地就业1502人，其中外籍人员1411人，上缴当地税金1340万美元。十年间，在中国国家商务部各有关部门的精心指导下，中欧合作园发展成长为首个国家商贸物流型“境外经济贸易合作区”、首批国家级国际营销服务公共平台”。园区沿着“一带一路”，搭建起中东欧发展合作的桥梁。

十年间，中欧合作园区与国内山东、浙江、江西、山西、广州、深圳、宁波等省市开展合作，连续七年承办由中国商务部主办的“中国品牌商品（中东欧）展”、山东省商务厅中国(山东)品牌产品中东欧暨山东文化贸易展等展会，成功举办各类推广推介会、产品发布会、展洽会百余次，国内参展企业累计1500余家，与会采购洽谈的中东欧采购商20000余家。建立起省级名优商品常年展示厅7个，品牌体验中心、旗舰店15个，引导和带动中国企业开拓了欧洲市场，扩大了中欧贸易，提升了中国企业和中国制造产品在欧洲市场的品牌知名度和影响力。

格力电器匈牙利总代理蔡彬对展会深有感触:“在疫情之前，园区每年都会举行一次中国品牌的中东欧展。从东欧其他国家会来很多商家，当地的一些民众也会来参加这个展，所以那是我们客商每年最期待的一件大事情”。

十年间，2017年，中欧合作园发展迎来新里程碑。6月16日，由园区参与运营的首列长沙至布达佩斯中欧班列抵达布达佩斯多式联运物流中心。这趟载着41个集装箱中国商品的班列是全国首列途经乌克兰进入欧盟国家的中欧班列。乌匈通道的开通，有效规避了中欧班列潜在的单一通道运行风险，对于“一带一路”共建，具有积极重要的现实意义。

几年来，园区配合国内各班列平台，先后合作开行“中欧陆海快线(海虹班列)”、西安至布达佩斯、济南至布达佩斯、赣州至布达佩斯、临沂至布达佩斯、武威至布达佩斯等多条中欧班列运行线路160多列。

匈牙利Ghibli物流公司是首批入住园区的匈牙利本土知名物流公司，自从与园区合作后，通过园区为入住的中国企业提供服务，不仅丰富了公司的客户群体，还在园区的参与和帮助下联手国内企业沿着一带一路开通了中欧班列、中欧海铁快线、空运包机等服务使公司的业务量成倍增长，员工由入驻时的160名发展到328人。公司从2014年匈牙利本土物流业排名十一到进入排名第三。公司老总萨博·佐尔丹在接受人民日报访问团采访时激动地说，与园区合作是他职业生涯中做出的最明智的决定，和中国客户的合作非常愉快，在不久的将来把自己企业做成匈牙利最成功的物流企业。该公司已经有二十几名员工自发学习中文。连续几年自发编排节目、组织晚会为中国同事庆祝中国节日。当记者采访马哈特集装箱中心总经理佐尔坦·法比安时，法比安高兴地说“中国是他们最主要的伙伴，‘一带一路’给他们带来实实在在的效果”。

十年间，中欧合作园创新实践“双区联动”合作机制，助推中匈电商领域间的产业合作，打造跨境电商数字口岸和数字园区，建设数字供应链服务体系。“双区联动”合作机制写进了最新的中匈关系《加强数字经济领域和促进两国绿色发展投资合作谅解备忘录》。

“双区联动”合作协议先后与国内山东临沂跨境电商综合试验区、江西赣州跨境电子商务综合试验区、浙江省自贸区金义片区、乌鲁木齐跨境电子商务综合试验区和甘肃武威保税物流中心签署，其中中国（赣州）跨境电子商务综合试验区“双区联动”合作协议列入“中国-中东欧国家领导人峰会成果清单商业合作文件”第十五项。

“双区联动”通过跨境电商＋中欧班列＋海外仓这种新的营销形式，推动了中欧班列和海外仓发展。中欧合作园同中国最大跨境电商平台阿里巴巴旗下菜鸟物流，在匈牙利设立菜鸟分拨中心，将阿里巴巴平台中东欧货物，由匈牙利分拨到各个国家，为山东临沂、江西赣州当地完成第一单跨境电商 B2B 出口 9810 业务。两年来“双区联动”数据显示，“双区联动”为国内企业拉动和带动出口 15 亿美元，为跨境电商企业节约 50％以上的货运时间，节约 33％的物流成本以及 10％以上的仓储费用。

匈牙利创新及科技部国务秘书莫绍齐·拉斯洛十分看好“双区联动”机制，认为这是匈中在共建“一带一路”框架下加强铁路设施联通、深化经贸务实合作的新通道、新领域和新尝试，将推动两国在跨境电商领域的全面合作，促进两国在商贸、物流、科技等领域更紧密协作。

十年间，中欧合作园建起自主可控安全高效的中匈“空中丝绸之路”。与河南航空货运发展有限公司合作“空中丝绸之路中匈航空货运枢纽项目”，并列入“中国-中东欧国家领导人峰会成果清单。开通“郑州—布达佩斯”航空货运专线，建起中匈两国之间新的“空中丝绸之路”。河南机场集团在欧洲首次设立海外货站，匈牙利机场在郑州互设海外货站，依托郑州航空货运港便捷快速的 9610、9710、9810 通关通道，服务于全国跨境电商出口和物流企业。合作当年郑州-布达佩斯定班货运包机航线执飞 279 架次，为华为、菜鸟等多家中国企业提供国际干线物流服务，将“国货国运”理念做到了实处。

十年间，中欧合作园海外仓从无到有，从小到大，目前具有保税仓储、增值税保税仓储、海关临时监管仓储以及保税集报、一件代发、分拣、商品溯源、售后退换货等多达数十项增值服务。同时，园区海外仓配套建设了产品展示销售中心，集展示和分拨、批发功能于一身，实现了“前展后仓”，真正发挥了“省钱、省时、高效、多销”的作用。2021 年匈牙利园区海外仓被山东省商务厅认定为“山东省重点培育公共海外仓”，为带动国内跨境电商综试区与中东欧合作，拉动中国企业出口发挥了积极作用。

十年间，中欧合作园连续十年支持赞助匈中乒乓球俱乐部，培养了匈牙利国家青年队冠军加卡巴(Jakab Janos)，多次入选参加奥运会的丹尼尔(Dániel)，获得匈牙利国家比赛金牌及 ETTU 铜牌的桑德拉(Perger Szandra)等多名优秀运动员；赞助匈中双语小学、布达佩斯光华中文学校、Ozdi 职业学院等教育机构；赞助禅武联盟功夫大赛、配合支持“中国春”等活动，并通过相关机构多次为贫困地区捐款捐物。促进了中匈经贸合作发展，加深了中匈文化交流与传统友谊。

新冠肺炎疫情期间，园区积极履行社会责任，先后向匈牙利政府机构、学校银行等社会组织捐赠各种防疫物资 4600 万福林。接受了匈牙利政府紧急采购和运输抗疫物资的任务，组织专门包机应急需求、快速支援，仅用 7 天就完成了第一批 70 吨防疫物资采购、集货、包机、报关和发运，匈牙利总理欧尔班亲自到机场迎接首批疫情防控物资，保证了当地防疫物资的稳定供应。园区帮助匈牙利引进第一条 KN95 口罩生产线，为匈牙利疫情防控作出了突出贡献，被匈牙利政府授予“匈牙利国家功勋骑士十字勋章”。

十年磨砺，十年奋进。对于中欧合作园未来的发展，首席执行官吴江先生充满信心。随着中国和中东欧国家携手高质量共建“一带一路”，我们希望通过建设更多的商贸物流园，为这些项目提供服务，以“跨境电商＋中欧班列＋海外仓”新模式和“双区联动”机制，引导更多中国企业走进中东欧，为“一带一路”共建，实现中华民族伟大复兴的中国梦作出积极努力。

凝聚发展活力　勇毅奋进前行
勇开经济高质量发展新篇章

（滨州经济技术开发区）

滨州经济技术开发区位于滨州市主城区，是典型的产城融合、一体发展的开发区，是1992年12月12日经山东省人民政府批准成立的省级开发区，2001年启动建设。2012年以来的十年，是滨州经济技术开发区不断激发内生活力、发展全面提速的十年，以2013年11月国务院正式批复我区升级为国家级经济技术开发区和2019年11月实施开发区体制机制改革为两个重要时间段为标志，滨州经济技术开发区进入了高速发展、高质量发展新时期。商务部公布的2021年度全国217个国家级经开区综合发展水平考核评价中位列147位，较上年度前进了50个位次。2021年在全省160家省级以上开发区考核中排名第13位，连续三年进入全省开发区第一方阵。

一、优势产业膨胀壮大

依托原有产业资源，形成了高端铝精深加工、汽车零部件、纺织家纺、生物医药等传统产业和多个优势产业集群。十年间，引进世界500强北汽集团、中信集团、中国航空工业集团及一批央企、国企项目。中信集团、魏桥集团与盟威集团联合打造智能制造产业园。魏桥创业、创新金属与华建铝业联合打造高端铝材精深加工产业园，年生产能力达100万吨、产值300亿元。北汽集团滨州汽车零部件生产基地一期铸造中心、机加中心成建成投用。中信集团与盟威集团投资建设的盟威戴卡、盟威联信、盟威戴森三大项目形成1000万只轮毂、20万吨合金材料的生产能力。泰义金属、芬兰奥斯龙、坤阳公司、灿东模具等项目投用，构建起上游原铝供应、中游铝材和铝合金生产、下游汽车零部件制造和铝材精深加工的全产业链发展新模式。工商银行、建设银行、齐商银行、交通银行、恒丰银行等20余家金融担保机构入驻，金融服务体系不断完善。

二、战新产业集聚发展

开发区体制机制改革后，根据实际情况，重新确定了高端装备制造、新能源新材料、新一代信息技术和现代服务业“3＋1”主导产业，高标准规划建设了黄河科技产业园、黄河数字经济产业园、黄河高端装备制造产业园、黄河新能源新材料产业园、黄河智能制造产业园、互联网产业园和现代服务业聚集区7个专业化园区。标准厂房总面积达到105万平方米，已有投资超300亿元的180余个项目落户，标准化厂房签约面积达到了100％，有力推动了企业向园区集聚，产业向园区集群。先后引进了23个电子信息产业上下游项目，总投资40亿元，涵盖手机整机制造、智能穿戴、蓝牙电子产品、航空零部件精加工等门类，引进了一条产业链。目前，10个项目已经投产，13个正在厂房装修，预计2022年上半年全部投产达效。2021年新签约立项项目33个，签约额137.38亿元，其中世界500强项目2个，过10亿元项目2个，实际利用外资6648万美元。

三、体制机制改革激发活力

2019年12月，开发区启动体制机制改革工作，充分发挥政府“有形之手”和市场“无形之手”作用，推动体制机制系统性重塑、整体性重构。一是运行管理公司化。推行“管委会＋公司”体制，成立中海城建、中海城投、中海汇智科创3个平台公司负责城市建设管理运营、投融资工作、科技服务，成立高端装备、新能源新材料、新一代信息技术3个园区公司负责产业规划、招商引资，构建起灵活高效的管理运营体制。二是职能职责主业化。剥离社会事务，原代管的三个街道划转滨城区管理，医疗保障、社会保障等89项社会管理职能全部移交。三是人员管理专业化。内设机构由29个精简为7个，由478人精简为99人，80％以上的人员集中到经济发展、招商引资、服务企业一线岗位。四是薪酬待遇绩效化。实施“KPI关键业务指标＋重点工作＋廉政＋招商＋科学评价＋奖惩”“六位一体”考核，考核结果与绩效薪酬直接挂钩，充分激发广大干部职工内生动力和干事活力。

四、科技创新能力大幅提升

依托渤海科创城，全力加快“一城两院”建设，强化渤海先进技术研究院、魏桥国科研究院“双核”驱动，全面打造集“科技研发、创新孵化、产业育成、服务配套”等功能为一体的创新生态体系。目前，渤海先进技术研究院八大中心全面投入使用，165 家科技研发、科技服务和商务服务机构签约入驻；魏桥国科研究院 5 个研究中心、10 个联合实验室和 7 家科技公司、47 个科技项目全面启动，渤海科技大学北区 19 万平方米的科教生活等设施去年 9 月份投入使用，联合培养 168 名本硕博生。积极推进魏桥国科科技成果转化，国家科技重大专项(02 专项)超高精细光刻胶项目去年 8 月份生产出产品交付客户验证，铝基复合材料 11 月份已投产，激光选通成像项目正在进行产线组装。以科技创新引领企业高质量发展，2021 年，为企业落实各类科技项目财政资金 1761 万元，总投资 13.58 亿元的华建铝业年产 3 万吨高性能特种铝型材项目、安华生物微整形注射制剂项目、渤海活塞国六高效汽车活塞智能制造项目等 25 个技改项目，已完成投资 14.4 亿元，其中戴卡铝合金轮毂生产系统自动化、信息化升级改造等 9 个项目已完工，预计实现产值 2.8 亿元。全区高新技术产业总产值占工业总产值比重达到 75.49%，居全市第 1 位。

五、城市环境日新月异

高标准打造了秦皇河公园，全长 10 公里，植被覆盖率达到 95%以上，野生鱼类 10 多种，总景观面积 200 万平方米，被评定为国家 AAAA 级旅游景区，举办了元宵灯会、郁金香节、龙舟比赛、游泳锦标赛等活动，知名度和美誉度不断提高。以狮子刘、香坊王村为突破口，倾力打造“文化＋旅游、示范农家＋示范农庄”模式的乡村旅游示范村。突出绿色可持续，近两年累计投入 20 多亿元建设了 37 项道路、绿化工程，建成雨水管网 317 公里，污水管网 115 公里，建成区实现了雨污分流全覆盖，为开发区发展提供路畅景美、功能完备、支撑有力的园区交通路网。推进 1054 套人才公寓改造，实现拎包入住，围绕住房、医疗、教育、就业等方面提供系统集成服务，营造拴心留人的良好环境。

产城融合　生态赋能　国际视野

（邹平经济技术开发区）

邹平经济技术开发区位于邹平市东部，管辖面积83.8平方公里，区位卓越，价值崇高。国家黄、蓝战略交汇，链接济南、淄博、青岛都市群，是“一群两心三圈”全省新经济格局的重要支撑点。境内飞机、高铁、高速等现代化全方位立体交通连天接地、通江达海，占尽地理区位优势。

邹平经济技术开发区始建于1992年5月；2003年6月，被省政府批准为省级经济开发区；2010年11月，经国务院批准，升级为国家级经济技术开发区。

始终顺应国家发展大势，邹平经济技术开发区以世界眼光谋划，国际标准建设，时代步伐奋进。产业立区、开放兴区、创新强区、改革活区四大战略，项目建设、招商引资、高新技术、基础设施、优化环境五大重点战鼓频催。目前，已逐渐形成涉铝、纺织服装两大主导产业持续升级，装备制造产业强势崛起，生物医药、节能环保等潜力产业增容扩规的产业大平台。经济总量、财政收入、发展质量与水平始终位居全省前列。2021年，实现地区生产总值350亿元，完成规模以上工业总产值2080亿元，实现一般公共预算收入30亿元，税收收入60亿元，实现进出口总额30亿美元，完成固定资产投资80亿元，实际使用外资2.08亿美元。

一、承接新战略，培育新产业

从“制造”到“智造”，从“本土”到“国际”，经济技术开发区高标准规划“六园一基地一中心”（魏桥铝深加工产业园、医药产业园、新材料产业园、纺织智能制造产业园、现代物流园和循环经济产业园，一基地为轻量化基地，一中心为工业邻里中心）。打造了全球最大的铝精深加工和棉纺织生产两大基地，擘画经济新蓝图，形成经济新高地。

涉铝产业形成了“热电-氧化铝-原铝-铝材深加工”完整产业链，开创了现代化铝产业体系循环发展、绿色发展的先河。并以轻量化为发展方向，打造中国最大全流程汽车轻量化研发制造基地和世界领先铝制轻量化材料研发中心，全力打造“世界铝谷”。轻质高强合金新材料基地入选山东省首批战略性新兴产业示范基地，是全省唯一一个以铝精深加工为主的战略性新兴产业示范基地。家用棉纺织品基地、铝合金精深加工新材料基地分别被省经信委评为“山东省新型工业化产业示范基地”。

纺织服装产业以棉纱、棉布、服装、家用纺织品为主，形成了上下游一体化产业链，目前，正以装备智能化，产业终端化、产品高端化、品牌国际化为支撑，打造国家级家纺服装产业基地，缔造世界知名的“纺织名城”。

医药产业园是邹平经开区高质量发展的经济引爆点。总规划面积1000亩，具备科研制造和标准生产两大功能，建有17万平方米GMP标准厂房，集研发、中试、生产、制造及配套于一体，将形成全省最具影响力的高端产业集群。目前已经引进苏州长禾、上海皓元等国内知名药企，成为推动邹平经开区产业转型、经济腾飞的核心引擎。

二、创新发展模式，积极招商引资

保税物流中心是滨州市第一个海关特殊监管场所，也是山东省首家设在县级的保税物流中心，为企业发展打造了最便捷的国际贸易通道。中心规划面积40.3万平方米，总投资16.8亿元。其中海关监管区占地28.6万平方米，投资2.6亿元，建设内容包括海关卡口区、海关查验区、保税仓储区、集装箱堆场、散货堆场、海关信息中心、监控中心，中心内已建成封闭式仓库9座计5.5万平方米、集装箱及散货堆场10.8万平方米。区外办公及商用配套占地6.81万平方米，建成海关办公区4600平方米、展示交易中心1.6万平方米、商务办公楼4382平方米、快件监管仓库1500平方米。规划区外加工区仓储面积13.5万平方米，目前已建成生产加工厂房2座共计3.5万平方米，其余12万平方米正在积极施工建设，预计2023年6月份即可全部投入使用。中心累计申报报关单18.5万票，监管货运量约135万余吨，实现一般贸易、加工贸易、保税仓储等业务货值超100亿元。2021年，中心全年一线业务量为4186万美元，全国B型保税物流中心排名第49位。

目前，邹平经开区累计引进项目422个，总投资1525亿元。相继引进总投资17.36亿元轻量化挤压结构件项目、轻量化车身总成项目、轻量化铝型材项目和轻量化中试基地项目、台湾新格集团年产30万吨再生铝及10万吨铝灰综合利用项目、香港新东阳年产6万吨铝包装材料项目、瑞典格朗吉斯高端热交换器用轧制铝材、航空铝板与高端汽车板项目等铝深加工项目，同时，拥有多家世界500强和世界知名企业，魏桥纺织、中国宏桥等企业先后在境内外上市，其经济影响力遍布世界。

三、加强自主创新能力，营造良好营商环境

博纳科技智慧，点燃创新引擎。邹平经济技术开发区在构建产业大平台的同时，积极推进科技创新，依托铝谷产业技术研究院与铝产业大数据、铝业研发检验检测两大中心技术支撑，支持和带动园区企业不断提升自主创新能力，协同共赢发展，实现从“量”向“质”升级转变，迈向价值链最高端。

率先实行机制改革，为保障全区企业高质量发展探索新路径。按照“党工委(管委会)＋公司”模式，成立邹平经开园区发展集团公司，担当“扁平化管理”“实体化运作”两项使命，以更加高效的管理体制和更加灵活的运营机制，形成“大服务”营商格局的战略支点。同时。积极发挥国家级开发区先行先试的优势，把招商作为全区发展最大红利，以最优惠的政策、最贴心的服务、最齐全的要素配套，创建全国各大企业争相云集的经济矩阵。

如今，邹平经开区已经成为一个战略联动、生态基底、轴带贯通、组群发展、产城相融的时尚新城。这里环境优美、温馨和谐、生态宜居，将开启一幅更加波澜壮阔的全景式未来宏图。

新时代、新动能、新邹平。

在不久的将来，邹平经开区将建成国内一流的现代化、国际化、品质化的美丽新区，璀璨在邹平，扛鼎新时代典范城市的梦想！

新蓝图、新智慧、新梦想。

满载希望的星辉，邹平经开区将勇担使命，乘风破浪，驶向未来！

企业篇

浪潮外贸这十年

（浪潮集团）

一、国内外业务快速发展

浪潮集团是中国领先的云计算、大数据服务商，拥有浪潮信息、浪潮软件、浪潮国际3家上市公司，主要业务涉及云计算、工业互联网、应用软件、大数据、新一代通信及若干应用场景。作为中国最早的IT品牌之一，浪潮始终致力于成为世界一流的新一代信息技术产业龙头企业，经济社会数字化转型的优秀服务商，新型基础设施建设的骨干企业。

2012～2021年，浪潮紧跟国家发展脉搏，依托国家"一带一路"战略，国内外业务快速发展。这十年，浪潮营业收入增长14倍，复合增长率30%。浪潮拥有国家级企业技术中心等10个国家级创新平台、高新企业37家；累计参与制定各类标准200余项；累计拥有有效专利1万余项，其中发明专利6000余项。

二、重要时间节点

浪潮服务器2011年全球排名第9位，2014年一季度全球排名第5位，2017年第三季度全球排名第3位，2021年第二季度至今保持全球排名第2位。2011年，浪潮自主研发的中国第一款32路高端容错计算机研制完成；2013年关键应用主机浪潮天梭K1系统正式上市，填补了关键应用主机系统国内空白；2015年1月获得国家科技进步一等奖。

浪潮云自2014年至今，已连续8年蝉联中国政务云市场占有率全国第一；浪潮云洲自2019年至今，已连续四年入选国家级双跨平台，在全国28个平台中居前6位。

2016年，浪潮集团与美国Cisco在济南成立浪潮思科网络科技有限公司，共同推动网络产品在国内的研发、推广；2016年与美国迪宝在苏州成立浪潮金融技术服务有限公司，向国外提供金融自助服务终端产品及解决方案；2018年与美国IBM合作在济南成立浪潮商用机器有限公司，研发、生产、销售基于Power技术的服务器，完善生态系统；2002年及2003年与韩国LG在烟台、青岛成立合资公司，共同进行移动信息终端以及其他相关产品的研发、生产、销售及售后服务，2012～2018年出口额216亿美元。

2013年，浪潮在泰国生产高清数字电视机顶盒，开启了机顶盒业务海外市场的步伐。2017年在台湾机顶盒市场占有率第一。2017年进入加拿大等发达国家的高端市场。2018年嵌入投影仪产品销售至全球50多个国家和地区。

2001年，浪潮开始承接古河电工、日立等日本大型企业的软件外包业务。2014年起为微软提供软件外包服务，是唯一囊括Office全线产品测试的战略外包供应商。

三、进出口迈上新台阶

浪潮不断加快国际化进程，外贸进出口业务连续迈上新台阶，为全球120多个国家和地区提供IT产品和服务。十年来，浪潮进出口总额复合增长率达19%，其中进口总额复合增长率达20%，出口总额复合增长率达15%，出口产品主要为服务器、机顶盒及软件外包服务，主要出口国家和地区是新加坡、韩国、美国、日本、中国香港、中国台湾等。

四、典型发展事例

（一）浪潮服务器

浪潮作为智慧计算领导者，拥有从通用服务器到关键应用主机全系列产品，涵盖机架服务器、刀片服务器、塔式服务器与工作站、高密度服务器；拥有单路/双路/四路/八路服务器/关键应用主机。面向不同的应用场景，浪潮定义并布局了人工智能服务器、开放计算服务器、边缘计算服务器、关键计算服务器、高性能服务器、整机柜服务器等。

近十年来，公司布局全球营销、产品、生产、运营、交付体系，在国内外设立8个研发中心和2个全球服务中心；在美国、德国、英国、匈牙利、印度、韩国、中国香港等国家和地区设立26个分支机构；在全球设立10个生产基地，其中2020年建立美国自有工厂，服务器年产能约20万台。经过多年国际化的发展，浪潮海外业务已覆盖全球120个国家和地区，拥有多达200家全球500强企业客户；

10年间,销量增长16倍,全球总收入增长53倍,业务增长强劲。

（二）浪潮视频领域业务

浪潮视频领域的主要产品是数字电视机顶盒、LED拼接屏、融媒体播控服务平台、智能家居IoT设备等产品和方案,业务遍及东南亚、中东、北美、拉美的50多个国家和地区。

2013年,浪潮与泰国头部电视运营商合作,在当地生产,开启了浪潮机顶盒的海外之旅。2014年,打败多家全球机顶盒头部厂家,成功中标越南第一大电信运营商,产品通过CE等产品认证。2017年,中标台湾第一大电信运营商的数字电视机顶盒采购项目,奠定了在台湾市场的领先地位。同年,与全球领先的媒体技术和服务公司MediaKind合作,进入加拿大等发达国家的高端市场。2018年,与全球头部5C品牌厂家合作推出嵌入投影仪产品,销售至全球50多个国家和地区。2020年来,积极开拓拉美、东南亚、欧美等国家和地区的市场,积极融入全球高端音视频市场。

（三）浪潮软件外包业务

2001年起,浪潮开始承接古河电工、NEC、日立等日本大型企业的软件外包业务,合作项目规模从最初的几十万日元到现在的上亿日元;合作内容从最初的照搬照样地写代码,到现在的项目启动、现场调研、架构规划、系统设计、编码测试、上线运维等信息化建设的全流程参与。2014年起,浪潮为微软提供软件外包服务,涉及超过11个产品或办公组件,跨九大产品线和桌面端、移动端等多平台的云端配置、集成、部署,以及DevOps、SaaS服务等自动化软件测试,是唯一囊括Office全线产品测试的战略外包供应商。

这十年,浪潮着力抓改革、谋创新、促发展,业务实现跨越式增长。下一步,浪潮将始终以“闯”的劲头、“勇”的姿态,积极推进高质量发展,为新时代社会主义现代化强省建设贡献力量。

做新时代人民美好生活创造者

（银座集团）

银座集团股份有限公司（简称“银座集团”），是山东省商业集团有限公司（简称“鲁商集团”）旗下一家跨区域、多业态的国有大型零售连锁企业。自1996年成立以来，目前在山东、河南、河北、北京等地拥有大型商场180余家，便民超市200余家，从业人员9万余人，自“十二五”以来，公司累计实现销售3000多亿元，创造税收过百亿元。银座集团忠诚践行“服务山东大局，服务人民大众”企业使命，始终从满足人民美好生活需要出发，诚信经营、奉献社会，为繁荣当地经济、促进社会发展作出了应有贡献。

十年来，银座集团在各级各部门的大力支持下，全面贯彻落实习近平新时代中国特色社会主义思想，始终坚持“两个一以贯之”，瞄准时代发展，主动融入大局，特别是近年来，立足建设“线上线下＋金融科技”现代化国内一流商业企业，先后组织开展“改革年”“创新年”“转型年”“全面创新年”等活动，在零售行业书写了高质量发展的新篇章，开创了创新转型的新征程。

一、党建引领，锚定高质量发展

发展是永恒的主题，银座集团党委始终坚持党建引领，有力发挥把方向、管大局、保落实的领导核心和政治核心作用，锚定走在前列，根据行业趋势发展和经济形势把关定向，适应经济新常态。

（一）业态不断创新，释放新活力

积极对标头部企业，规划银座集团未来的发展思路和发展战略，全面推进产品线标杆打造。2020年11月，银座济南广场店超市焕新开业，被评为“中国好门店”，成功模式在银座系统各大旗舰店迅速推广。2021年，成功开设首个社区型购物中心“银座邻里”华信店，被誉为社区商业新样板。2022年6月，根据市场变化和消费需求，推出“银座市集”系列产品，定义“银座市集·用心好生活”，首发项目银座市集马鞍山店、堤口路店分别以“好品山东”“喂来市集”为特色，双剑合璧，魅力呈现，开业瞬间引爆泉城市场，成为周边市民的购物首选，同时银座致力于加强品牌资源库建设，把握方向、提前布局，精诚携手广大品牌厂商，为实现高质量发展提供了多元的发展模式。

（二）商品持续优化，点燃新引擎

坚持回归商品为先的商业本质，作为山东零售龙头企业，根据市场需求，聚焦商品优化、持续发力，百货调整通过深入分析线上线下热点趋势，紧扣年轻群体消费心理，通过首店引进、网红货品集纳、品牌动态管理、商务模式创新等方式，实现商品力优化调整。超市通过供应链改革，实现商品力越级提升，同时优化鲜蔬采购、标品结构、自营比例，实现了销售、毛利双增长，为实现高质量发展奠定了坚实基础。

（三）运营持续提升，注入新动能

银座集团围绕深化服务、强化管理、增强企业内生动力和运营质量目标，整合集团营销运维资源，全力推进大营运体系建设，锻造高质量营运队伍。在营销组织上，全力推进扩销增效，围绕周年庆典、新店开业等重大节点，制造主题营销活动，联名国际IP，携手顶级品牌，达成现象级引爆，实现破十亿次曝光，推动线上业务订单增长，助力线下进店引流集客；在管理提升上，成功上线运营工作平台等多个智能管理平台，以科技促管理，实现各系统、各门店日常管理全覆盖，推动管理水平提升，为消费者和合作品牌提供国际化管控和人性化治理新体验；在服务品质上，推出“顾客服务三项承诺”，通过服务提升品牌美誉度，让“购物银座 · 享受生活”的概念深植人心。同时创新友商服务，提升服务质量与标准，推出《银座集团供应商权益告知书》，明确供应商五大权益，有力推进深化合作。

二、改革创新，构建新发展格局

改革是激发内生动力的重要手段，创新是引领发展的加速引擎，面对百年未有之大变局带来的新挑战以及新一轮科技革命和产业变革带来的新机遇，银座集团一直致力于通过改革创新，构建新发展格局。

（一）创新引领添动力，万物互联谋新生

积极涉足电商领域，奋力拓展新零售业务，推进“科技化＋智能化”经营模式，借互联网之东风，为企业加速发展插上腾飞翅膀。自 2010 年“银座网”上线以来，先后打造“银座到家”“银座云逛街”等自有线上产品。门店作为销售主阵地，推广应用“导购侧”小工具，深耕私域营销，大力开展“无接触服务”“网上云购”，推进“数据中台”项目建设。同时银座充分借力主流社交平台流量，在KOL/KOC“种草”、直播带货等方向上大胆尝试，均取得长足进步，银座线上业务开通以来，销售业绩多年持续倍增，在新零售业务赛道策马扬鞭，飞奔前行。

(二)深化改革促发展，不拘一格纳人才

紧抓“人才”这一关键变量，持续解放思想，坚持高起点谋划，坚持高质量推进，坚持高标准实施，实施核心业务岗位全国招聘；2020年底，公司经理层全部实现职业经理人化。以职业经理人改革撬动公司发展，坚决扛好国有零售企业的大旗，促进国有资产保值增值，银座发展掀开了崭新的一页。

三、国企担当，聚力民生挑重责

银座集团始终关注员工、回馈社会，以实际行动践行国企担当。长期以来，坚定不移做好员工扶贫帮困工作，为困难员工和家属纾忧解难，每年组织“慈心一日捐”“献爱心、送温暖”等常态化慈善捐助项目，充分体现了银座人奉献爱心、乐善好施的高尚情操和高度的社会责任感。此外，积极投身东西部消费协作，全面做好商品帮销，并在所属门店开设专柜，引导打造为消费帮销的明星产品、网红产品、拳头产品。

2019年以来，面对突如其来的新冠肺炎疫情，银座集团坚决贯彻落实省委、省政府以及上级部署，统筹疫情防控和经济运行，积极投身防疫情、保供应、稳市场工作，严格按照省政府疫情期间价格管控幅度，严控民生果蔬肉禽蛋类商品加价率维持在10%以内。针对市场出现短时恐慌抢购的情况，为保证市场充足供应，全面做好“菜篮子”“米袋子”等民生用品保障工作。同时，引导消费者做好防护、理性购物，借助自有“银座云逛街”平台，实现安全、便捷“在线选购”、有序派单，共同营造齐心战“疫”的强大合力。此外，借助“银座云逛街”自有线上平台，充分满足疫情封控区域居民的多元消费需求，实现让封控居民安心消费。

在疫情对实体零售业产生巨大冲击的背景下，银座集团力克万难，积极响应号召，仅2022年上半年，便为中小企业减免租金2.37亿元，惠及中小微企业4500余家，为零售产业链上下游近万家中小微企业提供了稳定的生存经营环境。

2022年春，针对省内多点疫情反复，银座集团作为抗疫保供重点单位，以快速推出保供产品“银座蔬菜包”，广大银座人坚守一线、全天在岗，组成突击队，全面保障重要生活物资不缺货断档，以实际行动为抗疫保供贡献力量。

四、深耕齐鲁，载誉踏上新征程

不忘初心、砥砺前行，银座集团深耕齐鲁，放眼全国，企业规模和效益水平连续多年位居全国连锁企业前列。“购物银座 · 享受生活”的理念深入人心，银座品牌深受广大消费者的信赖，真正成为了服务千家万户，满足市场多层次、多样化需求的现代生活方式服务商，人民美好生活的创造者。十年来，银座集团坚持优质、高效、并行发展，先后荣获“全国商贸流通服务业先进集体”“全国诚信兴商双优示范单位”“山东省消费者满意单位”“中国十佳商业品牌”“山东省零售企业50强”“山东省优秀企业”等荣誉称号，入选“2021年山东省服务业高端品牌新增培育企业”。

零售业以商品连接供需两端，以服务走入千家万户，承担着畅通经济、稳价保供、呵护民生等重任。银座集团将改革创新为根本动力，立足新发展阶段，贯彻新发展理念，融入新发展格局，深化改革，加快创新，聚焦打造“行业领先、全国一流”的新型现代化龙头零售企业，以务实行动为顾客打造无限天地，为成功注入无限可能，为发展开创无限未来，递交高质量发展的新答卷，以优异成绩迎接党的二十大胜利召开。

山东高速这十年

（山东高速集团）

山东高速集团（以下简称“集团”）是山东省基础设施领域的国有资本投资公司。集团注册资本459亿元，资产总额超过1万亿元，营业收入和净利润位列山东省属企业前茅，已成为全国交通基础设施领域的头部企业，是中国交通行业最具影响力的品牌之一。近十年来，集团坚决贯彻落实中央和省委省政府决策部署，积极响应国家“一带一路”倡议和山东省“打造对外开放新高地”的政策指引，大力实施“走出去”战略，塑造境外基础设施产业投资、建设、运营等核心竞争力，经营领域涉及全球100多个国家和地区，开启高质量发展新篇章。

一、过去十年的发展历程

近十年来，集团依托交通主业优势，持续发力“一带一路”互联互通国际工程项目，为“一带一路”沿线国家创造了数万个就业岗位，为改善当地民生、促进经济发展发挥重要作用，擦亮了鲁企国际品牌，也彰显了鲁企良好社会形象。

（一）市场布局持续优化

紧跟国家政策导向，重点围绕“一带一路”沿线重点国别完善全球市场布局。截至目前，集团现有境外法人子企业、分公司、办事处（代表处）共计89个，其中法人子企业43个，分支机构50个，分布在亚、欧、非、北美、南美五大洲42个国家和地区，管理境外中方员工约3900人（含劳务派遣人员）。

（二）业务领域不断拓展

围绕大交通主责主业，强化内部资源协同共享，以国际承包工程为突破口，以BT、EPC、BOT、PPP等商业模式不断开拓国际市场，带动规划设计、监理咨询、物资建材等相关产业拓展国际市场，成功运作了塞尔维亚E763高速公路、贝尔格莱德中国文化中心、孟加拉达卡机场高架快速路、中国-苏丹农业合作开发区等一批具有较大国际影响力的高速公路、铁路、市政、房建与产业园区项目，实现国际业务板块“多点开花”、协同出海的新跨越。截至目前，现有境外在建在营项目 82 个，有 30 个境外项目入选国家发改委“区域开放境外重点项目库”。

（三）品牌影响力显著提升

2018 年，当选中国对外承包工程商会副会长单位，成为山东省省管企业中唯一一家副会长单位；2015～2021 年连续 7 年入选美国《工程新闻纪录（ENR）》“全球最大 250 家国际承包商”榜单，其中 2021 年首次进入全球百强，位列第 90 位，在上榜中资企业中排名第 24 位，集团国际形象和品牌知名度显著提升。

二、境外重点项目情况

（一）贝尔格莱德中国文化中心大厦项目

受中国外交部及原文化部委托，集团在原中国驻前南斯拉夫大使馆旧址地块投资建设贝尔格莱德中国文化中心。2016 年 6 月，习近平主席和时任塞尔维亚总统尼科利奇为项目奠基。2020 年 9 月，项目竣工并投入使用。项目入选 2018 年原文化部“一带一路”文化贸易与投资重点项目，是巴尔干地区第一个中国文化中心。

（二）塞尔维亚 E763 高速公路项目奥布雷诺瓦茨至利格段

2013 年 5 月，集团与塞尔维亚政府签署塞尔维亚 E763 高速公路项目商务合同，项目全长 50.2 公里，合同额约 3.34 亿美元，这是中国-中东欧国家合作框架下首个落地的基础设施项目。2019 年 8 月，项目建成通车，成为中资企业在欧洲建成通车的第一条高速公路，在高速公路的发源地欧洲打响了“山东高速”品牌，被《人民日报》盛赞为“一条凝聚中塞人民感情的友谊之路”。

（三）孟加拉达卡机场高架路快速路项目

项目主线全长 19.73 公里，匝道长 26.58 公里，总投资约 12.6 亿美元，特许经营期共 25 年，是孟加拉国实施的首个国际投资高速公路项目，也是山东高速集团首个联合央企（中国电建）、外企（意大利泰公司）在第三国落地实施的投建营一体化项目，入选国家发改委“一带一路”重大项目库。项目建成后，对促进当地经济发展、加强中国和南亚地区互联互通具有重要意义。

（四）中国-苏丹农业合作开发区

2008 年以来，集团在苏丹实施中苏农业合作开发区项目，组织开展棉花、花生等农作物种植、加工和出口，为当地创造 4 万多个就业岗位，带动当地 3500 多家农户致富，被评为中苏建交 60 周年中苏合作“十件具有历史意义的大事”之一，入选国家农业部首批境外农业合作示范区建设试点、山东省第二批省级境外经贸合作区，成为“南南合作”的示范项目，被中国国际扶贫中心、世界银行、联合国粮农组织等机构联合评选为2022年“全球最佳减贫案例”。

作为山东省“走出去”排头兵，山东高速集团在“十四五”规划中，将国际业务单列出来，提升战略层级。下一步，集团将以建设红色、创新、质量、卓越、活力和文化“六型山高”为引领，统筹抓好境外疫情防控和生产经营，持续优化“一带一路”沿线国别市场布局，进一步加强内部协同和集团资源优势发挥，不断提升国际业务发展质量，努力建设具有全球竞争力的世界一流基础设施综合服务商。

潮涌风帆劲　奋楫逐浪高

（山东港口青岛港）

黄海之滨，辉煌巨变；胸怀豪情，志在万里。

一直以来，山东港口青岛港（以下简称青岛港）始终牢记习近平总书记“加快建设世界一流海洋港口”殷切嘱托，深入贯彻中央、省市和山东省港口集团党委部署要求，抓党建、强改革、谋发展、促融合，在加快建设世界一流的海洋港口的道路上取得了历史性突破。

一、立根铸魂，红色基因永传承

方向决定道路，道路决定命运。党建统领，始终是青岛港坚守政治方向、筑牢政治灵魂的根本所在。十年来，以理想信念铸魂立心，以组织建设夯基固本，不断提升党建引领力、基层组织力、融合发展力、队伍战斗力，让党建成为一体化改革发展的“红色引擎”。

坚持理论武装，党建引领力持续增强。将学习贯彻党中央和省委省政府决策部署，严格落实党的群众路线教育实践活动、“三严三实”专题教育、“两学一做”学习教育等活动作为首要任务，进一步筑牢干部职工“听党话、跟党走、报党恩”的理想信念。2013 年，青岛港被中宣部确立为实现中国梦和党的群众路线教育实践活动的重大典型，在全国推广。一体化改革后，更是将坚持党的领导、加强党的建设贯穿于一体化改革发展全过程，支持拥护一体化改革成为全港干部职工的广泛共识，建设世界一流的海洋港口成为全港干部职工的共同追求。

创新基层建设，基层组织力持续夯实。始终坚持港口业务发展到哪里，党的领导就延伸到哪里，党的组织就建设到哪里，实现党组织和党的工作在基层单位的全覆盖，4 个基层党支部荣获省属企业过硬党支部示范点，过硬党支部比例超过 88%，创新开展“四强基层队”（政治强、队伍强、作风强、业绩强）创建活动，制定理顺管理标准及制度 9092 项，基层基础基本功持续增强。

搭建成长平台，队伍战斗力持续提升。积极贯彻落实山东港口“以人为本”

“人才强港”战略，多措并举为职工搭建成长成才舞台，每年开展全员技能大培训、安全技术大比武等活动，高级技师、技师从2012年的173人、950人分别增长到2022年的550人、1644人。严格落实“三百人才”“第一队长”等制度，职工梯队建设、年龄学历结构更加科学合理，中层干部平均年龄由48岁降至46岁，全日制大学及以上占比提升至47%。强化榜样引领，十年来，青岛港获得国家级重磅荣誉上百项。从“最美奋斗者”“改革先锋”许振超，党的十八大、十九大代表皮进军，“全国优秀共产党员”郭凯到“时代楷模”“连钢创新团队”“全国三八红旗手”李永翠，“全国劳动模范”王加全，一系列至高荣誉让港口职工金字招牌闪耀中华、荣耀全球。

二、陆海联动，发展势头更强劲

“港口是基础性、枢纽性设施，是经济发展的重要支撑”。从海洋到内陆，港口的基因注定成为物流的枢纽、联通的桥梁。一直以来，青岛港始终坚持陆海双向发力，打造服务国内国际双循环开放接口和航运枢纽。十年来，货物吞吐量、集装箱从2012年的4亿吨、1450万标准箱分别增长到2021年的6.3亿吨、2371万标准箱，全球排名从第7位跃居为第4位，发展势头强劲，蹄疾步稳。

枢纽能力全面增强。服务外循环，海向打造国家对外开放战略支点。一体化改革后，依托省级航线补贴政策，累计新增航线55条，创下历史最快增速，集装箱航线突破215条，航线密度稳居北方港口首位，港口枢纽功能显著增强，有效保障了全球产业链供应链稳定畅通。在《国际航运枢纽竞争力指数——东北亚报告(2021)》中，青岛港位居首位。服务内循环，陆向增强服务沿黄流域发展能力。积极落实习近平总书记“三个走在前”指示要求，充分发挥青岛港沿黄流域最便捷出海口区位优势，深度融入国家黄河流域生态保护和高质量发展战略，会同山东港口物流集团在山东临沂、河南郑州、陕西西安、新疆乌鲁木齐等沿黄流域节点城市设点布局，累计开通海铁联运班列63条，建设内陆港28个，将出海口搬到了内陆企业家门口。2021年海铁联运完成181.9万标准箱，连续7年保持全国第一，有效拉动沿黄九省经济发展，现在河南、陕西65%以上出口货物通过青岛出海，青岛黄河流域开放门户作用更加凸显。

转型升级加快推进。2013年，实施现代物流+“三大战略”(金融、国际化、互联网)，加快由“汗水经济”的单元驱动向“汗水经济+智慧经济”的多元驱动转变，装卸主业不断做大、现代物流从弱到强、金融板块从无到有。一体化改革后，持续放大港口平台功能和虹吸效应，会同山东港口板块集团不断延伸产业链条，加快向供应链枢纽和产业链集成平台转型，保税原油混兑调和、外锚地保税船供油、原油期货交割、原油国际中转等新兴业务从无到有，从弱到强，2021年仅船供油就完成400万吨，同比大幅增长33.3%，位居全国第二，港口焕发出更加澎湃的生机与活力。

港城融合持续深化。一体化改革以来，严格落实"三个更加""三个满意"，持续推进港产城融合发展，累计投资238.8亿元，开工建设135个产城融合项目。吸引总投资约80亿元的渤海粮油项目、建邦球团项目等3个临港产业落地董家口，加快推动临港产业集聚。抢抓国内消费升级机遇，携手船公司开通3条冷链生活资料东南亚快航，越南等国家的冷藏水果仅需5天便可抵达青岛口岸，2021年冷箱完成90万标准箱，同比增长12%，加快建设中国北方生活消费品分拨中心。

工程建设高效落地。交通强国战略实施以来，立足港口长远发展，全面提速基础设施建设，特别是一体化改革后，抢抓国家加大基础设施投资力度的契机，超常规推进码头、原油管道、疏港铁路、原油储罐等基础设施建设，建成董家口原油码头二期、液体化工码头、原油商储库、粮食筒仓二期等12个重点码头项目；总长972.3公里，贯穿青岛、潍坊、东营、滨州、淄博等市，联通16家炼化企业、覆盖山东地炼60%规模以上炼厂的董家口港-潍坊-鲁中、鲁北输油管道全线贯通，为客户年节约物流成本30亿元，全面打通从黄海之滨到渤海之畔的原油产业链"黄金通道"。

三年以来，全港累计新增码头年通过能力3905万吨、130万标准箱，新增原油仓储能力296万立方米、原油管输能力700万吨，新增粮食仓储能力26万立方米，新增库场63万平方米，集疏运能力的快速提升为港口高质量发展注入了更加强劲的动力。

三、赋智增绿，科技动能正澎湃

"要志在万里，打造世界一流的智慧绿色港口"，这是习近平总书记的殷切嘱托，也是时代和港航业的发展大势。十年来，青岛港积极抢抓山东港口交通强国"智慧港口建设试点"机遇，加快建设国际领先的智慧绿色港，以高水平自立自强，全面助力科技强国建设。

聚力打造智慧港口新引擎。2012年青岛港开展实施"互联网"战略，并于

2013 年正式启动全自动化集装箱码头建设，仅用三年多的时间就完成了从规划到建设运营的全过程。2017 年 5 月全球领先、亚洲首个真正意义上的全自动化码头“青岛港全自动化集装箱码头一期”正式投入运营；2019 年 11 月全自动化集装箱码头二期投产运营，并全球首创氢动力自动化轨道吊、5G＋自动化技术等 12 项科技成果，再次为世界自动化码头建设贡献了“青岛模式”“中国方案”；目前更加先进、更具自主产权的全自主自动化集装箱码头三期正在加快建设中，预计于 2023 年 9 月通产运营。截至目前，自动化码头已经连续 9 次刷新世界纪录，作业效率较传统码头提升 30％，操作人员减少 85％。

在持续巩固自动化码头建设优势的基础上，勇攀科技高峰，2021 年建成了全球首条智能空轨，实现了港区交通由单一平面向立体互联的突破升级，与传统集装箱运输模式相比，每自然箱可降低能耗 50％以上，青岛港用实际行动走在了智慧港口建设的最前沿。

持续引领绿色发展新风向。十年如一日，深入贯彻落实习近平总书记“绿水青山就是金山银山”发展理念，全力打造天水共蓝、港城共融的世界一流低碳绿色港口。

实施“碧水蓝天”工程，投入 2.5 亿元为所有堆场安装了 15 公里的抑尘墙，坚持常年苫盖货垛，作业期间不间断喷淋，码头道路 24 小时循环保洁。董家口港区粮食作业系统采用流程全密封、除尘系统全覆盖的节能环保工艺，年节约燃煤 894 吨，减少二氧化碳排放 2288 吨，成为“无尘示范码头”。投资 1200 万元在所有装车线安装油气回收装置，实现装车环节油气全部回收，年可回收油气 249 吨。

优化货物运输结构，大力推进“公转水”“公转铁”等清洁运输方式，矿石等大宗货物“铁路＋水路”清洁运输占比超过 78％，原油管输占比达 74.7％，累计年度减少入港车辆 530 万辆，减少二氧化碳排放 120 余万吨。

加快新能源使用，2022 年 3 月建成了全国港口行业首座加氢站——站前湾加氢站。大力实施自动化码头风光一体化综合示范项目，率先推广桥吊及建筑分布式光伏、冷箱变频储能等技术，怡之航冷库库顶 8000 平方米光伏发电项目年发电量 81.58 万千瓦时，全力建设中国“氢港”，青岛港先后荣获“国家绿色港口”“亚太绿色港口”等称号。

历史的车轮永不停歇，奋斗者的脚步永远向前。

面向未来，山东港口青岛港将继续牢记殷殷嘱托，以习近平新时代中国特色社会主义思想为指导，全力贯彻落实省第十二次党代会精神，在山东港口绘就的恢弘画卷上，坚定不移“走在前、开新局”，为加快建设世界一流的海洋港口作出新的贡献。

青建集团十年“走出去”之路

（青建集团）

1983年以来，青建集团股份公司（以下简称“青建集团”）作为山东率先“走出去”的省内企业，历经“借船出海、驾船出海、造船出海、抱团出海”四个阶段，凭借极具国际竞争力的施工水平、资源优势，在全球50多个国家和地区筑起了一座座精品工程，谱写了一段段青建传奇。青建是全国首批特级资质企业，连续入选“中国企业500强”“中国承包商80强”和“ENR全球最大250家国际承包商”等。

2022年3月，承建的乌克兰尼科波尔246MWp光伏电站项目荣获2020—2021年度中国建设工程鲁班奖（海外工程），迄今为止，凭借优良的施工品质，荣获境外鲁班奖数量8个。公司还荣获全国质量奖、全国用户满意企业、山东省企业管理奖、青岛市首届市长质量奖，获得鲁班奖、国家优质工程奖、詹天佑奖、全国用户满意工程等各类省部级以上工程奖200余项，获得国家科技进步奖等各类省部级科技奖项470余项。“青建”是中国驰名商标，“青建海外”是山东著名商标。

近四十年来，秉承“做一个负责任的中国企业”的企业理念，以“本土化、国际化、一体化”为海外发展战略引领，坚持扎根本土、融合发展，面对不同国家和地区复杂的政治、经济、文化和社会环境，正确处理与当地政府、社会人民以及新闻媒体机构的关系，积极履行国际公民义务，坚持重质量、讲信誉、服务当地社会，为中国企业赢得了光彩。

一、践行“三化”战略，深耕海外市场

（一）国际化——瞄准国际标准提高水平

确立拓展海外市场的三种模式：一是通过承接国家援外项目和驻外使领馆项目，借力开拓项目所在国及周边市场。二是与大企业合作，实现合作共赢。三是加强自营市场开拓，寻求新的商机。自2004年承建了援莱索托图书馆兼档

案馆以来，相继承建了援马里总统府、援加纳国防部办公楼、利比里亚使馆等项目，累计在14个国家承建经援项目22个，在9个国家承建使领馆项目11个。先后中标阿尔及利亚3800套住宅、新加坡政府租屋、印尼3040套商业住宅等多个大项目。2018年，合同额超过1亿美元的莱索托91公里道路国家优惠贷款项目开工建设。

自国家“一带一路”倡议提出以来，始终将“一带一路”沿线国家作为国际业务发展的重要目标区域，逐步探索形成了多种国际化经营模式，其中最主要的有：构建“一圈两翼”的市场布局，在推进“一带一路”建设时，选择了多点开花，多路出击，最大限度地拓展“走出去”渠道。“一带一路”倡议提出之后，新开拓等多个国家市场，超过前三十多年新开市场数量的40%。

（二）本土化——带动本土化员工实现自身发展

通过在当地注册子公司并取得运营资质，实现当地融资，聘用当地雇员，提高当地市场份额，成为当地市场的主流品牌。深入实施劳务本土化，海外使用当地劳务和第三国劳务人员占比超过70%；在北非阿尔及利亚，青建使用当地劳务2000多人次，远超过中国工人用工量；在非洲的安哥拉、马里、科特迪瓦、加纳，在东南亚的印尼、马来西亚等国，中外工人比例高达1∶40，马里出现优秀工长带领百余名当地工人工作的情况。还制定了“蓝领成才”计划，培训当地劳务工人，部分工人已进入重要的管理岗位，充实了基础管理队伍。

员工本土化的管理模式，提升公司的国际化竞争能力，得到当地政府及公众的一致好评，菲律宾分公司被中国驻菲律宾使馆经商处授予“中资标杆企业”称号。

（三）一体化——打造“全产业链”商业模式

通过产融双驱，实现产业一体化、资源一体化、价值链一体化、国内国外一体化，做到优势互补，协同发展。充分发挥海外的经验优势、客户优势和人才优势，构建“一圈两翼”的海外市场布局（一圈，是以“一带一路”为核心的亚欧经济圈；两翼，是指非洲经济区域和美洲经济区域），打造以工程承建为主体，以国际贸易和实业投资为两翼的“一体两翼”全产业链商业模式。

二、强化科技创新创优，塑造企业特色品牌

（一）坚持创新引领，推进产业进步

坚持创新引领，不断推动智能建造与新型建筑工业化协同发展，建设产业

互联网平台，加快推进数字技术与产业深度融合，形成涵盖设计、施工、部品生产、运维等集成服务能力强的建筑全产业链。在“一带一路”国家积极引入先进的BIM技术参与投标和施工过程，极大地提高了投标竞争力和施工的管理水平。例如，亚美尼亚医院项目以BIM形式向业主展示设计理念和新技术、新材料，成功中标。

(二)面向新兴业务，持续培育“专精特新”

青建集团拥有国家级技术中心、山东省建筑业第一家博士后科研工作站、青岛市建筑业第一家院士专家工作站等科研平台。累计开发完成90余项国内领先以上水平的科技成果；荣获省部级以上科技奖400余项，“沿海混凝土结构耐久性理论及应用技术”等2项技术荣获国家科技进步二等奖，“临海复杂地质条件旋喷桩止水帷幕技术”等11项工法获评国家级工法。此外，在安哥拉、加纳、马里、肯尼亚、莱索托等10余个海外国家都拥有当地最高施工资质。

大力推行绿色建造，开展示范工程创建，新开工建造和市政工程全面推行绿色施工模式，培育塑造“专精新”企业品牌，不断提升企业海外核心竞争力和市场占有率。集团是新加坡第一家承建PBU项目的总承包单位，并获得政府100万新元奖励，累计荣获新加坡建筑卓越奖、绿色建筑标志奖、环保与优雅建筑奖等最高奖项几十项。集团还是新加坡首个推广互联网智慧社区生活的开发商，开发智慧社区管理系统“HiLife”，并将该智慧社区管理系统推广至过百个住宅小区，引领新加坡房地产进入智慧家居配备时代，目前多家开发商将智慧家居作为项目的基本配置。

“高大精尖”项目方面，2020年承建了马来西亚3栋超高层项目，实现山东省本土施工企业海外建设工程新高度；多个新加坡政府组屋合同额超10亿元人民币；印尼3500套商业住宅项目建筑面积达26万平方米。

积极探索世行贷款项目，2018年，莱索托91公里道路优惠贷款项目通过商务部审批，并于当年12月正式开工建设，该项目是在2015年12月习近平主席参加中非合作论坛约翰内斯堡峰会达成的成果框架下的重大项目之一，也是以青建集团股份公司资质签署的第一个国家优惠贷款项目、青建进入莱索托市场近30年来第一个合同额超过1亿美元的基础设施项目。

(三)培育关键核心技术，提升差异化竞争能力

坚持价值创造导向，以“BIM＋人工智能”为抓手，围绕BIM、智慧工地、数字化交付等业务，打造数字化全过程解决方案和样板工程。凭借核心技术，大

力开拓外部市场，提升整体服务能力。其中，青建钢构公司利用厂房扩建机会，探索新型装配式钢结构体系的研发和业务开展，成功申报国家级高新技术企业。2022 年，围绕城市更新、智慧城市、绿色低碳等新兴领域开展前瞻性、战略性课题研究，共立项 5 个研究课题，不断培育新的核心技术，打造差异化竞争能力，使企业在海外的发展中始终具有活力、后劲和竞争力。

三、发挥海外经验优势，带动更多企业抱团出海

（一）积极发展“青建＋”模式

自 2015 年起，抓住“一带一路”机遇，发展“青建＋”模式，带头“走出去”。发挥自身优势，作为“青岛市民营经济国际合作商会”会长单位，以“青建＋”模式带动会员企业“走出去”发展。商会 2014 年成立来，会员企业增加近 4 倍，目前 339 多家会员在全球 40 多个国家有经济活动，涵盖投资开发、港口建设、设备制造、物流贸易等各行各业。2019 年，青建牵头成立“山东海外工程建设发展联盟”，作为会长单位带领省内更多企业拓展“一带一路”市场，积极对接中国对外承包工程商会，组织 30 多家企业参加山东-央企经贸合作对接会，积极扩大山东省企业在国际工程承包领域的知名度和影响力，推动省内企业多形式、多渠道、多方位“走出去”开拓市场。

（二）积极推进“双循环”领域合作

在海外发展近 39 年的进程中通过与央企国企合作，实现共赢，在合作中获得了发展。通过与央企国企开展多种方式合作，如组成联合体投标、实施总分包、专业分包，探讨组建股份制企业等形式，对接和参与双循环热点，共同开拓海内外市场。目前，已与诸多央企国企探讨合作，已取得了积极成果，如与山东高速集团建立联合投标合作机制，双方已经在贝宁、肯尼亚市场共同参与了 4 个国际招标项目，目前正在圭亚那、毛里塔尼亚、几内亚等市场参与道路项目联合体投标。愿以此为契机，通过相关政府部门、山东海外工程建设发展联盟和青岛国际工程发展联盟等商协会，进一步加强与央企国企的差异化合作。

（三）区域化市场合作带动行业贸易出口

积极发挥海外布局优势，开展跨行业合作，在房建和基建的基础上，把业务向新能源、水务、通讯设施、医院、农业灌溉等新热点领域延伸，带动我省优势产业资源出口。依托工程承建主业和青建驻外机构，在进行承建业务项下国内外建材、设备采购的基础上，带领产业链相关企业抱团出海，构建青建建材供应链

生态圈和青建特色的国际贸易服务平台。目前，已与百余家知名企业搭建营销平台，建立战略合作，服务企业1500余家，直接或间接带动合作企业出口3.5亿美元。

四、以文化为基，践行企业公民使命

秉承“做一个负责任的中国企业”的企业理念，青建集团一直以社会责任为己任，坚持扎根本土、融合发展，面对不同国家和地区复杂的政治、经济、文化和社会环境，正确处理与当地政府、社会人民的关系，积极履行国际公民义务，坚持担责任、重质量、讲信誉、服务当地社会，为中国企业赢得了口碑。

在海外耕耘三十余载，坚守“接一个项目，干好一个工程，树立一座丰碑，留下一片赞誉，结交一批朋友”的信念，合法合规参与招投标、坚持公平公正竞标，一切以确保高质量、按时竣工为最高原则，牢固树立“质量第一”的信念和责任感，把每项工程都视为精品予以策划和实施。2003年5月，阿尔及利亚发生6.7级大地震，青建承建的工程全部经受住了考验，与当地工程形成鲜明对比，被誉为“废墟上矗立的中国制造”。承建的中国援马里总统府办公楼项目凭借在工期、质量、安全、现场管理方面的优秀表现，被马里总统府、外交部、住房部联合推介为国家样板工程。2020年，新冠肺炎疫情肆虐，青建海外面对重重困难，顶住压力，日夜奋战，确保援多米尼克西部公路灾后修复项目和亚美尼亚使馆馆舍新建项目顺利如期交付，其中援多米尼克西部公路灾后修复项目获评优良工程。

在建设精品工程的同时，积极开展所在国社会需求的各项社会公益活动，回馈当地社会，为改善当地居民生活条件献计献策，没有因所在国条件的艰苦和社会动荡就选择离开，而是选择坚守，在所在国出现困难、需要帮助的时候，选择携手共进，取得共赢。

正青春　向未来

（新华锦集团）

一、发展历程

2002 年 6 月，按照山东省政府“推进省属外贸企业战略性改组，加快组建外贸集团步伐”的战略部署，在原省外经贸厅的牵头组织下，新华锦集团有限公司联合省纺织、省工艺和特艺品公司组建了新华锦集团。之后，省基地公司和省包装公司经批准相继加入。2002 年 6 月 19 日，集团在丽晶大酒店举行揭牌仪式，时任山东省省长张高丽出席揭牌仪式并作重要讲话。

2005 年 9 月，集团实现了国有资本一次性全部退出，成为省内首家完成产权制度改革的省属外贸企业，同时对集团内其他五家国有企业及省外贸集团实行托管经营。集团积极承担责任，努力保障托管企业职工的利益，确保了员工队伍的稳定。集团完成产权制度改革后，将原有的规模优势与新体制下灵活的运行机制有机结合，建立起统一高效的现代企业运行机制，有效促进了各项事业的发展。

2007 年 5 月，集团通过并购重组方式控股了一家沪市主板上市公司（证券代码：600735），实现了山东外贸企业上市零的突破。2012 年，集团境内外发制品资产经过整合并注入新华锦国际，大幅提高了新华锦国际的盈利能力，为发制品业务的发展壮大提供了更为优质的资本平台。2021 年，新华锦国际完成对上海荔之实业有限公司控股权的收购，形成“进口＋出口”双翼发展的格局，为下一步的业务转型升级奠定了基础。

经过 20 年的发展，新华锦集团现拥有直属和控股企业百余家，员工近万人，经营领域涉及国际贸易、医养健康和新材料产业，从成立伊始的单一外贸公司，发展成为一家主业突出、多元发展的产业化、国际化、综合性企业集团。

二、产业布局与综合实力

（一）国际贸易主业方面

持续打造核心竞争力，向生产、研发、品牌和营销网络延伸产业链条，培育起发制品、纺织服装、钻石、编织品、水产品等一批行业内领先、具有较强竞争力的核心商品，相继收购了美国发制品两个知名品牌和营销公司，提升了核心商品在国际市场上的主导地位。

发挥外贸龙头企业作用，带动中小微外贸企业共同成长，打造了北方首家外贸综合服务平台，创建了“锦贸通”“大贸世达”服务品牌，在政府、大企业和中小微企业间建立了服务生态体系。平台已与15000多家企业建立了合作关系，有近千家台上的小微企业由年出口额5万到10万美元，增长到过百万美元，充分实现了“孵化器”的功能，累计拉动山东省进出口超47亿美元，为山东省外经贸事业稳定和发展作出了积极贡献。平台先后被认定为“省级外贸综合服务平台企业”“省级跨境电商综合服务平台企业”，去年入选“国家级服务业标准化试点企业”。

始终坚持“帮助中小微企业成长，实现共赢发展”的初心，以外贸综合服务平台和跨境电商双轮驱动，不断推动企业转型升级。目前，正积极探索推进以区块链金融和全网数字化营销为两翼，多维度、多层次地实施创新，持续为传统外贸综合服务平台赋能。

积极贯彻国家双循环战略，收购了跨境进口电商公司——上海荔之公司的部分股权，在打造国内销售网络方面取得突破进展。所属汽车贸易公司作为国内首批“二手车出口试点企业”之一，出口数量及金额排名位居国内前列，被评为“二手车出口最具影响力企业”。

（二）医养健康产业方面

2008年开始，与日本知名养老上市公司合作，创建了国际化、高标准的老年颐养中心——新华锦·长乐居，打造全方位、智能化、亲情式的颐养服务典范，被评定为“青岛市五星级养老机构”。2015年双方又合资成立了长生养老运营公司，发展养老服务咨询、人员培训、受托管理等业务，延伸了养老产业链条。在此基础上，正在积极引进多家国际一流的专科医院，打造具有较强竞争力的国际医疗产业集群。

（三）新材料产业方面

自2010年开始，重点投资发展了石墨新材料等战略性新兴产业，先后收购多家石墨矿，确立了“以石墨资源为基础，以攻关高附加值的石墨提炼技术为引领，以高精度石墨烯制备为重点，以拓展石墨烯市场应用为导向”四位一体的发展思路，已经具备了大力发展石墨全产业链的能力。

高度重视品牌化战略，以品牌促发展。“新华锦”被评为“山东省著名商标”，“即墨老酒”被授予“中华老字号”；旗下的京华钻石、丽晶大酒店等品牌也日益深入人心。新华锦集团获得了省委、省政府颁发的“改革开放三十年山东省优秀企业”，山东省、青岛市“首批履行社会责任示范企业”，“山东省优等信誉企业”，“青岛经济成就卓越贡献奖”等多项荣誉。

自集团成立以来，累计完成进出口额超过350亿美元，年进出口额在山东省进出口企业中名列前茅。2021年集团实现销售收入395亿元，在2021中国服务业500强中居第184位，在2021年中国民营企业500强中居第286位，在2020中国对外贸易500强企业居第180位，在2020山东百强企业和2021年青岛百强企业中分别列第62位和第6位。

三、对外交流合作情况

作为山东外贸龙头企业，新华锦集团数十年来深耕海外市场，与世界150多个国家和地区的5000多家客户建立了稳定密切的合作关系，搭建起范围广阔、涉及各个领域的营销网络，在海内外树立了良好的信誉。先后与日本丽吉娜、双日商社、长生控股、Carchs控股等日本企业成立合资企业，建立了稳定密切的合作关系。同时，在美国、日本、韩国等国家和中国香港设立了分支机构和办事处，推动了国际化发展进程。

积极实施“走出去”战略，于2009年11月和2011年5月，先后收购了美国OR公司和美国NI公司100%的股权，成功实现对世界发制品行业第二、三大品牌的并购，延伸了发制品产业链条。

在二手车出口业务方面，2019年5月，集团旗下上市公司成功完成了对日本二手车行业排名前六的上市公司Carchs控股株式会社的投资，成为其第三大股东。

多年来，积极参与对外交流合作，积累了丰富的渠道和资源，为推动区域对外交流合作做出了积极的贡献，得到了多个客户所在国家的赞誉和表彰。近年来，积极融入上合示范区、RCEP等国家发展格局，发展二手车出口、医养健康产业和新材料产业等。下一步，将充分发挥多年来打造的国际“朋友圈”优势，特别是日本、韩国等客户资源和渠道优势，助推实现高质量发展。在医养健康产业方面，将引进日韩更多的优质医疗资源和先进技术，提升青岛及区域医养水平。在新材料产业方面，将积极引进日韩在此领域的前沿技术，与日韩有关企业和科研机构开展合作，以石墨资源为基础，重点发展高附加值的石墨提炼技术和高精度石墨烯制备，做好石墨这一珍贵资源的开发利用，积极发展具备核心技术竞争力的绿色石墨烯新材料产业。

跨国并购为企业插上腾飞的翅膀

（山东鲁阳节能材料股份有限公司）

一、企业简介

山东鲁阳节能材料股份有限公司（以下简称“鲁阳节能”）始建于1984年，于1992年进行股份制改造，成为淄博市首批、沂源县首家完成股份制改造的企业。2006年11月，在深交所中小企业板挂牌交易，成为国内同行业第一家上市公司。经过三十多年的发展，公司发展成为集陶瓷纤维、玄武岩纤维、氧化铝纤维、轻质耐火砖等新型节能材料于一体的上市企业，具备年产各类陶瓷纤维制品20万吨及玄武岩纤维制品10万吨的生产能力，由一家名不见经传的乡镇小企业发展成为亚洲最大的陶瓷纤维制造基地。公司设有国家认定企业技术中心、博士后科研工作站，是国家“863计划”的协作单位、国家标准起草单位、国家火炬计划重点高新技术企业。产品广泛应用于工业炉衬、建筑防火保温、高温绝热等领域，“鲁阳”品牌成为在节能环保领域具有核心竞争优势的全球知名品牌。

二、经验做法

（一）强强联手开新局

2012年以来，受陶瓷纤维下游行业市场复苏缓慢、传统应用领域产能过剩以及同行业竞争不断加剧等影响，公司发展进入了瓶颈期。面对困境，公司一方面不断加强工艺优化、装备自动化及新产品研发工作，开拓新市场；另一方面积极寻找多元化发展渠道，寻求新的发展契机。2014年4月，全球高性能特种纤维和无机材料行业的领军企业——美国奇耐联合纤维（以下简称“奇耐”）通过协议转让股份的方式受让南麻街道集体资产经营管理中心持有的公司29%的股份，成为公司第一大股东。同时，签署了《战略合作协议》和技术许可协议，在市场整合、技术嫁接等方面开展深度合作，携手打造世界最大最强的陶瓷纤维研发、制造、销售联盟。2015年5月股权交割完成，战略合作项目取得圆满成功。本次合作从谈判到最终完成交割历时一年多，是山东省上市公司中外合作、资产重组业务的第一案，在全国范围内也不多见。

(二)互利共赢谋发展

自2015年下半年起，公司利用奇耐装备技术对现有生产线进行了技术改造，多次派员到美国奇耐生产工厂进行交流学习，在美国生产技术专家指导下，开展陶瓷纤维针刺毯生产线提产降耗技术攻关。2015年至2017年间，陶瓷纤维针刺毯生产线产能提升超过30%，能耗下降超过30%，生产效能和产品品质得到了显著提升，极大地提升了公司产品的核心竞争力，增强了公司持续盈利能力。同时，与奇耐就营销组织体系、岗位设置、岗位职责等进行了多次深入交流，通过邀请奇耐专家进行培训交流的方式，提升了公司销售人员的行业水平。2016年，实施外资并购后的鲁阳节能公司业绩大幅增长，实现营业收入11.9亿元，同比提高5.1%；净利润1.05亿元，同比提高81.9%；研发投入4623万元，同比提高262.5%。

(三)携手共进向未来

近年来，淄博市不断提升外商投资企业服务水平，通过建立"外商投资服务大使""外资企业首席服务""外商投资优秀企业家绿色通道"等服务制度，进一步增强外商投资企业增资扩股信心。奇耐于2022年5月23日，向其他股东发出要约收购，投资外方收购总金额27.35亿元人民币，折合4.1亿美元。6月23日，双方完成交割，外方实际出资全部到位。6月27日，鲁阳节能在深交所发布股份完成过户公告。本次溢价收购后，鲁阳节能合同外资增加42796.59万美元，外方股东奇耐联合纤维持股比例由29%增加至53%。

三、意义启示

(一)探索了以资本引进带动技术引进的新路径

奇耐承诺，收购成功后将带入多项新技术，推动鲁阳节能完成进一步技术升级，助推相关产业实现转型跨越发展。如，引进高温纤维新技术，支持鲁阳节能PCW(多晶氧化铝纤维)产品的升级换代，并推动岩棉等传统产品业务的转型升级，彻底解决国内同行业高温纤维领域"卡脖子"技术问题；引进新能源汽车防火包覆材料等技术，助推全国新材料产业高温除尘、高温节能减碳技术及新材料汽车领域技术的迭代升级。在当前美国企业普遍对我国开展技术封锁的背景下,该项目实现了以资本引进带动技术引进,开辟了突破技术封锁、实现转型升级的新路径。

(二)开创了从局部合作转向总部经济的新模式

奇耐承诺,收购成功后逐步将其在全国的业务整合到鲁阳节能平台,并帮助鲁阳节能实现其业务结构的科学化,同时,今后其在中国的投资都将通过鲁阳节能平台运作,将鲁阳节能打造成真正意义上的中国地区总部型外商投资企业。双方从局部领域开展合资合作起步,逐步发展成为立足鲁中辐射全国、涵盖多业务板块的地区总部企业,为全国发展外资企业总部经济的开创了新模式,总结了新的成功经验。

化茧成蝶　华丽蜕变

（山东丽能电力技术股份有限公司）

一、发展历程

山东丽能电力技术股份有限公司前身为山东丽村热电有限公司，是淄博市高青县的一家传统小型热电企业。2010年，为适应企业转型发展的需要，成立了山东丽村电站技术有限公司，2017年更名为山东丽能电力技术股份有限公司。公司现有专利32项、软件著作权3项，荣获山东省技术先进型服务企业、山东省服务型制造示范企业、山东省服务名牌、山东省服务贸易领军企业、山东省服务外包领军企业（KPO）、山东省服务贸易（外包）成长型企业等荣誉。截至目前，公司实现国内外电力运行维护营业额5.8亿元，带动机电设备出口1.5亿元，境外项目涉及柬埔寨、印尼、印度、越南、菲律宾、泰国、吉尔吉斯斯坦、巴基斯坦、肯尼亚、埃塞俄比亚等多个国家。到2025年，预计实现销售收入12亿元，提供1500个就业岗位。

二、典型经验

（一）技术领先塑造独特优势

作为传统电力生产运营企业，公司有雄厚的电力专业技术优势，从备品备件提供商向系统集成商转型，业务领域从单纯的电站运营维护服务，逐步发展成为电站咨询设计、设备采购、工程建设、安装调试、运行维护、员工培训等一站式系统化服务，从而实现从传统电力生产向技术服务供应的变革。企业尝试将自身的优势和国际市场需要相结合，实现了能力和技术的产业化，彻底改变了企业的发展模式。

（二）服务争先奠定发展基石

从分包华电印尼拉法基自备电厂运营维护项目开始，公司在境外运营项目的过程中，积极实施属地化经营，尊重并遵守当地民风民俗，充分理解和深度挖掘客户价值，融入奉献于当地社会，创造就业岗位，实现客户利益最大化。公司联合上海电力大学、印尼卡拉旺大学签订三方合作协议，并就师资队伍建设、培训软件、VR技术应用、仿真基地建设等方面制定“中印尼紧缺电力人才培养方案”，共建印尼电力及新能源行业紧缺技术人才培养国际基地规划，目前已培养专业技术人才35人，并均已驻入印尼美娜多项目。公司成功运营柬埔寨第一个火力发电项目，是山东电力技术输出行业首次在柬埔寨开辟市场，填补了柬埔寨没有火力发电厂的历史空白，省委省政府领导在赴柬考察该项目时均给予了高度评价。

（三）人才优先插上腾飞翅膀

通过对国内中小型电站行业市场资源的深度整合和对客户行业信息多元化需求的分析，搭建了电站技术商务服务（B2B）平台——中国电站技术网和中国电站技术人才网，实现为电站技术行业人士提供电站技术前沿信息、物资供求信息、技术交流、技术论坛、人才招聘和电子商务等服务，充分实现高效的“互联网＋”模式。公司2020年与山东理工大学合作研发的“生物质锅炉长周期高效运行技术开发”成功入选山东省能源领域重点技术项目；2020年与上海电力大学、印尼卡拉旺大学达成合作意向，拟定了共建印尼电力及新能源行业紧缺技术人才培养国际基地规划；2021年与山东大学合作建“山东大学-丽能电力联合实验室”；2021年与山东大学能源与动力工程学院联合研发“生物质锅炉尾部烟气热质回收协同利用技术开发”项目，申报为山东省企业技术创新项目。

山东金宇轮胎有限公司十年发展历程

（山东金宇轮胎有限公司）

一、企业概况

山东金宇轮胎有限公司创建于2000年12月，是一家专业的汽车轮胎研发制造企业。公司拥有全钢载重子午胎500万套/年的生产能力，公司产品通过多项国内外产品认证，销售网络遍及亚、欧、美、非等100多个国家和地区。公司目前是“中国专利山东明星企业”、中国科学院“普惠计划入池企业”、省级博士后创新实践基地，省级绿色工厂，省级质量标杆企业，东营市重点上市后备企业。

公司以“共同利益高于一切”为核心价值观，以“专注于橡胶轮胎技术与服务的发展应用，为客户提供最优价值和体验”为使命，致力于成为轮胎行业内、全球信赖的、最优价值和客户体验的提供者。

十年来，金宇轮胎秉承“客户至上、质量为先、以人为本、卓越共赢”的经营理念，抓住机遇，脚踏实地，积极务实，经营规模逐渐扩大，生产能力稳固增长。在激烈的市场竞争下，公司始终视质量为企业的生存之道，凭借优异的产品质量得到了国内外广大客户的认可。

公司自成立以来，得益于政府各级商务部门的支持，连续保持企业盈利，尤其在目前疫情、战争等复杂的经济背景下，公司实现了逆势增长的斐然业绩。2021年公司营业收入达37.2亿元，同比增长6%，2022年1～6月公司营业收入达20.3亿元，同比增长12.4%。

二、企业外贸运行情况

多年来，公司外贸发展运行稳定，作为地方代表性轮胎企业之一，公司现有主要品牌有金宇、黑狮/博路凯龙等，销售市场已遍及全国各地和海外100多个国家和地区。2012年进出口6.2万美元，其中出口4.4万美元，经过十年发展，到2021年，公司进出口总额3.2亿美元，其中出口2.2亿美元。2020年至今，在新冠肺炎疫情冲击下，全球经济萎靡，市场需求骤降，公司及时进行了市场及资源调整，响应政府“一带一路”倡议，扩大对外开放，坚持加大新兴市场和疫情稳定地区出口，实施产能国外转移，外贸优势显著，出口数据连年增长。2020 年，公司实现进出口总额 22026 万美元（折合人民币约 14 亿元），其中出口总额 14469 万美元，同比增幅达 16%。2022 年 1～6 月份，公司进出口总额 1.9 亿美元，其中出口 1.4 亿美元，同比增幅 33%。

三、管理升级改造情况

近十年来，公司一直坚持通过数字化技术与先进制造工艺融合的智能化改造不断加速企业转型。目前已经搭建完成金宇特色的 EXTJS 信息化管理架构平台，完成了 RDM（研发）系统、SRM（采购）系统、MES（生产管理）系统、NC（企业资源）系统、HR（人力资源）系统、CRM（销售）系统、WMS（交付服务）系统等覆盖轮胎企业全生命周期的全流程信息化和智能化系统建设。2020～2021 年，公司共计投入超 6000 万元资金用于厂区消防安全升级改造项目及烟气治理升级改造项目建设，致力贯彻国家绿色循环高质量发展理念。通过一系列数字化智能化改造，公司人工成本连年降低，能耗总量连年降低。自 2014～2021 年，公司综合能耗降低 10809tce，单位产品能耗达到国内前五水平。

未来几年内，公司将持续深耕轮胎价值生命周期管理研究，计划投资 2.5 亿元对现有生产设备进行升级换代，引入智能化装备，持续提升轮胎智能制造和规范化管理水平。

四、技术创新情况

公司不断整合上下游产业链价值资源，与国内外知名企业、高校、研发机构建立了深入的“产学研”合作关系，实现了智慧共享、成果共享，技术创新，科研能力得到显著提升。近年来，公司通过与青科大、中石油、贝卡公司、欧洲 BDE 公司及龙头企业专家组等合作，在材料研发、性能研究等方面完成多项课题攻坚。先后完成多项绿色轮胎关键材料与数字化智能制造工艺技术研究，包括溶聚丁苯橡胶应用技术、橡胶低温连续混炼技术、子午胎全生命周期信息化平台建设等新技术、新材料、新模式的集成应用，参与完成国家科技支撑计划课题及省级自主创新成果转化项目，通过省市科技部门科技成果鉴定、成果评价 5 项，获得科技进步奖 5 项，申报专利 90 余项（其中发明专利 6 项），被评为“中国专利山东明星企业”、中国科学院“普惠计划入池企业”，申报通过国家高新技术企业认定，公司实验室被认定为东营市重点实验室。此外，公司参与多项行业标准制定，2019年和2021年，公司主导参与4项国际标准及6项国家标准制定，相关技术处于国际先进水平。

2022年，公司依托实施的基于数字化与体系融合的质量管理经验被评为山东省质量标杆企业。

五、产品研发情况

公司始终把产品研发和科技创新放在第一位，每年根据产品开发计划，首先保证年度科研经费投入，2021年企业研发投入共计13435万元，占销售收入的3%以上，确保了科研项目的顺利实施和发展。此外，公司建起了设施完善、装备先进、功能齐全、管理科学的研发实验室，建有高标准的材料研发实验室及性能测试车间，拥有先进仪器设备280余台套，设备原值达到1.36亿元，设备性能达到国内先进水平，可满足各项研发需要。2018年12月，实验室通过了中国合格评定国家委员会出具的国家CNAS实验室认可证书。

公司研发产品在市场及客户中获得有效好评。金宇JF525先后获得2020年中国商用车后市场年度大会商用车年度“轮胎之星”奖、2020年第三届奚仲奖“年度最佳品质轮胎”称号。金宇JD595轮胎凭借更节油、更高里程的实力表现获得2021年度TCO运营值得用户信赖耐久型轮胎大奖。COACH系列产品被列入工信部绿色设计产品名单。

同时随着欧盟标签法规的进一步升级，欧洲市场对于中国企业的技术壁垒进一步加强，公司通过提高自身技术研发水平、与欧洲知名技术机构项目合作、聘请国内外行业专家进行指导等途径，目前出口欧盟产品已经100%达到欧盟二阶段标签法规要求，并且部分规格产品已经达到与国际一线品牌相当的水平。

六、国际品牌建设及认证情况

目前，在品牌建设方面，公司投入大量资金建立了先进的轮胎生产、研发、检测和专业化的技术管理团队以及完善的质量保证体系和环境管理体系。公司产品通过国家CCC产品认证、美国交通部认证、欧盟ECE认证、巴西认证等国内外产品认证。公司“金宇”商标被授予“中国驰名商标”称号，“金宇”产品被认定为“山东名牌”产品,“金路”商标被授予“山东省著名商标”称号等。

七、境外营销网络建设情况

一是公司不断完善营销网络搭建,完善服务运营管理模式,实施价值营销,通过代理总包的模式,与国外终端客户建立了快速沟通、快速确认、快速交付的新型营销服务网络体系,涵盖售前、售中、售后全方位指导、培训、跟踪及三包服务等相关内容。

二是公司稳定细分销售渠道,通过产品认证及商标和专利申请等方式积极开拓发展以南美、中东、俄罗斯、非洲、东盟等国家和地区为代表的新兴市场,在北美、欧洲等区域建立以市场需求为前端的销售中心、办事处,根据不同市场开发适应性新产品,改变以往“一种产品全球统销”的销售模式,提高产品适应性,从而为产品形象创造良好基础。

三是借助信息化推动销售服务网络升级,依托金宇 EXTJS 平台,实现了销售系统、研发系统和交付服务系统的串联,可围绕用户需求实施精准研发、精准匹配、精准销售、精准交付的服务模式,大幅降低用户选择成本、企业生产、研发和销售成本,优势显著。

四是通过境外投资及纵向产业链扩张加速突破国际困局。为满足各方市场需求,加快突破外贸困局,借助国家“一带一路”政策东风,公司加快了国际化战略布局进度,目前在越南投资 2 亿美元建设生产基地,通过全球化的纵向产业链布局,内外联动,提升企业在全球的行业地位和国际竞争力。

八、跨境电商等外贸新业态情况

当前,新冠肺炎疫情仍在全球流行,世界经济仍然在回温状态,客户订单取消或延迟,国际物流运力缩减等因素仍然存在。随着跨境电商业务在行业内的深入,国内多家轮胎企业陆续进军跨境电商领域,取得了不错的效果。公司已经着手尝试对外线上销售服务系统的开发,目前已被列入东营市“跨境电商试点企业”。下一步,公司将积极寻求通过跨境电商平台合作的模式,争取早日实现“把产品从网上卖到国外”,使“互联网+外贸”的营销成为企业转型升级的新动力。

未来 5～10 年公司规划为,依托集团投资能力,在规范企业运营发展的基本前提下,以数字智能化改造驱动企业高质量发展,通过国内落后产能淘汰升级新建或参与整合重组方式实现产能持续扩张，到2025年，发展成为技术、管理和品牌影响力均居行业前列的轮胎制造企业。

面对百年未有之大变局和全球新冠肺炎疫情冲击，公司未来将紧跟各级商务部门指引，坚持立足新发展阶段，坚持在危机中育先机、于变局中开新局，坚持稳中求进，坚持疫情防控和外贸业务同步发展，创新引领对外贸易，不断提高贸易风险防控意识，扎实做好“内功”，加快推进公司及行业转型升级突破。

烟台顺泰植保科技有限公司
助推农业十年发展历程

（烟台顺泰植保科技有限公司）

烟台顺泰植保科技有限公司是A股上市公司深圳诺普信（股票代码002215）的控股子公司，注册资金6257.2万元，位于福山区回里镇，占地面积约5.3ha（80余亩），是烟台市最大的集农资销售、农业服务、农业种植、农产品交易等商贸物流于一体的综合类农业服务公司。2017年获烟台市政府“农业产业化市级龙头企业”，2018年获山东省农业农村厅“山东省新六产示范主体”，2020年获山东省政府“农业产业化省级龙头企业”。公司先后与烟台农科院、烟台市农业技术推广中心、山东农业大学、中国农业大学达成战略合作，聘请冯小海（博士、国家技术发明二等奖）、姜远茂（泰山学者、博士生导师）、李莎（博士生导师、副院长）、孙玉刚（中国园艺学会樱桃分会常务理事、山东省果树研究所种质资源室主任研究员）任签约顾问。

一、近十年发展历程和成就

1999年，烟台农技推广技术开发有限公司成立；2001年，烟台丰农植保公司成立；2004年，全年农药销售额突破1500万元；2005年，农药销售突破3000多万元，开始肥料的代理销售；2007年，同诺普信成立吉瑞公司，开启了农药销量的快速增长期；2013年，诺普信参股35%，共同成立了顺泰植保公司；2016年，诺普信控股51%，纳入上市公司管理体系；2017年，顺泰植保全面向农资服务商转型，全心全意为农民服务，获烟台市政府“农业产业化市级龙头企业”；2018年，获山东省农业农村厅“山东省新六产示范主体”；2019年，顺泰植保党支部正式成立；2019年，顺泰植保投资1.8亿元承接省财政厅、省农业农村厅的省级现代农业产业园项目，引领烟台大樱桃产业发展向更高级形态、更合理结构、更深入融合阶段迈进；2020年，营业收入突破2亿元，获得4项国家发明专利，获山东省政府“农业产业化省级龙头企业”；2021年，顺泰植保负责运营福山区张格庄、东厅大樱桃市场，辐射全国各大省份，年交易量突破3000万斤，农民增收20%。2022年，顺泰植保负责运营门楼农贸市场，将联合张格庄大樱桃交易市场、东厅大樱桃交易市场等市场共同发展，开启门楼农贸市场企业化、规范化、科学化管理的管理新模式。

二、公司业务涉及各版块介绍

（一）农资销售及农业服务板块

在烟威地区布局顺泰物流园、镇级服务中心、村级服务站的农村三级农业服务体系，打造120家镇级服务中心，560家村级服务站，辐射面积超66660ha（100万亩）。公司销售农资2.4亿元，分别与上百个国内、国际知名农资企业深度合作，以优良的品质和诚信的经营赢得市场，通过模式创新让上游供应商、企业、农户形成了三方共赢的局面。

（二）农作物种植板块

自2019年至2021年底，顺泰植保投资1.8亿元承接省财政厅、省农业农村厅的福山区省级现代化农业产业园，在回里、门楼、张格庄、臧家庄四个乡镇建立了100ha（1500余亩）的基地，分别是回里镇现代化设施保护地栽培大樱桃示范园、回里镇半月湾大樱桃大苗苗木繁育基地、门楼街道美早大樱桃露天示范基地、经开区葡萄新品种基地等，引领青提葡萄种植新风向。

（三）农产品销售交易板块

企业负责运营福山区张格庄、东厅大樱桃产地交易市场，正在积极洽谈门楼农贸市场。张格庄、东厅大樱桃产地交易市场目前交易量突破3000万斤，销售额突破2.5亿元。

张格庄大樱桃产地交易市场作为全国最大的樱桃交易市场之一，辐射全国各大省份。通过完善农产品冷链设施设备和农产品产地商品化处理设施建设，提高检验检测、冷藏保鲜、产品追溯等便民惠民服务能力，开展农产品冷链流通标准化建设示范，提升农产品流通效率，保障市场供应，助力乡村振兴。

门楼农贸市场将联合张格庄大樱桃交易市场、东厅大樱桃交易市场等市场共同发展，通过“基础设施现代化、分区布局合理化、市场功能发展多样化、配套设施设备完备化、运营服务人性化、市场文化特色鲜明化”等工程，最终拟打造为胶东地区内集聚福山地方特色、布局合理、便民服务、文化体验、绿色生态于一体的特色消费商圈，开启门楼农贸市场企业化、规范化、科学化管理的新模式，以高颜值的形象、丰厚的文化底蕴、高质量的服务回馈福山人民。

打造B2B2C平台：一方面做北京新发地、百果园、优果联、零售巨头盒马鲜生、7Fresh、家家悦等大型超市及农批市场的供应链承接。另一方面参与线上电商自营，如天猫、拼多多、京东、美团等B2C平台，为大樱桃、苹果、葡萄等福山特色生鲜农产品网络上行提供更宽渠道，为推动农业健康发展、推进乡村振兴做出更大贡献。

三、重大成就及典型案例

自2019年至2021年，顺泰植保投资1.8亿元承接省财政厅、省农业农村厅的福山区省级现代化农业产业园，在回里、门楼及张格庄三个乡镇布局建立了占地100ha(1500余亩)现代化大樱桃产业园，聚力建设“生产＋加工＋科技”的现代农业产业集群，创新农民增收利益联结机制。

2021年，公司新建及改造标准化节能低温果品分选中心2处，分别位于张格庄大樱桃市场、顺泰物流园，共3000平方米；新建及改造果品气调库和多温层节能冷库3处，分别位于张格庄大樱桃市场、东厅大樱桃市场、顺泰物流园，共5000平方米；改造建设集配中心2处，分别位于张格庄大樱桃市场、东厅大樱桃市场，共21000平方米；购置自动化选果机分选设备、可循环标准化托盘和周转筐(箱)。通过农产品供应链体系建设试点项目的实施，完善农产品冷链设施设备和农产品产地商品化处理设施建设，提高检验检测、冷藏保鲜、产品追溯等便民惠民服务能力，开展农产品冷链流通标准化建设示范，有效解决种植户综合收入低，樱桃等农产品没有分级分拣，粗犷式销售；采购资源单一且不稳定，处于传统田间交易；樱桃等农产品没有经过相关检测，限制销售途径拓展等痛点。同时也能借助智慧批发市场有效解决采购商供求信息不对等；销量没保证；质量没认证等痛点。从而提升农产品流通效率，保障市场供应，助力乡村振兴，促进消费升级，为构建新发展格局提供有力支撑。

一是建立起“生产＋市场＋仓储＋保鲜＋销售”模式，果农、客商可以直接在市场内实现农产品检测、预冷、分选、加工冷藏、配货、收储、包装、信息等一体化服务。配套建设清洗、分拣、分级、包装等设备，增强供应链末端网络商品化处理能力和错峰销售能力，现配有目前最先进的法国迈夫大樱桃分选线、龙口凯翔分选线，通过分选线自动化分拣，从果形、果径、糖度等多种维度对果品进行精准筛检，提升处理效率，从源头对果品进行标准化、规范化管理，助力烟台樱桃跨越式发展。2021年张格庄、东厅市场大樱桃交易量突破3000万斤，其中通过新建标准化分选中心和果品气调库，帮助客商和周边农户预冷、贮藏700余万斤。

二是依托大樱桃市场及农产品供应链体系建设试点项目，与京东物流达成合作签约，进行深度合作，共同搭建烟台大樱桃项目华北产地仓，合作落地烟台大樱桃生鲜预处理中心。同时与盒马鲜生、百果园、优果联等知名高端生鲜企业进行深度合作，目前已经开通全国120个城市的供应链条，其中40个城市24小时可送达、60个城市可在36小时内送达，打造了最短的生鲜供应链，确保大樱桃的品质。

三是通过提升批发市场"最后一公里"惠民功能，畅通农产品冷链流通"微循环"，补齐农产品供应链和农业产业链，突出短板，实现畅通高效、贯通城乡、安全规范、绿色生态的农产品冷链流通标准化建设示范作用。精准农服，标准运作，振兴镇域经济，助力乡村振兴，为新形势下构建现代流通体系提供有力支撑。

十年风雨兼程，不忘初心。未来，烟台顺泰植保科技有限公司将坚持以助农增收为导向，以"生态产业化、产业生态化"为理念，打造一个"满园花、四季果"的田园综合体样板，建设一个集生态示范、休闲度假、科普研究、文化教育、生产创收、五位一体的现代农业生态旅游景区。沿着习近平总书记指引的方向，描绘乡村振兴美丽新画卷，与时俱进、奋楫前行，在胶东大地上续写新的时代篇章。

商海搏击　勇立潮头

——潍百集团“区域为王”的发展之路

（潍百集团）

“走自己的路，始终保持清醒的头脑，坚持战略定力，不为任何挑战所惧，不为任何干扰所惑”。十年来，潍百集团面对纷繁复杂的市场形势，坚持“区域为王”战略，走出了自己的区域强者之路。潍百现有员工3.5万人，门店总数700余家，年销售额200亿元以上，公司所属各零售业态深受消费者信赖。

一、专注主业，稳健发展

潍百集团旗下拥有大卖场、标准超市、便利店、百货店、购物中心、家居建材、分销代理等多种业态，多年来公司一直致力于实现所有专业区域第一的市场地位，稳扎稳打，保证门店开一家成功一家。从2012年到2019年，潍百的销售额和利润每年都实现了双增长。

企业发展在确保“健康”的前提下，顺应趋势，抢抓机遇，2011年成功开设了10万平方米的时尚、体验式Shopping Mall——谷德广场，日均客流量达3万人次，成为潍坊商圈地标性购物、休闲、餐饮、娱乐场所。近几年，潍百集团快速推进谷德茂高新店、谷德锦、谷德茂经开店、谷德大艺城4个大型商业综合体建设，全面满足消费者高品质、个性化、多元化生活需求。定位于潮流、科技、艺术的新一代购物中心谷德茂高新店在2021年4月18日华丽绽放，开业三天接待客流30万人次，成功打造潍坊东部商业新坐标。拥有28.6万平方米建筑规模的谷德锦城市综合体于2022年1月13日全面开业运营，是公司迄今为止投资最大、规模最大、影响力最大的城市综合体项目，其中的中百奥莱开创潍坊首个城市奥莱购物中心，填补了潍坊商业市场的空白，从规划开工到建成运营仅用10个月，创造了业内高效建设运营的标杆典范。

二、专注品质，厚积薄发

多年来，潍百一直坚持做品质商品，而不以低价吸引消费者。集团建立了

“公司总部—经营单位—终端门店”三级品质管理制度。在商品质量方面，明确了“五关”控制体系，即采购、验收、仓储、销售、售后五道关，每道关都有具体的流程和标准；在服务质量方面，在每一个门店都设立了售后服务室，全力确保商品、服务质量和消费者权益。经过多年的积累和沉淀，潍百旗下的佳乐家、中百超市、中百便利、中百大厦、益家园、谷德广场的品质形象已深入人心。

2015 年，潍百集团投资 5 亿元，建设了中百大厨房，为企业发展注入新的增长动力。中百大厨房占地 14.4ha(216 亩)，年加工配送规模达 30 万吨，开展农产品采购、加工、仓储、配送、销售等业务，与 1000 多家水果、蔬菜种植基地建立密切合作，通过自有门店、企事业单位食堂与酒店、网上销售、会员宅配四个渠道，开展统一配送业务。中百大厨房目前已实现三个目标：一是为政府分忧，让百姓放心，从源头控制食品质量，解决食品安全问题；二是打造零售产业链与农产品全产业链深度交叉、融合发展，带动周边农民就业岗位 5 万人以上，涉及相关农民达 20 万人以上，助力乡村产业振兴；三是通过基地化运作，做到订单种植、统一采购、集中加工、统一配送，真正实现所有农产品“源头可追溯、过程可监控、品质有保障”，保证了农产品的品质和稳定供应，得到了中央、省、市农村工作领导小组的高度认可和充分肯定。2018 年上合青岛峰会期间，中百大厨房生产的“品先”产品入选成为峰会指定食材。

三、专注创新，高效服务

面对消费需求变化，潍百集团将“转型创新，高效率服务好消费者”作为重点工作进行推进。大卖场深入推进社区服务体系建设，42 家大卖场在分布区域均已成为当地消费者的购物首选，其中旗舰店新华店年销售额超过 8 亿元，单位面积销售额在全国同行中名列前茅；百货店着力打造“时尚的社交生活空间”，强化功能性体验项目，12 家百货店年销售额 20 多亿元；便利店推出“便利店＋”全新模式，向便民利民、智慧体验模式转变，现已开设便利店 600 余家。2017 年，潍百集团开设了山东省首家体验式、情景化、智能化的零售新业态——佳乐家 Top 会员店，集“精品超市＋生鲜餐饮一体化＋电商快递送到家＋大型儿童城”多功能于一体，智慧零售新技术的应用给消费者带来了全新的消费体验，一开业就得到了高端消费者的一致认可，引起了行业内的广泛关注和好评；同时，探索开设了家居集合店、孕婴店、美妆店等全新业态，满足城乡居民不断升级的消费需求。2021 年公司实现商品销售 202.18 亿元，同比增长 5.15％，保持了持续健康发展的良好势头。

2020年新冠肺炎疫情发生后，面对消费习惯及市场形势的变化，潍百集团整合优势技术资源，成立了山东数智信息科技有限公司，加快数字化、科技化转型的步伐，打造与线下地位相匹配的线上线下高度融合的服务平台，线下为基础，线上做增量。通过信息化建设，潍百已经实现线上线下的一体化，拥有中百e购、中百优选、佳乐家餐厨等线上平台，同时不断夯实线下经营核心竞争力。

2021年，潍坊面对突然来袭的疫情，潍百集团第一时间启动保供稳价预案，在城区迅速建立起300多个保供站点，多措并举畅通货源，线上线下一体运营，每天配送民生物资800多吨，用心守护好城市的"菜篮子""米袋子"，为坚决打赢疫情防控阻击战积极贡献了自己的力量。

四、专注员工，共同成长

潍百集团始终坚持以人为本的管理思想，大力开展企业文化实践，在不断提高员工物质收入的基础上，进一步关注员工精神需求，全力打造员工健康快乐的工作生活环境；充分挖掘员工潜能，扩展职业发展空间，每年储备主管级以上管理者400人以上，为企业持续健康发展提供了充足的人才支持；搭建"金点子征集"平台，每年实施完成金点子提案700余个，促进工作提升、业绩改善；常态化开展技能挑战龙虎榜活动，每年组织1万多名员工参与，极大地调动了员工的积极性。在第一届中国连锁经营协会（CCFA）行业技能大赛中，面对来自全国21家知名企业的24支高水平代表队，潍百两支代表队均荣获大赛一等奖。

坚持"区域为王"战略，潍百未来还有很长的路要走。潍百集团坚信，广大消费者的信赖和认可永远是企业不断前行、屡创佳绩的最大推动力，面对新形势、新机遇、新挑战，潍百集团将以"二次创业"精神为引领，集中全部精力推进企业健康发展，奋力"走在前，开新局"，助力人民满意的现代化品质城市建设，为加快建设新时代社会主义现代化强省做出新的贡献，以优异成绩迎接党的二十大胜利召开。

在老挝绘制高质量发展的“工笔画”

——太阳纸业投身“一带一路”建设的探索与实践

（太阳纸业）

太阳纸业是全球先进的林浆纸一体化企业，中国造纸行业领军企业之一，位列世界制浆造纸前 30 强，公司市值稳居中国造纸行业上市公司前列。近年来，太阳纸业超前考虑实施“走出去”战略，积极参与“一带一路”建设，着手建立海外资源保障基地，摆脱被人“卡脖子”的命运。

一、积极探索，努力破解“卡脖子”难题

2013 年以来，我国通过共商共建共享“一带一路”倡议，一方面推动沿线各国共同打造开放、包容、均衡、普惠的区域经济合作架构，另一方面也给国内企业“引进来、走出去”提供重大机遇，开创企业新发展格局。

老挝林业资源、水力资源都非常丰富，森林覆盖率约 50%，人均森林面积更是中国的十倍，在老挝境内经营林地的成本大大低于国内。2008 年 10 月，经过在多个国家长期考察论证，太阳纸业开始进入老挝。2009 年 11 月与老挝政府签订《林浆纸一体化项目发展合同》，在沙湾拿吉省色本县投资建设“林浆纸一体化”项目。2010 年 8 月，公司全资子公司太阳纸业控股老挝有限责任公司（简称“老挝公司”）正式成立。自 2020 年 12 月 1 日起，中国对原产于老挝人民民主共和国的 97%税目产品，适用税率为零的特惠税率。这样不仅公司在老挝项目的原料进口免税，公司在老挝项目生产的产品进入国内也将享受零关税。在公司战略规划中，老挝基地是公司“三大基地”之一，更是公司解决原料“卡脖子”问题的重要战略支点。

老挝“林浆纸一体化”项目得到了老挝党和政府的关心和支持，老挝前国家主席本杨、现任国家主席通伦等党和国家领导人莅临老挝公司视察指导，对项目给予高度评价和赞赏。但是，与海外造纸产业龙头企业相比，我国造纸企业原料自给率仍然有着一定差距。一是部分企业在进行“走出去”的过程中缺乏

经验以及对当地的深入了解，往往难以真正融入当地，由此造成诸多困扰；二是原料林基地建设是一项长期工程，需要企业以战略眼光进行长期建设，不可半途而废；三是对于中小企业而言，受制于理念意识、业务基础、资金实力等因素，积极性还尚未充分调动。想要真正破解产业原料“卡脖子”难题，更需要整个造纸产业链加强合作，调动各方力量，环环发力、久久为功。

二、算好“四笔账”，握好“一带一路”建设机遇

习近平总书记强调，通过发挥内需潜力，使国内市场和国际市场更好联通，充分利用国际国内两个市场、两种资源，促进经济可持续发展。太阳纸业作为国内造纸行业龙头企业，在新发展理念的引领下，积极“走出去”，参与“一带一路”建设，在老挝建设“林浆纸一体化”项目，为企业高质量发展提供了坚实的原料保障，并造福于老挝经济社会发展，为维护全球生态安全做出积极贡献。

（一）算好经济账，高质量建设林浆纸一体化项目

在项目投资之前，太阳纸业首先做了周密细致的考察论证工作。通过调研发现，老挝自然条件优越，适合林业发展；老挝政局稳定，社会环境较好，且老挝和中国云南相邻，民风民俗、文化背景方面有一定的相近性。同时，老挝的土地可以通过签订租赁特许协议的方式承租，租地成本价格相对低廉，老挝的劳动力价格在全亚洲也处于较低水平。近年来，老挝提出变陆锁国为陆联国，积极响应“一带一路”倡议，建设中老铁路，这都为项目建设提供了便利条件。

在周密论证后，2009 年 11 月太阳纸业与老挝政府签订《林浆纸一体化项目发展合同》，在沙湾拿吉省色本县投资建设“林浆纸一体化”项目。目前，10 万公顷原料林种植基地进展顺利，林木长势超出预期，部分木材已经进入轮伐期。国家“一带一路”倡议提出后，太阳纸业积极响应，顺势而为，2014 年 11 月，老挝公司高标准、现代化、年生产能力 1000 万株的组培室，历经前期基础建设、组培设备的采购和安装调试，正式投产使用；2017 年 1 月，果断在老挝启动了 30 万吨化学浆项目，这是太阳纸业第一个海外投资建设的实体项目，项目于 2018 年 5 月投产运行，填补了老挝现代化制浆造纸的空白；接着，公司再陆续投资 6.36 亿美元建设了 40 万吨再生纤维浆项目、80 万吨箱板纸项目，现均已顺利投产。

（二）算好创新账，融入老挝、造福老挝

为保证老挝项目发展能够惠及当地每一个人，公司最开始创新推出“3＋2”原料林种植模式，即指公司承担前期资金投入、技术投入和市场回收三项，而村

民提供名下的荒山、杂灌次生林和足够用于生产的劳动力。签订“3＋2”合同后，种植户负责完成清山、挖穴、种植、管护、砍伐等工作，公司则提供苗木和技术支持，并在木材长成之时进行回购，将扣除苗木成本的所有利润均交由种植户。

除了“3＋2”模式，针对家中有荒山、次生林但缺乏劳动人员的家庭，太阳纸业还贴心地推出了“4＋1”模式，即公司承担资金投入，劳动力、技术投入和市场回收，而种植户只需提供土地以及简单的跟踪开发、管护工作。待完成木材收割后，双方进行利益分成，第一期公司收益80％，种植户获利20％；第二三期公司收益70％，种植户获利30％，确保每一户都能搭上老挝太阳纸业工业园发展的快车。

根据项目需求招聘老挝籍员工，按需有序地开展在职培训，大力加强员工本土化建设。通过完善的培训计划和专人管理，让他们对设备的原理和性能进行深入了解，力求在短时间内达到培训效果最大化。并在合同、薪资、考评等方面建立严格机制，通过企业文化增强他们的责任感、荣誉感。目前，老挝项目员工队伍本土化率显著提高，有效地缓解了人力状况，为老挝公司的持续、健康发展奠定了重要基础。

（三）算好长远账，积极践行社会责任

老挝公司以高度责任感投身于当地社会发展、积极参与慈善活动，与当地政府和人民建立和谐共融关系，获得了老挝政府和群众及当地媒体的一致高度赞许，为更多的老挝群众带来美好未来。

积极参与公益慈善事业。累计投入人民币1200余万元帮扶资金，用于周边群众修桥铺路、打井架电、挖鱼塘、建学校等各种捐资捐助。公司计划每年选拔30名优秀困难学生进行资助，毕业后进入公司工作。2018年7月阿苏坡溃坝，公司和全体员工捐款8.3万余元和部分食品衣物等；同年12月，向沙湾拿吉省政府捐献价值39万元的救护车2台。

2020年发生新冠肺炎疫情以来，老挝公司采取科学有效的防控举措，保障老挝子公司全体员工健康安全。同时结合当地实际需求，伸出援手精准捐赠、援建，陆续向当地政府捐款捐物累计达8万元，向沙湾拿吉省政府捐赠20万只防护口罩；向沙湾拿吉省卫生厅捐赠84消毒液5000kg和部分消毒工具；援建沙湾拿吉省境内的两个国际口岸安装全自动高压喷淋消毒龙门。还分别向沙湾拿吉省色奔县、帕兰县、孟品县等7个县捐款捐物，为老挝疫情防控做出积极贡献。

当前，老挝太阳纸业工业园已经成为老挝在带动人民脱贫致富、实现绿色发展中一颗冉冉升起的新星。2019 年 3 月 10 日，时任老挝国家主席本扬·沃拉吉莅临老挝太阳纸业工业园视察指导，视察中本扬主席号召周边群众要与太阳纸业加强联系，联合种树，实现脱贫致富。

(四)算好生态账，实现绿色可持续发展

太阳纸业一直以来坚定走绿色发展道路，在老挝更彰显了建设生态企业的本色，让林木资源永葆生机活力，成为当地绿色发展的先行者和领导者，让生态成为企业最靓丽的名片。

老挝公司在苗木的培育上取得了重要技术突破，充分发挥优树选育、组培快繁的优势，现已能培育出适宜老挝本地生长、品系优良、综合效益较高的桉树、相思树及当地速生树种为主的种苗，这大大降低育苗的成本费用，有效保障造林用苗，这将为太阳纸业提供源源不断的原料。

原料林基地的建设，所带来的效益不局限于有效解决了企业的原料问题，它对气候、生态也有着良好的作用。据了解，森林每生产 1 立方米的木材蓄积量，能吸收 1.83 吨二氧化碳，释放 1.62 吨氧气。按照 2019 年北京碳汇交易价格每吨 30 元人民币左右计算，仅老挝 10 万公顷的人造林每年所带来的碳汇效益至少达到 5 亿元人民币。

后续，老挝公司将继续推进老挝原料林建设，加大百姓合作林的投入，扩大原料基地建设规模。项目建设上，老挝公司突出生态文明理念，全部高标准设计、高水准施工、高质量运营，采用世界一流设备、一流工艺，各项排放指标全部达到或优于欧盟排放标准，让老挝当地迎来了经济腾飞发展的契机。

三、创新思路，推动企业高质量“走出去”

太阳纸业以习近平新时代中国特色社会主义思想为指导，立足新发展阶段，贯彻新发展理念，构建新发展格局，推动高质量发展，以供给侧结构性改革为主线，积极投身“一带一路”建设，更好利用国内国际两个市场、两种资源，提高在全球配置资源能力，更好争取开放发展中的战略主动。在十余年的探索实践中，太阳纸业不仅通过在老挝的“林浆纸一体化”项目建设有效解决了原料短缺的难题，也为更多造纸企业投身一带一路建设，破解原料“卡脖子”难题提供了很好的借鉴。

(一)要紧跟国家政策导向，把握战略机遇

太阳纸业在发展过程中，始终坚持着行稳致远的发展原则，绝不盲目上项目，而是坚定跟随国家政策导向，从补短板出发进行论证考察与项目规划。特别是在我国提出“一带一路”倡议之后，太阳纸业深信，“一带一路”倡议将成为中国造纸企业发展的下一个机会。多年来在老挝的实践证明，“一带一路”倡议帮助太阳纸业在“走出去”的过程中得到了资源、金融、政策等方面国家层面的支持，提高了企业综合竞争力。

(二)要积极融入当地，在共建共享共生中实现互利互惠

诚然，在最初进行项目建设中，太阳纸业在面对老挝自然条件、基础设施、人文情况时经历了不短的适应时期。但公司在项目建设时始终坚持平等互利原则，以项目建设增加当地民众收入，积极践行社会责任，造福老挝人民。

(三)要有战略眼光与坚持精神

走出去必然会面临一些新压力、新挑战，在考察论证的过程中太阳纸业对困难有着清醒的认识和充分的思想准备。在长期以来的实践中，太阳纸业始终坚定实施“走出去”战略，持续不断地进行投入，才能在后期取得丰厚的回报。

(四)绿色发展是造纸行业实现可持续发展中恒久的主题

太阳纸业始终坚定绿色发展的道路，无论是在老挝进行原料林建设还是在国内积极实施环保生命工程，绿色发展的道路都帮助企业充分提升了综合竞争力。未来，随着碳中和政策的深入实施，更多的造纸企业将受益于绿色发展的理念。

实施高水平对外开放
引领企业高质量发展

（华勤集团）

近年来，华勤集团抢抓山东省坚定不移扩大对外开放、坚定不移优化营商环境、坚定不移强化外资企业和项目服务的良好机遇，通过强强联合与自我发展的相互促进，“引进来”与“走出去”的紧密结合，努力抢占全球同行业的制高点，打造出了高端产品、高端技术和高端制造能力，享受到了改革开放和经济全球化的双重红利。如今，以高水平开放引领企业高质量发展，已经成为华勤集团最鲜明的特质，也为广大民营企业对外开放、转型升级作出了良好表率。

一、招大引强敢为人先，勇攀全球行业巅峰

华勤集团始终坚持开放发展战略，以招大引强促进企业做大做强，创造了“借外力强内力，靠开放促裂变，以股权换发展”的合作模式，先后与意大利倍耐力、德国大陆、比利时贝卡尔特等多家世界500强和知名跨国公司合资合作，以全球领先的设备，匹配独一无二的工艺路线，打造出一系列可持续发展和环境友好项目，在高性能轮胎、高端工程橡胶和高强力钢丝制品领域走在了全球同行业前列，成功促使企业迅速成为拥有高端产品、高端技术、高端人才的全球知名橡胶企业，成为中国企业对外合作、开放发展的一个亮点。

2005年，世界500强企业、全球著名轮胎制造商意大利倍耐力集团在中国寻找合作伙伴，华勤集团以出色的软、硬件实力引起了他们的注意，经过实地考察与交流，双方一拍即合，迅速敲定合作协议。合资后，华勤集团通过积极引进、消化、吸收倍耐力的先进管理经验和领先技术，大大提升了自身实力，成功跻身全球顶级轮胎制造商行列。自2012年以来，双方在原有高性能轿车轮胎的基础上，又合作上马了赛事用高档摩托车轮胎项目，并建设了神州智能制造轿车轮胎项目及研发创新中心项目，合作层次不断提高，合作领域不断延伸。目前，倍耐力在华勤工业园中国工厂的累计投资已超过22亿欧元，成为意大利在

华最大的投资项目之一。与倍耐力互利共赢的成功合作，为华勤集团引进更多的世界500强企业奠定了基础。

2015年2月，华勤集团与世界500强企业——德国大陆集团举行了战略合作暨合资企业成立仪式，共同组建山东康迪泰克工程橡胶有限公司，公司拥有世界上规模最大、技术最先进的输送带单一生产工厂和一流的胶管制造工厂，致力于打造全球知名的高端工程橡胶研发生产基地。德国大陆集团创始于1871年，是全球领先的汽车零部件供应商。华勤集团与大陆集团作为中德两国工程橡胶领域的杰出代表，在全球橡胶领域有着广泛的影响力，双方的合作提高了华勤集团的技术实力和在全球工程橡胶领域的地位，加速德国大陆在中国市场的战略布局，为全球客户创造更大的价值。

2015年3月，华勤集团与比利时贝卡尔特集团举行合资公司成立仪式，共同致力于中国高端钢丝制品的技术进步与发展，打造全球钢丝制品的领军企业。比利时贝卡尔特是具有百年历史的跨国公司，全球规模最大、技术最先进的钢丝制品制造商，产品行销120多个国家和地区，也是在华投资最多的比利时公司。双方成功实现战略合作，既有利于发挥各自优势，推动合资公司各项工作迈上新台阶，实现新跨越，也有利于促进双方的主导业务取得新的发展。

二、不忘初心坚守实业，引领行业高端制造

多年来，华勤集团始终坚守实体经济，坚定不移地发展高端制造，打造高端产品，借助与多家世界500强企业和知名跨国公司合资合作的优势，全面提升企业的综合实力和市场竞争力，实现产品高端化、精品化，生产精细化、信息化，管理科学化、人性化，园区绿色化、生态化，把橡胶这一传统产业打造成高科技含量、高附加值的优势产业。

华勤集团各产业项目自立项之初，都本着"起步就与世界同步"的理念，力争"赢在起跑线上"，主要工艺设备均从欧美顶级厂商引进，包括荷兰VMI全自动轮胎成型机、德国克虏伯HF啮合式密炼生产线、特勒斯特四复合生产线、费舍尔钢丝带束层裁断机、意大利埃克利两用压延生产线、美国巴特尔钢圈缠绕生产线等，能够以一流的工艺设备造就一流的产品品质。目前，华勤集团拥有1400万条高性能乘用车轮胎、300万条高端摩托车轮胎、200万套高性能卡客车轮胎、4000万平方米高强力输送带、1亿标米高压胶管、5万吨钢丝绳、5万吨钢帘线的产业规模，打造全球最顶级的研发中心和生产工厂，轮胎产品主要为宝

马、奔驰、奥迪、沃尔沃、路虎等世界级豪车配套，工程橡胶产品广泛应用于国内外大型煤矿、港口、建材、钢铁、电力、航空、工程机械等领域，大多是国内企业难以生产的高端产品，产品制造技术达到世界先进水平，成为山东省民营经济发展的标杆和中国高端制造业的优秀代表。

三、坚持两个“毫不动摇”，促进自主品牌发展

与国际企业合作，更重要的是借助合作优势实现自身发展。发展过程中，华勤集团牢牢坚持两个“毫不动摇”，即毫不动摇实施强强联合开放发展，毫不动摇做大做强自主品牌。通过与多家世界500强企业和知名跨国公司的强强合作，华勤集团吸收先进技术和管理经验，打造出高端产品，利用遍布全球的营销网络迅速占领国内外市场，为自身的加速跨越发展打下了雄厚的基础。2014年，华勤集团上马中高端卡客车轮胎项目，采用多年积累高端轮胎制造技术，与中国道路运输实际相结合，生产民族自主品牌的陆通（ROADONE）轮胎。进入市场短短几年时间，陆通轮胎受到广大客户的一致好评，跻身国内替换市场的前三位，并广泛开拓国际市场，用优质耐用、节能环保的高端产品悄然改变着国产轮胎“粗制滥造”的传统印象，重塑中国民族轮胎品牌崭新形象。

为提高自主品牌的核心竞争力，华勤集团不断加大自主创新的投入力度，实施“双向闭环管理创新模式”，以相关法规要求和市场客户需求构建产品定义，以供应商、科研院所及OE客户的创新资源为依托实施协同创新，形成产学研结合、上下游一体、国内外联动的开放式创新体系。集团引进国际尖端研究设备，建设了轮胎、工程橡胶、钢丝制品等业务领域的专业研发中心，建成包括博士后科研工作站、山东省新能源汽车轮胎工程技术研究中心、山东省橡胶管带工程技术研究中心、省级企业技术中心、省级技术创新示范企业等高水平科研平台。近年来，华勤先后开发出数百种输送带和轮胎的新产品、新技术、新材料，包括无人驾驶汽车智能轮胎的研发与产业化、低碳绿色智能商用车轮胎技术等省级立项项目，这些高科技新产品、新技术，大大缩短我国与发达国家之间的技术差距，极大地推动我国在橡胶轮胎领域的技术进步，提升了行业的整体技术水平。

四、扎根山东推介山东，强强联合再续华章

华勤集团与合作伙伴始终坚持扎根山东发展，致力于在国际上宣传山东、

推介山东，进而吸引更多优秀的跨国公司投资山东。在2022年5月举办的全省民营企业座谈会上，华勤集团建议采取更加有力举措，对扎根山东长期奉献山东的跨国企业给予一定关心支持，体现出我们山东的开放、山东的包容、山东的温暖。在2021年举办的山东与世界500强连线暨深化与欧盟合作推进会上，省委、省政府主要领导与三家世界500强企业的高层领导连线对话，其中有两家(意大利倍耐力、德国大陆)是华勤集团的合作伙伴。华勤集团合作伙伴的高管连续参加了三届跨国公司领导人青岛峰会，在峰会上多次公开表示，山东是跨国公司全球化发展历程中的“福地”，愿意共同见证山东经济更美好的未来。

“小赢靠智，大赢靠德”。华勤集团认为，与跨国公司的合作，发展比股权重要，培养人才比利益重要，合作伙伴对我们的认可，从佩服到双方交为朋友，比分红更重要。通过成功的长期合作，华勤集团与合作伙伴建立了互利共赢的良好关系，彼此信赖，相互支持，实现了资源共享、风险共担、优势互补、共同发展，合作关系不断深化，合作领域不断延伸。在现有良好合作的基础上，华勤集团引导倍耐力不断加大在中国合资公司的资金投入和技术投入，让兖州成为倍耐力海外最重要的生产研发测试基地。此外，华勤集团计划与比利时贝卡尔特集团继续扩大钢丝制品项目的产能。同时，与德国大陆共同增加新的投资，新上高压胶管技术改造及扩产项目等一批高质高端的大项目，全方位提升产品档次。

作为全省民营企业对外开放的典型代表，华勤集团在以国内大循环为主体、国内国际双循环相互促进的新发展格局中有着独特作用。一方面，华勤集团引进全球行业领先的装备和技术，积极推动中国橡胶行业的高质量发展；另一方面，通过与华勤的合作，让外资看到中国巨大的市场潜力、强大的发展韧性和坚定的开放决心，从而吸引更多的世界500强和跨国公司植根中国、深耕中国，推动更多的新技术、新产品落地中国，更好地满足人民对美好生活的向往，促进经济转型升级、高质量发展。今后，华勤集团将积极利用国内国际“两个市场”“两种资源”，在深度参与国际国内竞争中实现跨越发展，在响应“一带一路”倡议的更高水平对外开放中实现高质量发展。

岱银集团外贸发展这十年

（岱银集团）

山东岱银集团是一家集纺纱、织布、服装、进出口贸易、跨国生产经营于一体的大型综合性企业，是中国棉纺织行业前20强企业。十几年来，岱银集团在市级商务部门的领导下，抓住机遇迎难而上，努力完成内外贸和国际经济合作各项目标，深入实施创新驱动发展战略，围绕产业链部署创新链，围绕创新链布局产业链，聚焦科技创新、智能制造、品牌建设、跨境电商等进行重点发力，全力提升核心创新能力和可持续发展能力，努力实现高质量发展。

一、积极布局产业链条，聚焦纺纱、织布、服装、进出口贸易板块

实现销售收入46亿元、进出口贸易总额3亿美元的规模。

2009年，天梭5万纱锭高档精梳纱项目建成投产，岱银的纺纱能力进一步壮大，进入全国百强。

2009年，天梭年产100万套高档西服项目当年建成投产，为国内打造雷诺品牌，为出口高档西装提供良好的生产基地，也成为世界品牌OEM的加工厂。

2009年，原来的美国办事处成立了岱银美国公司，正式在北美注册雷诺商标，建立营销团队，打造自主品牌。美国公司作为市场的桥头堡，为集团提供信息、培养国际人才，为开发新客户起到推助作用，进出口贸易额连年增长。休闲、户外服装客户也纷纷和岱银深度合作。

2010年在祝阳镇建设了牛仔服装专业厂，延伸纱、布、服装的产业链。

岱银生产的包芯弹力纱、竹节纱、麻棉纱等特色纱线，已成为牛仔业内知名品牌和指定专用纱线，牛仔布已成VF/AEO/LEVI'S/优衣库等品牌的专业供应商，金辉牛仔服装厂已成为世界知名品牌的战略合作伙伴，随着商业旅游经济的发展，劳动密集型企业必须随之而转移，岱银先后在岱岳区、新泰、肥城、曲阜等地的中心镇中心村，建设十几家服装加工基地，化解招工难、用工贵的难题。由城市向农村转移，由国内向国外转移，也是近十几年纺织服装企业的发

展的缩影。

二、危中寻机、求实创新，全力推进企业国际化进程

以市场需求为导向，形成一仓三网两基地，加速推动公司外贸业务向高质量发展。年进口棉纱1.5亿美元，自主品牌服装销售1000万美元。依托在美国、加拿大、欧洲建立的市场营销网络，面向国外市场开展了雷诺西服高级定制业务，受到了美国、加拿大、荷兰、新西兰、澳大利亚等国家客户的青睐和赞誉。(2019年新设立越南办事处)。

2013年，岱银集团经过对十几个国家的考察调研，最后选定在“一带一路”战略要地马来西亚建设纺纱项目。总投资4亿美元，分三期投资建设总规模50万纱锭特种纱项目，全力打造世界一流水平的现代化纺织工业园。

2014年，开工建设。

2015年5月28日10万纱锭顺利投产达产。创造境外建厂的新速度，一期项目定位准、建设快、运营好，实现当年投产当年盈利，取得了良好经济效益和社会效益，同时也赢得马来西亚政府的高度评价。

2017年初第二期12万纱锭项目于开工建设。同年投资30万美元的美国长桥国际贸易有限公司成立。

2018年5月，投资1亿美元，马来西亚二期12万纱锭项目，全面投产达产，二期项目立足高起点、高档次、高标准，引进世界最先进的纺织设备，生产具有世界一流品质的高档纱线，新增就业岗位500个，每年新增销售收入1亿美元。岱银集团将继续投资建设三期项目，届时总生产规模将达到50万纱锭，提供就业岗位2000余个，年销售收入达到4亿美元，成为马来西亚最大的纺纱工厂。

2019年11月，在柬埔寨投资400万美元，占地3200平方米，年产100万件服装厂成立，2020年调试达产。

2020年初，岱银集团洛杉矶4万尺新公共海外仓正式投入运营，作为山东省商务厅、青岛海关等部门联合审批认定的山东省跨境电商公共海外仓和综合服务平台，实现了全面升级和对外开放。

三、加强技术研发与品牌战略共进，增强企业硬实力

一直以来，岱银集团把科技创新置于优先发展的战略地位，已建立省级企业技术中心、省级工业设计中心和山东省院士专家工作站三大省级研发平台，

拥有各类技术开发人员300余人。岱银先后与军委后勤部军需研究所、西安工程大学、东华大学、天津工业大学、武汉纺织大学等知名院所建立了战略合作关系，全面提升了企业的科技创新能力，每年都有多个产学研合作项目在省、市、行业协会立项。集团已被中国纺织工业协会认定为“国家纺织产品开发基地”，获得国家、省、市级科技创新荣誉200余项；累计申请专利80多项，授权44项，其中《一种交捻竹节纱的生产方法》发明专利荣获第十四届中国发明专利金奖，也是当年山东省获得的唯一金奖。

四、聚焦科技创新、智能制造，聚集和规模效应显著

现有智能自动化流水线20条，成衣年产量500万件。2018年以来，岱银集团先后对西服正装、牛仔成衣、休闲服装加工基地工业园项目进行智能化升级、改造，应用智能吊挂系统和智能生产管理系统，为岱银集团打造智能化服装样板工厂。牛仔与休闲服装首批智能吊挂线已于2021年10月安装调试完毕，第二批追加的吊挂线目前正在安装中。通过智能生产管理系统配合智能吊挂设备，实现了生产信息的实时连接，消除信息孤岛，多线联合作业。取代人工搬运、绑扎、折叠，实现原材料、裁片、成衣等物料的智能存储与输送。自动记录员工生产数据及相关生产信息，并自动派发生产订单，平衡相同工序中不同员工的效率差异，使人与设备的运作效率明显提升，整体效率提升幅度15%～20%，助力企业提升综合竞争能力。

五、加快跨境电商新业态新模式发展

利用好跨境电商综合服务平台，美国公共海外仓，使岱银集团自主品牌走向国外。通过几年的投入，公司产品在亚马逊，沃尔玛等知名第三方平台上有了一定知名度，使岱银集团的服装自主品牌站在了国际市场上，集团的服装产品受到当地消费者尊重和喜爱。美国海外仓的设立，为当地的零售商提供了物流的便利，大大缩短了配送的时效，降低了传统贸易清关、配送难的问题。在海外仓实现更换标签、重新打包，大大节省了物流的时效性。同时集团多年深耕，深谙美国市场，通过海外仓系统下达操作指令进行配送和备货，这样可以解决高峰期物流慢的困扰，降低运营成本，提高产品周转率，提高海外卖家口碑。2022年上半年通过海外仓出口500多万元同比增长150%。

回顾岱银这十年，是成长的十年，是商务外贸政策持续稳定落实的十年。

商务政策从推动外贸领域保通保畅、加大财政支持，到帮助集团抓订单拓市场、走出去，再到今年的稳定外贸产业链，保供应链，岱银集团相信只有用足用好相关政策措施，才能使企业稳定健康发展，取得更多的突破和提升。

山东泰开电力建设工程有限公司十年发展回顾

（山东泰开电力建设工程有限公司）

山东泰开电力建设工程有限公司成立于2007年，是泰开集团的全资子公司，作为泰开集团对外窗口公司，主要致力于高压输变电项目工程总承包及其成套设备出口，并以输变电项目规划、咨询、设计、项目管理和工程总承包为核心，为客户提供一站式输变电综合解决方案和全生命周期的管理服务，公司成立15年来，在变电站设备出口、高压输变电工程总承包领域积累了一定的经验，具备了与世界一流公司（ABB、西门子）同台竞争的能力，现已在海外逾60个国家及地区获得设备供货或工程总承包业绩。

回顾公司十余年的发展历程，从成立之初十余人的团队发展到现在近200人的国际工程专业团队，从成立之初不足千万的营业额发展到年营业外稳定在4～5亿元的明星公司，正是国家政策引领、政府扶持帮助以及自身坚持业务创新发展三者相互结合的结果。

从泰开电建公司自身发展的角度来说，对经营模式的持续探索、创新是引领公司不断发展的源泉。公司成立十五年来，特别是自2013年至今的10年里，电建走上了稳步发展的快车道，经营模式经历了“代理出口—自营出口—配合国企/央企承包工程—自营承接海外总包工程—与央企/国企合作优势互补承接工程”几个阶段，每次业务升级都是一次创新和突破。公司过去十年年均签约额稳定在5亿元人民币左右，有效带动了集团产业链的发展并在部分国家和地区成为业内知名品牌。

公司之所以依靠业务创新引领发展并取得瞩目的成绩，主要有四个方面的特点。

一、依托国家政策“东风”，积极参与“一带一路”国家建设

自国家推出“一带一路”建设相关政策以来，电建公司结合自身发展特点和优势，对“一带一路”国家进行市场布局，通过广泛市场调研和考察，重点对东亚

(蒙古国)、东南亚12国(越南、缅甸等)、西亚18国(伊朗、埃及、约旦等)、中亚5国(哈萨克斯坦、乌兹别克斯坦等)进行布局，选取优势市场、集中优势团队进行市场开拓和业务开发。

目前电建公司主要海外业务在“一带一路”沿线合同额平均每年保持2.5亿元人民币合同额，合同签署量稳定，市场占有率和市场份额已较为成熟稳定。成为支撑公司发展的主要市场区域。

二、“借船出海”，实现高质量发展

随着国家“走出去”战略的深入实施，国际电力领域市场竞争日趋激烈，中国公司在国际舞台上同台竞技日趋普遍。公司总结以往经验，提出了与大型央企合作“借船出海”的策略，依托央企强大的商业运作模式和高效的管理制度降低项目风险，凭借自身多年积累的经验，打造起了一支专业、高效的业务团队，在对外承包工程业务上积极采取与央企优势互补、共谋发展的策略，使对外承包工程业务得到了迅速发展。先后与北方国际合作股份有限公司、中国航空技术国际控股有限公司、中国电力工程顾问集团、中铁集团等多家国家重点央企在国际市场展开合作。

以莫桑比克市场为例，公司自2018年进入并开拓该国电力领域市场，凭借多年在海外发展锻炼出的专业团队和管理经验，得到了北方国际的高度认可，双方“强强联合”，一举拿下了莫桑比克国家电网数十个变电站总包的融资+总包项目和8700万元人民币的变电站总承包项目。与此同时，鉴于公司在莫桑比克市场的突出业绩和品牌优势，又与河南国际集团合作，投身莫桑比克水净化厂输变电配套建设，泰开电建与央企、国企一道为莫桑比克国家电力事业做出了巨大的贡献。

在其他国别市场，泰开电建与电力领域的各大央企保持着持续、深入的合作：

公司与中国航空技术国际控股有限公司、中铁集团等建立战略伙伴关系，参与埃及“东部经济走廊”建设，圆满完成了斋月十日城电气化轻轨项目输变电系统的工作。埃及电气化轻轨项目采用中国技术和装备，是中国轨道交通全产业链走进埃及的第一个重大项目，具有技术标准高、设备比重高、附加值高的特点。项目已于2022年7月3日在埃及总统塞西、总理马德布利的见证下顺利通车，公司作为220kV强电系统的建设者之一，在项目的建设过程中充分展现了强有力的技术能力、交付能力和现场施工履约能力，有力支持和配合中铁、中航公司圆满完成了任务。

公司配合中国水电集团水利水电第十四工程局在布隆迪援建的胡济巴济水电站项目，克服疫情、工期等内外不利因素，于2022年7月初顺利竣工。公司将继续与各央企、国企广泛合作，优势互补、借船出海，实现高质量的发展。

三、创新引领，深挖优势市场，推进非洲市场融合发展

非洲作为我国国际工程业务的传统市场，在电建公司的业务地位也是逐年稳步上升，以2021年为例，电建公司新签合同6.6亿元人民币，非洲市场新签5.28亿元，占比达80%，营业收入2.27亿元。近5年来非洲已成为支撑公司发展的最主要市场。

目前电建公司在东南非和西非区域业务国别涵盖肯尼亚、乌干达、坦桑尼亚、卢旺达、布隆迪、莫桑比克、尼日利亚、几内亚、科特迪瓦、布基纳法索、津巴布韦等，通过自行承建、与国企/央企合作/当地承包商合作等多种形式共有执行输变电项目17个，其中10个处于现场建安阶段，7个处于国内设备生产阶段；新签约待执行项目1个；所有项目涉及合同金额23.33亿元。公司通过深挖二次经营和属地化建设，雇佣当地员工并秉持互利共赢原则，适当让利当地企业，分包部分业务给当地企业，带动当地产业链发展，形成和谐共建，共同发展的局面，即有效推动项目的执行，创建优质工程，又身体力行地实现追求卓越、回报社会的企业宗旨。

四、深化改革，持续自我革新，适应跌宕起伏的国际市场

自2020年新冠肺炎疫情全球爆发以来，世界格局发生重大变化，国际电力工程市场受到重大冲击，一度进度“寒冬季节”。国内外众多国际型工程公司、外贸公司受疫情阻断、全球经济衰退等宏观影响陆续出现经营困难甚至倒闭，泰开电建公司也受到重大冲击。公司凭借国家和政府政策引领、泰开集团平台支持，积极对标国内外先进公司，持续深化自我革新，确保了公司平稳度过行业的“寒冬”期。经过两年“闭关修炼”，在尽全力保证公司各项海外业务正常运行的前提下，公司梳理并明确了核心竞争力及发展规划，果断展开组织架构变革和市场布局调整，确立以海外电力工程总包和海外设备供货为核心的五大业务模式，2022年公司有望实现扭亏和设备出口突破2亿元人民币的目标（不含总

包业务和其他业务)，并在未来三年内实现逐年增长，发展成为国际先进的工贸型企业。

“雄关漫道真如铁，而今迈步从头越”，十余年的发展只是万里长征走完第一步，山东泰开电力建设工程有限公司将秉承“建品质工程，服务全球电力”的理念，继续奋斗、凝心聚力实现新突破！

在传统企业基因中注入现代元素 培育转型发展新动能

（迪尚集团）

迪尚集团成立于1993年，从传统的服装外贸企业起步，发展成为在全球范围内配置要素资源、布局市场网络的跨国经营企业。2016年，服装贸易额15亿美元，成为中国最大的服装出口企业之一。服装行业是最传统的行业，也是市场竞争最为残酷的行业。2017年4月20日，李克强总理到迪尚集团考察时说，纺织服装行业原先赚的是工人们的汗水钱，现在迪尚集团在传统行业里挖金矿，靠的就是新技术、新业态、新模式。改革开放以来，迪尚集团能够在开放大潮中实现转型发展，靠的就是不断地在传统企业基因中注入现代元素，走出一条自我提升、稳步发展的道路。概括起来，就是三个"自主"：自主品牌、自主设计、自主平台。

一、培育自主品牌，提高企业国际竞争力

与绝大多数服装企业一样，迪尚集团成立初期，也是靠来料加工、来样加工，赚取一点点微薄的利润，在国际市场上没有任何的话语权。在激烈的市场竞争中，我们认识到，企业要发展，就要彻底摆脱过去的贸易模式，在全球布局贸易公司、设计公司、品牌公司，拥有自主品牌。初期，迪尚主要是通过代理国际品牌等策略，搭建自己的品牌运营团队、建立起自己的品牌零售渠道。然后，通过海外收购，在美国拥有5家服装公司、10个自主品牌，直接将自主品牌推进国际市场，其中Indigo Rein(印弟哥王子)，在美销售收入达1.5亿美元，是美国市场上知名的中国自主品牌。2012年，收购了韩国三大服装上市公司之一的AVISTA公司，将其旗下的4个国际知名品牌收入囊中，目前，迪尚的自主品牌出口占到15%。海外品牌公司的运营经验，迅速带动了国内设计开发队伍的建设，夯实了自主研发和品牌运作基础，目前已经成功运营了高档女装"FERAUD"和休闲男装"IZOD"多个知名品牌，在全国一线城市设立了200多

个专卖店。同时，线上自主品牌“Lilith A Paris(莉莉的)”“BLUESKY(蓝天丽领)”等也上线天猫商城。为发现和培育中国本土设计师，带动我国服装创新创意发展，迪尚集团每年都会举办服装界的设计大赛，其中包括与中国服装设计师协会共同举办“迪尚杯”中国时装设计大赛(中国服装界最高奖项设计大赛)。品牌策略的实施，使迪尚集团从一个单纯的传统外贸服装加工企业，转型为从设计研发到终端品牌零售一体化的综合型服装企业集团，增强了企业核心竞争力和发展新动能。

二、强化自主设计，推动企业转型发展

要占据产业链的高端，必须以领先的自主设计和研发能力为基础。迪尚高度重视设计研发团队建设，在美国、英国都设有设计公司，在韩国有上市的设计公司，在法国有设计工作室，在意大利、比利时、荷兰等有设计信息收集团队。3000多人的设计和信息收集团队遍布全球，使集团对市场具有灵敏的反应能力，能够抢占服装潮流先机。现在迪尚的产品有95%以上是由自己的设计团队设计，不仅产品利润率得到了大幅度提升，同时也在整个国际服装贸易体系中掌握了充分的话语权。近年来，随着3D设计、数字化技术、人工智能等新技术日趋成熟，迪尚又创造性地提出了“DDM数字化设计制造”的全新概念，推出了DCCM服装个性化定制、柔性化生产的新商业模式。2022年6月，首家样板店开始试运营，建立起单品智造生产线，下一步将在北京、上海、济南等一、二线城市设立分支机构，启动线上定制云平台系统，进行个性化定制成衣制造。

三、搭建自主平台，实现全产业链共享发展

综合分析服装行业发展趋势，迪尚认为整合服装行业上下游企业，加强产业链上下游协同创新，是服装企业转型升级的方向。借助多年积累的行业资源，利用数字化、智能化科技手段，打造了中国服装设计创新集成平台，为全行业服装企业、设计师提供资源共享、综合服务。打造了中国服装设计创新中心，为服装设计师搭建了众创空间，2017年被确定为国家“双创”示范基地。与中国纺织工业联合会联手，建成国家纺织面料馆，整合30多万份面辅料信息数据，搭建起高度专业化的面辅料公用服务平台。2017年7月份，收购了日本J-MODE公司，通过其掌握的支付平台系统，直接将设计服务延伸到上千家日本中小企业店铺的零售终端，迈出中国服装设计走向国际的坚实一步。

优化物流供应链建设　完善商品可追溯体系

（家家悦集团）

家家悦集团是以快消品零售为主的现代连锁企业，自发展连锁经营以来，公司始终把供应链建设作为战略重点，不断加强物流体系建设，优化物流配送综合运营效率，完善商品可追溯体系，为企业持续发展提供了有力的支撑。

一、加强物流设施建设，打造高效物流体系

发展连锁，物流是保障。公司坚持“建自己的物流体系，适应本土化发展”的理念，确保连锁经营可持续发展。

一是构建网络化布局，做强物流实力。按照“发展连锁、物流先行”的战略，公司在山东省内建设了3处常温物流中心和5处生鲜物流中心，总面积超过15万平方米，构建起东西结合、布局合理、优势互补、智能联动的配送体系，形成了省内2.5小时配送圈，保证了对省内600多家门店的高效配送服务。同时，利用企业上市契机，投资建设莱芜生鲜物流中心、家家悦烟台物流工业园，强化区域一体化物流体系，为公司长远发展提供强力支撑。

二是强化标准化推广，提高物流效率。加快物流技术提升，引进语音拣选技术，拣货效率提高了20%，进一步提升了物流配送精准度。积极推广物流标准化，引进笼车、托盘等标准化载具，通过推广笼车装卸、带板运输，物流成本降低了27%；自行设计了标准化周转筐，生鲜品类从基地到物流再到门店，实行全程化不倒筐载配，农产品损耗降低了23%。加快物流标准化对接，为推行和使用标准物流载具的厂家、农户开通绿色通道，提供优先卸货服务，卸货效率提升了7倍。

三是主攻精细化加工，提升物流品质。针对居民消费日益高端化、时尚化的实际，公司投资2亿元建设了生鲜PC加工中心，对净菜、肉禽、海产等农副产品实行统一采购、统一加工、统一配送，日加工能力达120吨；投资3亿元建设了

中央厨房系统，对配菜、熟食、主食等自制食品采取集中采购、集约生产。同时，积极为社会餐饮、零售终端、集体伙食单位提供社会化配送，通过网上订单、网下集配的方式，扩大了配送范围，降低了物流成本，保证了食品安全。

二、狠抓质量监管措施，构建质量保障体系

公司坚持质量第一、安全至上的经营理念，做到标准前移、全程管控。

一是强化基地对接。按照生产供应基地化的思路，探索了“超市＋基地”的农超对接模式，引导发展“订单农业”。目前，公司与200多个合作社及养殖场建立了直接合作关系，超过80%的生鲜农产品都采取了“基地直采”模式。

二是实行标准前移。与多家科研院所合作，从环境标准、产品标准、包装标准入手，制定了涵盖农产品生产、运输、配送、加工、销售全过程、一揽子标准，确保有“标”可循。委派专业技术人员深入田间地头，对农户言传身教，提高了农产品科学种植水平。近年来，公司累计组织各类培训班200多次，培训人数2万多人次，发放各种科普宣传资料5万多份。

三是加强质量检测。投资3000万元建设了高标准的农产品检测中心，配备先进的检测设备，对蔬菜水果、自有品牌产品实行全批次检测，合格后才能进入超市销售；将所有检测结果全部上传门店证照公示平台，门店通过流媒体或公示牌进行公示，让顾客放心选择，明白消费。与专业检测机构合作，对预包装食品实行定期抽检、新品逐批送检，杜绝不合格商品进入超市。

三、突出流通关键环节，完善商品追溯体系

借力威海市进入国家肉菜流通追溯试点城市的有利时机，进一步完善商品流通追溯体系。

一是加快系统升级。对生鲜配送系统进行改造，加快实施生鲜配送信息化管理，引入RFID射频、自动条码识别、手持终端技术，提升配送系统综合管理水平。扩大可追溯产品范围，把可追溯体系推广到所有生鲜商品的1200多个品类，实现了生鲜商品的整体可追溯。

二是加强单品管理。对实施可追溯商品进行单品管理并实名备案，加强质量检测和过程控制，对源头采购、仓库储存、物流配送、门店销售的各个环节严格按照标准规范操作，责任落实到人。同时，在门店设立查询机，顾客通过手机扫描二维码，就能获知所购买生鲜商品的产地、生产时间、进货时间、产品种类、

检验检疫结果等信息，真正实现“来源可查、去向可追”的目标。

三是强化实时监控。配备高标准冷链监控系统，采用 GPS 定位、电子温度控制等技术，对 460 多辆冷链物流车辆实现全程监控，保证城市超市 1 小时内配送到店、农村超市 2 小时内配送到店，有效降低了农产品在运输途中的质量安全风险。成立了实时监控中心，对关键环节、风险部位实行视频监控，有效预防和化解食品安全风险，确保商品质量安全。

坚定不移走出去 整合资源促发展

（威海市联桥国际合作集团）

威海市联桥国际合作集团有限公司创立于1997年，现有员工1500人，是集纺织服装、塑料新材和人力资源于一体的综合性跨国集团。多年来，公司立足世界眼光、国际标准和自身优势，始终坚定不移走出去，融入“一带一路”建设，抢抓海外发展机遇，整合国内外资源，坚持产业链国际布局、供应链全球整合、资源链高端提升和价值链融会贯通，取得了良好的经济效益和社会效益。先后获得中国驰名商标、全国守合同重信用企业，全国五一劳动奖状、山东省外经贸先进企业等百余项国家、省、市级荣誉称号。

一、产业链国际布局，构建纺织服装时尚创意生态圈

联桥集团纺织服装事业，以自主品牌为核心，以时尚设计为引领，以打造高端外贸为主体，形成了集设计、研发、生产、销售于一体的国际化产业链，成为威海时尚与休闲运动产品产业集群和时尚创意城市的领军企业，山东省纺织服装行业骨干企业。

一是研发中心国际化组建。秉承“融合创意、开放创新、协同创造”的理念，公司在日本、美国、英国、意大利、法国等十几个国家，在国内北京、上海、深圳等多个城市设立了服装设计研发中心，并依托研发中心，站位国际时尚前沿，全方位开展原料、面料开发，强化自主知识产权。

二是设计资源国际化融合。与中国服装设计师协会、国内外大中院校建设开放式设计师联盟，与法国、英国、意大利等国家时尚高校及知名设计师合作，形成强大的时尚设计能力，构建企业发展核心新优势。先后推出了NYMPHER、UNIBRIDGE等自主品牌，着力打造了LF、LF＋等国际时装品牌。

三是生产中心国际化布局。不仅在国内建设10多个直属工厂、500多个协

作工厂，还在柬埔寨、越南、孟加拉等“一带一路”国家建设了生产基地，深度整合国际生产资源。四是营销网络国际化构建。在欧美亚十几个国家和地区建设营销服务中心，构建起覆盖国内外主要市场的立体化销售服务网络，实现设计产品在全球的同步推广。

二、供应链全球整合，树立塑料新材行业新标杆

塑料新材事业生产与进口并举，联桥集团走出了一条“以工带贸、以贸促工、工贸结合”的国际化发展道路，年生产销售十几万吨，是中国最大的改性塑料生产经营商之一，拥有多项自主知识产权的国家授权发明专利，承接国家发改委重点产业振兴和技术改造项目、国家科技型中小企业创新基金以及山东省科技发展计划等多项国家、省部级科技与产业化项目。

一是实施国际高端产品贸易战略。加强与韩国三星化学、LG化学、晓星化学、美国埃克森·美孚、瑞士巴塞尔、法国道达尔、日本伊藤忠等世界500强和国际知名品牌企业的合作，提高国外供应商、采购商的档次和数量，扩大经营规模，争做行业领跑者。

二是实施贸工结合战略。立足自身优势，对标国际先进企业，成立了威海联桥新材料科技股份有限公司，专业从事改性高分子材料的研发、生产、销售和国际贸易，开发了改性医用材料、改性工程塑料、多功能复合材料、硅烷交联聚乙烯及色母料等五大体系，品质达到了国际领先水平。

三是实施自主品牌出口战略。努力提高出口产品的技术含量和附加值，不断扩大自主品牌产品出口。目前，公司自主研发生产的医用原料及产品、硅烷交联材料及产品已经出口到巴基斯坦、印度、乌兹别克斯坦、北非等“一带一路”国家和地区，构建起更完善的市场网络，不断扩大自主品牌影响力。

三、资源链高端提升，引领人力资源事业全面发力

作为山东省拥有对外劳务合作经营权的老牌劳务外派企业，联桥集团从1997年就开始从事人力资源事业。在行业竞争愈发激烈的背景下，公司不断创新产业发展模式，构建起涵盖国内人力资源服务、高端人才引进和对外劳务派遣的人力资源全产业链，助力国内外企业实现人力资源的合理配置。

一是用“精品理念”打造国际品牌。把精心打造“联桥国际”劳务品牌放到了集团公司的发展战略高度，从上到下，从内到外，从每一个细节着手，把质量

目标贯穿到每一个业务环节，制定了“3个零1个百分之百”质量目标，即在留、签证拒签率为“0”，研修生脱岗率为“0”，重大事故发生率为“0”，顾客满意度100%，使公司的劳务业务管理水平日臻完善，得到了国内外客户的广泛认可，累计向日本、新加坡、韩国等国家派遣各类劳务人员2万余人，对日劳务外派全国前三强。连续多年被评为“全国对外劳务合作AAA级信用企业”“中日研修生、技能实习生优秀派遣机构”“山东省外派劳务服务名牌”。

二是用高端项目塑造竞争新优势。根据国内外市场对高端人才的需求，开展澳大利亚、新西兰、加拿大以及欧洲等国家和地区的高端人才合作项目，并从上述国家引进高端管理、技术、工程、服务、设计、咨询等方面的专家学者、工程师以及高层次留学生，助推国内外人力资源合理配置。

三是用国际合作促进转型升级。在发展对外劳务合作的同时，与日本上市人力资源公司联手，成立山东省首家中外合资人力资源公司，开展国内人力资源派遣、服务外包、生产线外包、专业培训以及绩效测评等业务。

四、价值链融会贯通，促进文化事业跨国延伸

这些年来，在“走出去”的过程中，联桥集团不仅实现了经济的跨越发展，还实现了文化理念和社会责任的跨国延伸，弘扬了中华民族扶危济困、风雨同舟的传统美德，荣获了山东省慈善事业先进单位等荣誉称号。

一方面，心怀对海外员工的大爱。公司自上而下，与每一名派驻海外人员签订了《关爱责任状》，实施“五个关爱”：关爱思想、关爱权益、关爱发展、关爱健康、关爱生活。横向到边，竖向到底的大爱，使海外人员感受到公司家一般的温暖，消除了长期在国外工作、生活的后顾之忧，从而敢走出去，愿走出去，勤走出去，为公司发展做贡献，为国家创收作贡献。

另一方面，心怀对国际人民的大爱。不断扩大慈善范围，丰富慈善内涵，积极投身社会慈善公益事业，承担起救灾扶贫、安老助孤、支教助学、扶残助医的社会责任，累计向慈善机构、扶贫村、灾区群众、贫困学生、农民工和弱势群体等捐款1800多万元，向市慈善总会认捐慈善基金2000万元。爱心没有国界，联桥事业发展到哪里，联桥大爱就延续到哪里。日本大地震，公司先后两次组织捐款300万日元，赴济南参加了山东省为日本地震灾区捐赠仪式，赢得了灾区政府和人民的尊重和欢迎。

坚持走出去创新发展
构建多元化发展格局

（威海国际公司）

威海国际经济技术合作股份有限公司（简称威海国际公司）组建于1988年，是经国家商务部批准的具有对外业务经营权的综合性企业。经过三十年的发展，逐渐形成了国际工程承包、国际劳务合作、国际船务合作、国内外房地产开发、矿产资源开发、物流服务等多项产业协调发展的跨国经营格局，市场遍布全球30多个国家，并在日本、韩国、刚果（布）、刚果（金）、赤道几内亚等20多个国家和地区设立了属地公司和分支机构，公司总资产73亿元人民币，综合实力位于全国同行业前列。2002年以来，多次荣获中国对外承包工程商会评选的“全国对外劳务合作优秀企业”称号（全国共10家）；2007年至今，公司连续入选美国《工程新闻纪录》评选的全球最大250家国际工程承包商榜单；2007年，被商务部评为“全国商务系统先进集体”（全国共7家）；2008年和2011年，连续两次被中国对外承包工程商会评为“中国对外承包工程AAA级信用企业”“中国对外劳务合作AAA级信用企业”；2012年，在中国对外承包工程商会“2012中国对外承包工程企业社会责任绩效评价”活动中，被评为“领先型企业”（全国共16家）。

一、坚持以市场为龙头，不断拓展生存和发展空间

市场是公司赖以生存和发展的基石，而“走出去”找市场、拓市场尤其不易。公司成立之初，以香港作为突破口，开展船员外派业务。随后又面向日本、韩国，大力开拓劳务外派市场。在此基础上，公司不断加大市场开发力度，劳务业务延伸至新加坡、沙特、英国、德国、澳大利亚等市场；对外承包工程业务，以援外项目为契机，进入非洲的刚果（布）工程市场，并以此为根据地，大力拓展，一步一个脚印地将市场扩大到周边的刚果（金）、赤道几内亚、多哥、莫桑比克、肯尼亚、马达加斯加、加蓬以及南美洲的苏里南等国，形成了多元化的市场格局，

公司实力和市场风险抵御能力大大增强。

2015年，公司响应国家“一带一路”倡议，将目光瞄准东南亚市场，积极推进新市场建设，在印尼、越南、柬埔寨、孟加拉等国设立了公司，大力开拓工程业务等市场，并取得了较好进展，公司在全球的市场版图和发展空间得到进一步拓展。

二、拓宽经营领域，形成多项业务协同发展的良好局面

公司从船员外派业务起家，逐步发展到陆地劳务，在上个世纪90年代中期步入黄金期。20多年来，公司累计向日本、韩国、新加坡等20多个国家和地区外派各类劳务人员近10万人次，涉及医疗护理、厨师、电焊、机械加工、水产品加工等20多个行业，在创造经济效益的同时，使无数家庭脱贫致富，带动一方经济发展，创造了良好的社会效益，公司多次被评为全国对外劳务合作十佳企业。

为实现提升层次、做大做强的目标，公司稳步发展劳务和船务业务的同时，开始进军对外承包工程领域，从实施援外项目入手，逐步在非洲市场站稳脚跟。到目前为止，公司先后在非洲、亚洲、南美洲实施了近500个工程承包项目，累计完成营业额40多亿美元。自2007年起，公司连续入选美国《工程新闻纪录》评选的全球最大250家国际工程承包商榜单，2016年排名第104位。

借助建筑施工方面的优势，公司于2007年重新进入国内房地产领域，同时，积极开拓境外房地产市场。与刚果（金）政府合作开发的“卡比拉之城”高档住宅小区项目，目前销售情况良好。同时，公司还在刚果（布）、莫桑比克、肯尼亚等国大力推进房地产业务。

境外资源开发是国家一直鼓励发展的战略方向。公司利用工程承包业务在境外构建的多种优势，积极开展境外投资，在矿产资源勘探方面取得较大进展。与山东省地矿局合作，在刚果（布）进行钾盐矿勘探，前期勘探结果表明钾盐矿储量巨大；与刚果（布）AOGC石油公司成立合资公司，在当地开展石油、天然气勘探业务，目前正在申请勘探区块；在莫桑比克开展林业开发项目，目前有760平方公里的森林开采申请已获当地政府批准；在非洲多个国家获批了近20个金属矿权，正在积极开展勘探工作。

资本运营和金融业务是公司的一项全新业务。主要目的是通过进入金融领域，为工程业务将来开展PPP、BOT模式融资，为公司各项业务的发展提供资金保障，在此基础上，论证投资项目，开展金融业务，实现自身盈利。目前，与国

内外金融机构建立了广泛联系，尝试了多种融资渠道，论证了多个项目。目前正在推进人才交流公司通过新三板进行资产证券化的各项工作。

三、推进转型升级，为公司可持续发展提供不竭动力源泉

公司较早就认识到走高端之路、提高发展质量和效益的重要性，并将转型升级作为一项战略目标，在各项业务版块中大力推进。

一是国际工程承包方面，不断尝试大型项目和技术含量高的项目，承包方式也逐渐向投建营一体化方向发展。2007 年，公司中标刚果(布)首都玛雅-玛雅国际机场航站楼项目，加上后期增量，总合同额达到 2.2 亿美元。该项目目前已经顺利竣工，这是中国企业在国际现代化机场建设领域的一个突破。此后，公司又先后中标多哥洛美国际机场、赤道几内亚首都马拉博国际机场、刚果(金)首都恩吉利国际机场项目。此外，在道路、体育场馆、供水设施等领域，公司也确立了自己的优势地位，形成鲜明的经营特色。2017 年，公司在大型投融资项目上取得重要进展，几个主要项目进入实际运作阶段。公司投资 15%、合同额为 3.65 亿美元的刚果(金)金沙萨恩吉利机场项目与刚方签订了投资协议、合资协议，项目于 2022 年上半年开工；喀麦隆 KPEP 水电站项目完成了与外方投资协议的签订，测量勘探工作进展顺利；新融资模式下的塞内加尔联合国办公楼项目与合作方达成一致，取得实质性进展。

二是劳务外派方面，公司以护士作为中高端劳务外派的突破口，加快外派劳务结构调整，外派劳务规模和档次都实现了质的飞跃。十年来，已向新加坡、日本、沙特、英国、德国派出护士及各类护理人员近 2000 人，并且推动中、德两国政府签署护理人员合作框架协议。公司开创的“学校＋企业＋医院”联合培养国际护士新模式成效显著，是全省唯一的外派护士培训基地。

三是船务业务方面，邮轮服务生外派是公司优化结构、迈向高端的重点项目。同时，公司积极开拓国际船舶管理业务，2010 年，公司获得了韩国船级社颁发的国际客滚船管理资质，成为国内为数不多的可提供国际客滚船管理服务的几家公司之一。

发展自主品牌　转型新业态

（荣成泰祥食品股份有限公司）

荣成泰祥食品股份有限公司是一家以农副产品精深加工为主的食品企业，始建于1994年，位于山东省荣成市石岛管理区。公司秉承“质量是泰祥人的饭碗，信誉是泰祥人的存款”经营理念，弘扬“食品事业功德无量，食品安全天经地义”的立业精神。公司现有总资产15亿元，职工5000多人。

一、加强知识产权保护，培育和发展自主品牌

随着市场竞争的不断加剧和企业的快速发展，泰祥公司越来越认识到企业自主品牌的重要性，树立了品牌意识，制定企业品牌发展规划，加大商标的保护，努力培育和发展自主品牌。

1997年，公司委托专业设计公司设计了“泰祥”商标，并先后在13个类别注册了19个“泰祥”商标。2006年，为了进一步拓展海外市场，公司加大了品牌的国际保护力度，通过马德里商标体系向23个成员国提出了商标注册申请，“泰祥”商标已在英国、匈牙利、法国等22个国家批准注册，成功构建了“泰祥”品牌的商标战略体系。2010年，“泰祥”商标被认定为中国驰名商标。2016年公司为了继续发展培育国际自主品牌，先后在20个国家进行了“泰祥”商标国际注册。“泰祥”牌商标被认定为“山东省著名商标”“中国驰名商标”，“泰祥”牌产品先后被评为“山东名牌”产品、“中国名牌”产品、全国百佳农产品品牌。公司先后被评为“AAA级信用等级企业”“中国质量信用等级AAA级企业”“国家级农业产业化重点龙头企业”“全国主食加工示范企业”“全国食品工业优秀龙头企业”“国家级知识产权优势企业”“中国产学研军民融合奖”“厚道鲁商”“山东省重点培育和发展的国际知名品牌”“威海市重点培育的进口品牌”等荣誉。

随着电商时代的到来，结合网络时代新的市场模式，公司开展电商营销新渠道，以“互联网＋”助力品牌再升级。公司于2012年在淘宝、天猫、阿里巴巴等第三方电商平台开设自己的店铺，经营泰祥产品的国内零售业务；公司2014年

成立泰祥食品微商城，销售公司现有的主食类产品，微商城一直采用大众式的线上线下交易模式，依托第三方支付平台，配以快递物流完成交易。

二、发展新业态，助推外贸发展

2014年泰祥公司利用自身20年外贸经验，搭建皇朝马汉外贸综合服务平台，致力于为中小微外贸企业提供市场渠道开拓、认证指导、高效通关、保税仓储物流、产品检测、金融、收汇退税、信保以及其他供应链等外贸供应链一条龙服务。2015年10月被评为山东省省级外贸综合服务企业，成为全省唯一一家食品行业外贸综合服务企业。经过短短几年的发展，形成了自己的业务特色和优势，截至目前，外贸服务平台已服务企业176家，累计实现进出口额2亿多美元。

（一）不断提升快速通关能力

2015年12月成为全省第一家获批海关高级认证的外贸综合服务企业，享受韩国、欧盟、东南亚等国家海关AEO认证待遇，现享受出口退税一类企业、检验检疫信用评级A级企业、外汇监管A类企业待遇，拥有检验检疫部门最高级别（A类）代理报检资质。

（二）打造保税仓储物流优势

建设了泰广公用型保税库，成功申请国家进口肉类、冰鲜水产品及奶制品的备案冷库，是山东省唯一具有双口岸存放资质的冰鲜鱼备案库。目前已获批设立出口保税仓库，实现了进出口保税模式，可以更好地开展对外贸易工作，将以更加便捷高效的新模式释放市场活力，吸引跨境电商企业集聚，促进互联网＋外贸新业态的成长，支持外贸优进优出和升级发展。

（三）搭建公共检测平台

成立检测中心，是经中国合格评定国家认可委员会（CNAS）及中国计量认证（CMA）认证的检测服务机构，是国家级中小企业公共服务示范平台，检测时限缩短1～2天，检测成本降低20%～30%，检测报告国际认可，具有国际公信力。

（四）开展贸易融资服务

建立了专业的财务团队和融金担保公司，协助中小微企业办理收汇、退税、抵押、授信、融资贷款等业务，解决中小微企业退税时间长、融资难的问题。目前已为20余家中小微企业提供国际贸易融资、仓单质押融资以及融金仓储服务等金融服务,融资规模5600余万元,同时平台具备一类退税企业资质,享受随报随退。

(五)开展信保综合服务

利用十余年与中国信保合作经验,专业为平台中小微企业办理出口信用保险服务,手续简单、费率低,信保成本降低50%以上,确保了收汇的安全性,扩大企业国际结算方式的选择面,从而增加了出口成交机会。

(六)开展食品供应链服务

利用从事食品加工20多年,拥有广泛的采购渠道,具备合理采购、放心采购、畅通采购的优势,建立原料采购联盟,原料采购成本下降20%～50%,能够帮助中小微企业解决原料采购价格高、品质达不到要求等难题。同时可利用现有资源帮助企业进行海外推广,增加新客户。建立国内分销网络,为客户提供进口销售服务。

(七)打通多样化产品进口渠道

2016年2月,威海市作为全省唯一城市获评国家服务贸易创新发展试点城市。为抓住威海试点城市机遇,公司积极应对,加快推进服务贸易国际交流合作,皇朝马汉开启了泰祥品牌、国外制造的贸易新模式。2016年7月份完成全国第一单韩国参鸡汤进口,2016年10月通过中澳官方现场评审,成为国内首家澳牛海运进口项目,2017年2月20日全国首批澳洲进口活牛运抵石岛港,开启海运进口活牛模式。

三、聚焦创业服务,助力大众创业

皇朝马汉跨境BBC平台成立于2015年8月,初期以母婴和食品为主。是为国内个人卖家提供国内、进口、跨境商品销售平台。跨境电子商务平台也为无货源、无平台、无资金但是想创业的“三无”人员提供免费的创业平台。目前可以提供直购进口、保税进口、闪电购等业务形式,来满足国内消费者“足不出户即可买到外国优质正品”的需求,为商家和消费者之间搭建便捷沟通的桥梁,提供一站式“跨境购物”。

商城依托政策支持和资质优势,凭借成熟的产品供应链、透明的商品防伪溯源机制,灵活、多样的合作模式,不断紧密联合海外的品牌商、生产商、供货商,共同满足国内消费者“足不出户即可买到外国优质正品”的需求。搭建了商家和消费者之间便捷沟通的桥梁,提供了一站式“跨境购物”。

2015年8月完成了威海中日跨境直购第一单业务，2015年被评为“山东省优秀电子商务企业（平台类）”；2016年3月，跨境平台先后开展了对日本、韩国、澳大利亚、法国、泰国等国家的B2B、B2C跨境进出口业务；2016年10月被评为“省级跨境电商综合服务平台”；2017年已完成订单6300多笔，实现跨境进出口总值600多万美元。

四、响应国家号召，开拓国内市场

2015年国家提出供给侧结构性改革，2016年1月，国家质检总局、国家认监委启动“同线同标同质”工程，“三同”平台引领同线同标同质，带来了供给侧的一场质量革命，帮助出口企业开拓国内市场，让国内消费者足不出户即可享受与国际市场同样标准的食品。

2016年1月，公司坚持一呼百应的原则及时跟进，皇朝马汉平台被国家认监委确定为“出口日韩食品同线同标的公共服务平台”，引领同线同标同质，传递信任，实现共享共赢，帮助出口企业拓展销售渠道，树立品牌，提高食品质量安全管控水平和优质食品供给质量，促进提质转型升级。

2016年初公司建立了同线同标同质线上交易平台和出口日韩食品“同线同标同质”线下体验中心，实现了线下体验，线上支付销售的模式。

2016年7月威海市政府把皇朝马汉日韩食品“三同”项目作为威海市创新服务项目之一，拟定了一系列的支持政策，推动了公司“出口日韩食品同线同标的公共服务平台”工程的发展。

目前，山东省共有286家出口食品生产企业入驻平台成为“三同”企业，有10家企业被国家质检总局评为“三同”示范企业。未来计划发展1000多家日韩标准企业入驻平台。通过统一认证、集中采购、统一检测、统一监管、统一分销、统一推广、统一售后，最终达到“同线同标、优质优价”。

十年磨一剑　成就世界领先的浆纸一体化、浆纤一体化生产企业

［亚太森博（山东）浆纸有限公司］

亚太森博（山东）浆纸有限公司位于山东省日照经济技术开发区，是新加坡金鹰集团成员单位，目前总投资超过200亿元，是世界领先的浆纸一体化、浆纤一体化生产企业，也是浆纸行业产业升级、技术进步、绿色发展的标杆企业，运行着工艺技术和环保水平领先、国内产能最大的化学木浆生产线，主要产品为化学木浆、溶解浆、高档液体包装纸板、食品卡纸、烟卡纸及莱赛尔纤维。

一、十年磨剑终成锋

党的十八大以来，山东省抓住历史机遇，经济社会发展取得了历史性重大成就。随着山东省这十年经济高速发展的洪潮，亚太森博扬帆起航、激流勇进，企业投资规模上了一大步，产品种类多元化上了一大步，产能提升上了一大步，环保水平上了一大步，管理水平上了一大步，社会责任与带动上了一大步，成为山东省商务高质量发展的一个缩影。

至2012年，公司完成投资约150亿元，实际利用外资折合人民币约47亿元，主要有漂白硫酸盐木浆和白卡纸板两种主要产品，产能分别为131.5万吨、17万吨，年营业收入75亿元，各类税收8亿元（含海关税）。2012年至今，经过多次连续增资，目前投资已超过200亿元，实际利用外资折合人民币达55亿元，公司漂白硫酸盐木浆产能达到223万吨，白卡纸产能60万吨，且新上了省新旧动能转换的优选项目——莱赛尔纤维生产线，一跃成为国内最大莱赛尔纤维生产企业，目前产能已达3万吨，实现了由浆纸一体化到浆纸＋浆纤一体化的跨越，带动了全省造纸、印刷、包装、化工、物流等相关产业400多家企业的发展和数万人就业。2021年，实现产值125亿元、销售收入118.6亿元、进出口10.9亿美元、各类税收14.2亿元，并研制开发了高档液体包装纸板、食品卡纸、烟卡以及莱赛尔纤维等高端产品，以及成功开发订制化木浆产品，广受市场好评。

十年来，公司秉承可持续发展理念，逐步成长为国家绿色工厂、高新技术企业、造纸行业前14强、国家知识产权保护优势企业、全国最美研学基地、山东省循环经济示范基地、山东省环境教育基地、科普教育基地和工业旅游示范点等。同时，公司已成为世界领先的浆纸、浆纤一体化环保企业，获得了多项“单项冠军”：中国最大的商品化学木浆生产供应企业、中国最大的单条化学木浆及莱赛尔纤维生产线、中国造纸行业单一工厂环保投资最大的企业、中国造纸行业最大的城市中水回用企业。

二、一朝破竹势如虹

（一）扎根日照，与城市共生、共赢、共享

工业强市，承载着日照这座城市以及生长在这片土地上人民“强”与“富”的梦想。在日照巨轮的航程中，亚太森博作为推动工业发展的强劲引擎，于波涛汹涌中奋楫前行，于激流澎湃中奔向未来。

作为日照市临港工业的重要代表，经过十多年的发展，亚太森博总投资从29.3亿元壮大到200亿元，从单个浆纸工厂发展到了依托工厂形成的产业集群。一个企业的快速发展，亦是日照“工业强市”跨越发展的一个缩影。

为了让更多市民走进亚太森博，了解亚太森博，尽可能消除误解，获得认可，企业建设高科技展厅，打造工业旅游、环保教育、科普教育基地，用高科技手段生动展示植树造林、生态循环与制浆造纸、环境保护、文化传承。同时，开放环保设施和工厂，邀请社会各界人士实地参观，通过线上直播，宣传浆纸企业的绿色发展历程，完善社区交流互动机制，积极与社区居民座谈，主动接受社会监督。

不求所有，但求所在。城市的快速发展，需要工业企业作为坚强后盾。以人为本，不忘初心。亚太森博高擎“工业强市”的旗帜，与城市心手相连，持续推动生产、生态、生活“三生共荣”，助力我市经济社会实现高质量发展。

（二）立足环保，践行绿色可持续发展理念

随着日照城市化进程的不断加快，商住区不断扩张，已经距离森博工厂很近，公司环保压力巨大。公司着眼于联合国2030年可持续发展目标，致力于与城市共生、共赢、共享，亚太森博高起点规划、高标准建设、高强度投入。除日常的管理、维护、运行费用外，已累计投入环保资金超过50亿元，环保投资总额、环保投资占比均创国际同等规模浆纸工厂之最，企业始终执行全球浆纸行业最为严格的环保标准。

公司秉承绿色可持续发展理念,把生态文明建设作为企业发展过程中的重要使命和责任担当,坚守生态环保底线,自觉履行环保主体责任,积极实施环境污染防治工作,努力建设环境友好型、资源节约型企业。为优化环保治理设施,实现节能减排最大化,公司环保投资总计50余亿元,十年来先后投资15亿余元建设了众多环保项目,主要包括污水深度治理芬顿项目、重油改天然气项目、城市污水回用项目、不凝气体备用燃烧系统(双电源改造)项目、动力锅炉超低排放技改项目、污泥板框干燥及烟气干化项目、石灰窑及碱回收炉脱硝除尘技改项目以及烟气余热利用及烟气消白治理项目等。经过不断优化技改,公司目前各项环保指标均优于国家各级环保指标要求。

真金白银的投资是基础,完善严格的管理是关键。“不是企业消灭污染,就是污染消灭企业”,亚太森博始终将这一环保理念融入生产运营的每一个环节,融入管理的血液,超前规划布局,执行极为严格的内控指标,不断完善管理手段,加大管理力度,强化意识管理、体系管理、过程管理、细节管理和前置管理。

(三)创新驱动,提升企业竞争优势

亚太森博全面落实创新驱动发展战略,致力打造“创新型”企业,加强技术创新体系建设和人才体系建设,加大节能减排、清洁生产技术的研发及应用,以企业自主创新为主、产学研合作研发为辅,针对性地开发了高档漂白阔叶木特制浆、液体包装卡纸、溶解浆、纤维素纤维等一系列新产品,一步一个脚印,坚实而稳健。

亚太森博现拥有山东省企业技术中心、日照市木质纤维素生物基材料技术创新中心、日照市纤维素浆粕及高档卡纸工程技术研究中心、莱赛尔全球研发中心等多个技术平台,目前正在筹建白卡纸研究院,创新人才济济一堂,在显著增强公司技术优势和市场竞争力的同时,持续引领行业的技术创新和可持续发展。

公司大力实施创新驱动和人才强企战略,积极构建人才支撑体系,加大引才、育才力度,充分发挥高层次人才在企业技术创新中的引领作用。亚太森博公司现有全职硕士以上人才104名,其中博士4人,本科及以上学历的职工占公司职工总数的35%,来自海内外的专职工程技术人员330余名。公司非常高度重视科技创新投入,2021年,研发投入6.1亿元,研发费用占销售收入比例超过5%。

持续与行业协会、学会、标准化委员会等组织保持密切联系，与国内外高等院校、科研院所开展产学研协作，广泛利用社会智力资源，促进公司科学技术发展。亚太森博全职引进国内外博士团队负责浆线生产工艺优化工作，先后完成了多项关键技术研发，入选“日照市创新领军人才(团队)”。该公司还柔性引进了多所大学的知名专家教授作为公司技术中心顾问，指导公司的技术研发项目和科技创新平台建设工作。

公司坚持以技术创新为驱动，以市场和客户需求为导向，针对性地开发特制漂白木浆、本色浆、本色针叶绝缘浆、溶解浆、纤维素纤维、高档液体包装卡纸、高档生活用纸、高档文化纸等一系列新产品、新技术、新工艺，保证企业的核心竞争力。同时，促进日照市区域内优秀的配套集群产业招引、聚集和发展，影响并带动产业集群相关上下游企业走创新发展、可持续发展、高质量发展的之路，引领并促进传统行业转型升级和技术进步。

(四)优质高效，积极实施新旧动能转换

十年来，公司积极践行新旧动能转换政策，积极拉伸产业链条，培育新型产业行业发展，成效显著。

2012 年以来，公司投资约 48 亿元陆续建设了高档液体包装纸板项目、制浆生产线技改产溶解浆项目、浆线技术改造项目以及莱赛尔纤维项目，这些项目均是以现有工厂为依托，深挖能源和环保要素利用效率、提质增效的优质项目，在不增加能耗、污染物排放的基础上提高产品产能、增加产品种类、提高产品附加值，发挥了良好的经济和社会效益。

2022 年初，投资 101 亿元的年产 100 万吨高档文化纸及生活纸项目在山东省重大项目集中开工仪式上正式开工建设。项目建成后，公司将增加产值 94 亿元，增加利税 14 亿元。

莱赛尔纤维项目的竣工投产和文化纸、生活用纸项目的开工建设，标志着我公司由“浆”向“纸”、由“浆”向“纤”的产业链延伸，由半成品向高附加值的纸、纤维延伸，实现产品多样化、特色化、优质化发展，有效提高抵御市场风险的能力和夯实公司竞争力，推动企业高质量发展。

(五)精益管理，彰显企业经营软实力

面对激烈的市场竞争、严峻的经济形势、复杂的国际局势以及全球流行的新冠肺炎疫情，公司除了外靠各级党委、政府的引导、扶持、良好的营商环境建设和惠企政策之外，多年以来，公司一直推进精益管理，向先进的管理理念要效益、要发展。抓好原料供应和产品出厂，内靠合理调度安排人流、物流、资金流，通过采取“精益”“六西格玛”等管理手段，苦练内功，开源节流，挖潜自救，自力更生，在坚持安全、环保、职业健康优先的前提下，严抓 QPC（质量、生产率、成本）这个牛鼻子，强化质量管理，把“零疵点”作为质量工作的奋斗目标，将客户要求作为衡量自身产品质量的标准，合理校正每一个生产流程，攻克了诸多质量难关，实现综合竞争力的持续提升。

作为山东省造纸行业的“链主”企业和浆纸行业产业升级、技术进步、绿色发展的标杆企业，亚太森博将不忘初心、牢记使命，沿着高质量发展之路奋勇前行，为全省经济社会发展作出自己的积极贡献。

强化数字赋能　推动商贸转型
——以新明辉数字供应链服务平台为例

（新明辉安全科技有限公司）

新明辉安全科技有限公司（以下简称“新明辉”），是一家集产品研发、数字商务、平台支持为一体的行业领先的数字供应链服务商，是劳保业“独角兽”，荣获有国家首批电子商务示范企业、国家数字商务企业、省级服务业创新中心、省级数字经济平台和大数据发展创新平台。近年来，新明辉利用已整合的全球品牌资源，建立了工业安全行业第一垂直电商平台——新明辉商城，并通过持续创新，发展成为国内规模最大的工业安全产品综合供应商，打造了“传统工业安全产品集市＋互联网＝新明辉商城”新场景，为全国3万余家终端企业用户和12万余家渠道客户提供优质的产品和科学系统的解决方案，业务覆盖全国各地。

一、抢抓机遇、勠力创新，创新底色铸就新明辉模式

“登陆新明辉商城，最直观的感受就是货品齐全、价格便宜、流程快捷、方便选择、一站购齐。针对大型企业客户的复杂采购订单，也能做到3分钟内提供详细报价、库存清单和专家顾问式一对一服务。”某企业采购经理张先生说，轻松的购物体验背后，是新明辉对充足库存、便捷流程、完善售后、正品保障、规范协议、贴心配送等环节的孜孜追求。

自1998年进入劳保用品行业以来，新明辉就始终将“创新”作为企业发展的基因，不断颠覆传统商业模式。“世界500强目前有三家在做劳保用品，而拥有全球最大劳保用品市场的中国，还没有一家500强企业涉足”。新明辉从转变售货模式开始，瞄准劳保独角兽目标坚定前行。

九层之台，起于累土。新明辉在当时的临沂水田劳保市场独树一帜，改变杂货铺式的商品陈设方式，装修展示墙，每样商品只悬挂一件样品，力图给顾客提供不一样的购物体验；之后购买了企业一体化管理ERP系统，用软件将库存、

订单管理简单化，制作静态网页，展开新的营销尝试。为了完善购物体验，将网站推倒重建了不下20次。2005年，参照“中国劳保网”的综合型网站模式，新明辉放弃网页，建起了“中国劳保市场”网站，转载行业新闻、信息，链接商城板块，网络营销的电商模式初具雏形；2009年，再次升级的网站实现了全部淘宝功能，开启“宝贝”拍摄与店铺装饰的营销模式；2012年，新明辉登顶美国3M产品中国销量第一，之后连续多年保持几乎所有合作品牌的国内销量冠军，成为3M公司、霍尼韦尔、杜邦等众多世界500强企业的战略合作伙伴和国内最大代理商，在兰山工业园区建设了集仓储、办公于一体的电商交易基地，网上商城再次推倒重建，更名为“新明辉商城”。

2014年，新明辉率先在国内实现线上商城与线下劳动防护体验店结合的“双平台O2O”经营模式。客户在体验店通过模拟演示，明晰各工作环节需要配备的防护用品后，可扫描二维码直接登录新明辉商城，完成自主下单，创新性地实现了劳保业O2O运营模式，构建了工业安全产品电子商务运营模式新格局。

2016年，新明辉开展电商企业升级，构建B2B2C新体系，实现B2C和C2C的完美结合，构建了物流供应链4.0系统。“不用联系公司或厂家客服，客户可以将工作环境以文档形式发送至平台，为客户提供最新、最全面知识的同时，新明辉产品部会在最短时间设计出合适的安全防护解决方案。”公司负责人表示，如今，新明辉商城已升级为PC＋H5＋ANDROID＋IOS＋微信小程序“五位一体”的全网平台。得益于持之以恒的创新，纳税额持续以年均增长20%的幅度递增，跻身国内规模最大的工业安全产品供应链服务商行列。

二、搭建载体、做优服务，打造全国领先的行业垂直电商平台

新明辉作为国内最大的工业安全产品数字供应链服务商，创新搭建新明辉商城，着力为供应链企业提供在线交易、商品供给、金融融资和仓储配送等最优化服务，推动数字技术与传统产业深度融合，引领临沂数字经济迈向新阶段。

（一）搭建全网交易平台，实现在线交易服务最优化

自主研发供应链产品全网交易平台——新明辉商城，为客户提供在线交易、信息共享、产品培训等服务。一是在线交易方面，新明辉商城整合了工业安全品行业规模最大的产品线，品线超过100万SKU，能同时为电力、通讯、矿业、钢铁、建筑、化工等行业提供一站式采购服务。相对传统的线下询价模式，客户可根据工作情况自由选择电脑端、手机端App、微信小程序等多种方式登陆商

城，众多优质品牌产品科学比价，一键下单，大幅降低采购时间，节省采购成本。二是信息共享方面，实现了与京东、齐鲁云采、部分央企集采平台等在商品、库存、订单、营销、会员、结算、监控等业务的应用，并与快递快运以及1000多条合作专线物流实现系统对接，同时与金蝶、管家婆、用友等三方以及微信、支付宝和钉钉实现数据打通，通过信息共享，客户可实时查看新明辉库存、订单状态，客户下单后，系统在2分钟内即可完成配单并将信息传至仓库安排发货，作业效率大幅提升。三是产品培训方面，新明辉商城汇聚了行业范围最广最全的知识库，免费向客户开放行业标准、行业咨询、产品检验报告、产品使用指南和学习考试等相关模块，累计为客户提供各类在线学习和咨询服务100余万人次，有力增强了客户需求黏性。

（二）搭建供应商服务系统，实现商品供给服务最优化

创新搭建集招商入驻、商品管理、服务管理、共享数据管理等职能于一体的供应商服务系统。一是实行供应商准入管理。自主研发供应商信誉系统，按照供应商企业规模、信用数据、财务数据、交易数据、交易频次、退换货数据、法人征信等进行大数据建模，多维度制定准入标准，实行动态管理评价。二是建立商品上市管理标准。平台为供应商开设商品自主上架功能，具有自营商城的供应商，新明辉免费提供接口服务，通过接口对接实现所有产品的一键上架。同时，为保证产品质量合格，平台在设置准入合格供应商的基础上，进一步要求供应商对上架产品提供权威部门出具的检验报告，并在产品包装、发货、运输、交货等环节及时上传合规性作业图，确保进入用户手中的每件商品合格。三是提供商品销售动态分析服务。基于在工业安全品领域的风向标作用，新明辉强化大数据分析，及时分析研判各产品营销状况，实时向供应商提供营销建议，指导供应商开展精准营销。同时，平台向供应商开放部分权限，供应商可登录系统查看自身商品销向、销量、库存余量，以及同类品牌库存量和销向，当库存量低于安全库存设定值时，系统自动发出预警并为供应商提供数据分析与解决方案。

（三）搭建智慧仓储物流中心，着力优化仓储配送链条

积极在仓储模式、服务方式、信息化管理系统等进行探索，创新搭建智慧仓储物流中心，持续缩短供应链响应时间，不断提升服务质量和客户购物体验。一是建设智能标准化仓储。为满足不断增加的平台订单需求、品类需求和仓储空间需求，构建行业全方位的智慧仓储生态体系，新明辉依托数字化优势，建成

了总建筑面积18万平方米,可日处理订单10万单以上,集智慧云仓、展示体验、品牌商务、金融支持、科技服务、成果转化、电子商务于一体的数字经济智慧园区,全方位服务于行业发展需求和“商、仓、流”一体化发展需要。二是推行智能标准化服务。作为国家首批商品售后服务认证A级企业,新明辉始终坚持品牌精细化、信息化、标准化服务路线,借助自主研发的NEBULA星云系统,将服务细节流程化、产品解决方案标准化,质量控制标准化、售后服务流程化、仓储物流标准化以及供应链服务信息化,不断满足客户深层次服务需求。三是实行智能标准化管理。新明辉按照物流园区现场5S管理标准、仓储作业智能管理标准和ISO9001质量管理体系的要求,依托自主研发的38套信息化系统和新一代信息技术,实现对物流园区的智能标准化管理。利用数字化、智能化手段,建立区域可视化数据库,实现园区5S现场管理的信息化督察与成效评价。

十年变革图强　固本蓄力打造百年商企

（德百集团）

党的十八大以来，是全国实体零售业转型升级的关键十年，也是德百集团培固零售主业、深化多元发展、加强内功修为的十年。十年间，面对电商凶猛、零售业竞争激烈以及新冠肺炎疫情等多重因素影响，德百集团不断变革，与时俱进，借助新旧动能转换机遇，始终保持着销售收入年均15%的增长，先后荣获“中国商业企业社会责任典范奖”“中国商业改革开放40年功勋奖”“中国商业70年功勋模范企业”“全国和谐商业企业”“全国守合同重信用企业”等荣誉称号。

一、致力百货零售主业固本升级

十年间，德百集团不断巩固、完善、提高既有经营网点，百货零售主业始终成为集团发展的“压舱石”。

（一）品牌结构不断升级

十年间先后引进迪奥、香奈儿、蔻驰以及维克多、完美日记等国内外前沿、新潮百货品牌共计3000余个，每年升级品牌300余个，引进海底捞、星巴克、绿茶餐厅以及小鸡哆哆儿童剧场、阳光马术俱乐部等餐饮、娱乐项目600多家。

（二）购物环境不断升级

围绕消费者对美好生活的新需求，加速情景化、主题化的“货”“场”全面升级。从品牌经济、首店经济入手，加大诸如海尔卡萨帝、美的COLMO等新品集合店、智能体验店的引进、改造、升级力度。十年间，集团累计开设的首店、旗舰店达到1000家。集团首座大型现代购物中心澳德乐时代广场力推“首发收割机”运营模式，每年举办迪奥时尚路演展台、乐高超跑3D模型展、泡泡玛特限量款盲盒发售等首发营销活动有100余场次。重点打造以购物场景化、场景娱乐化为理念的老上海1899、欧尚小镇、新城集市主题街区，实现了传统销售场所向社交体验、家庭消费、时尚消费、文化消费中心的转变。

（三）服务质量不断升级

随着消费逐渐朝向个性化、多样化、品质化的发展，德百也在不断推出新的服务模式，十年来增设焊接首饰、巧手织补、皮鞋护理等免费服务100余项，全年不间断打造网红巡游、主题快闪、艺术品鉴以及气球雨、文化展等特色营销活动500余场次。不断融通线上线下，积极探索新技术应用，创新"社群引流"营销举措，推出手机扫码购、网络直播带货等便捷服务，打造全渠道营销场景，实现线上下单，快递到家或门店自提，满足了消费者全渠道购物需求。

二、聚力多元规模发展谋篇布局

十年间，德百坚持"主业强化稳步发展、多元业态融合发展"。

（一）发展综合商圈模式日臻成熟

自2012年德百集团首家县域"前百货、中金街、后住宅"商业城市综合体——齐河德百广场成功开业以来，先后在齐河、夏津、宁津、武城、乐陵、平原等德州县市区成功经营商业城市综合体项目，逐步摸索出了一套较为成熟的城市商圈运营模式，带动了当地商贸流通业的升级发展。如今禹城德百城市综合体尚在建设中。

（二）进军文旅融合产业初现成效

德百集团在做实做强百货零售主业的基础上，进军"文商旅农"跨界融合发展领域。

2013年11月，首个生态文旅项目——夏津德百温泉旅游小镇成功开业。依托"全球重要农业文化遗产"夏津黄河故道古桑树群这一宝贵资源，德百与吉林农业大学李玉院士团队、广东省农科院合作研发古桑产品，投资建设了国家蚕桑产业技术体系桑产品研发加工基地、古桑产业技术研究院、古桑博物馆，还成立了广东农科院夏津博士工作站，充分挖掘古桑群在"弘扬文化、带动旅游、繁荣农业"方面的深远价值。经过近十年的不懈努力，小镇已成为"带动农民致富、解决农民就业、健康人民群众、振兴乡村旅游"的支柱产业之一，使这一当地代代相传"一年吃一个土坯"沙土漫天飞的黄河故道成为一个"留住生态底色，繁荣绿色发展"的"乡村振兴齐鲁样板"工程。

2020年9月，位于德州天衢新区的"全省首批新旧动能转换优选项目"——德百奥莱广场建成开业，成为德州市首条特色商业大街。该项目将微旅游与商业元素深度融合，配套有品牌折扣店、特色小吃街、中影巨幕影城、一站式家庭游乐中心等，集购物、休闲、娱乐、社交等多重功能于一体，让市民尽享微度假式购物，为区域"繁荣夜间经济、激发消费潜力、吸引留住人才、增强城市活力"注入了新动能。

2021 年 2 月，致力于弘扬当地杂技、蟋蟀和红色文化的宁津德百杂技蟋蟀谷盛大开园。精心打造的以《大刀记》为题材展现鲁西北人民抗战革命风采的大型杂技情景剧《大刀传奇》、以弘扬中华民族传统家风家训文化为主题的古建木雕博物院、以科普教育弘扬中华玉石灿烂悠久历史文化为主线的玉文化博物馆以及欢乐童世界、杂技培训学校、生态观光园、温泉酒店、民俗商业街、康养度假区等，成为了弘扬宁津“杂技、蟋蟀文化”和“美食、工艺文化”的新亮点、新名片。

2022 年 5 月，平原德百奇石观赏园开园迎宾。该项目以弘扬奇石文化为依托，建有奇石博物馆、奇石博览园、奇石文化特色商业街、高品质颐养公寓等四大功能板块，是集奇石交易展览、休闲娱乐、康养旅游等多业态于一体的文旅项目，其具有的奇石鉴赏、奇石交易、奇石拍卖等多种功能，将为全国广大奇石收藏爱好者搭建交流展示的平台。

随着以上四大文旅项目的齐齐亮相，标志着德百“四点连线、交相呼应、带动全面”的大文旅格局的逐步形成，打造出以“乡村游、研学游、康养游”为主要内容的“一景深度游、四点多日游”的德百特色旅游模式，为构建文旅新版块实现跨界融合发展、推动实体零售转型升级积蓄强力动能。

三、夯实员工队伍建设持之以恒

十年间，德百始终坚持“两个文明一起抓，两个成果一起要”的指导思想，持之以恒做好员工队伍思想政治工作，企业风气正，员工干劲大，连续 39 年“无人员上访、无职工下岗”。

（一）以教育培训为抓手建设队伍提素质

坚持“既是商场又是商校”“全员教育培训”的理念，加强革命传统、职业道德、业务技能、清廉文化“四项”教育。十年来，组织党员职工先后走进上海中共一大旧址、嘉兴南湖、延安、井冈山、韶山等红色基地参观学习，每年组织管理人员到日本、韩国等地进行商务考察，选派职工到清华大学、浙江大学、天津商业大学等高校进修深造，到威海培训基地、夏津德百商学院进行脱产培训，同时，积极开展“全方位立功竞赛”“争当品牌服务明星”“先模团巡回演讲”等活动，全面提升职工队伍素质。集团涌现出一大批以“全国劳动模范”杨秀娟、“全国五一劳动奖章”张玉平、“全国先进女职工”高海丽、“德州工匠”何月等为代表的劳模明星。

（二）以劳模精神为导向传播企业正能量

开展“名师带高徒”“工作室联创”以及“课题组研发”等活动，发挥劳模典型带动作用，为员工搭建素质提升平台。十年间，集团各网点先后成立了以杨秀娟等榜样典型为带头人的13家劳模品牌工作室，组建了以“全国五一劳动奖状”德百家店售后服务中心为骨干的志愿服务先锋队，每年坚持开展“工作室”“先锋队”志愿服务入社区、下乡村、进企业活动300余场次，将首饰焊接、家电维修、皮肤护理等免费服务送到千家万户，每年涌现拾金不昧、助人为乐、见义勇为等好人好事数千起，赢得社会各界一致赞誉。十年来，收到锦旗数百面、感谢信千余封、表扬电话万余个。

（三）以企业文化为内核增强职工凝聚力

坚持开展“元旦文艺晚会”“文化下乡拜年”“万人健步行”“千人表彰会”“每日广播操”“每周升国旗”等集体活动以及“员工家属温泉游”“喜报送到家”“功勋员工宴”“职工子女升学庆功会”等送温暖活动，在丰富多彩的职工活动中增强文化自信，凝聚起万余职工在加快企业转型升级过程中的向心力、战斗力。

凝聚力量　积极作为　向高质量发展奋进

——持续健康发展中的临清三和纺织集团

（三和纺织集团）

三和纺织集团是纺纱、织布、印花产业链条完整的大型企业，主导产品纯棉印花面料，以出口为主，是国家高新技术企业、山东省制造业单项冠军企业，至2021年连续十年实现外贸出口3亿美元以上、连续14年纳税过亿元。一直以来，集团公司坚定“听党话、跟党走”思想，积极落实党中央决策部署和省委省政府工作要求，大力实施转型升级，提升核心自主创新能力，朝着高质量发展的方向不断迈进。同时，以三和集团为纺织行业龙头骨干的临清市被国家纺织工业联合会评为国家棉纺织行业名城、国家棉纺织蜡染名城，被商务部评定为国家外贸转型升级基地（纺织）。

一、党建引领，凝聚团队作贡献

得益于党和国家改革开放及鼓励发展民营经济的好政策，三和集团已发展成为拥有万余名职工的庞大团队，为了凝聚力量，充分发挥共产党员的先锋模范作用，更好地发展经济、造福临清，经上级党组织批准，三和集团率先在临清非公有制经济中成立党组织，目前已成为9个基层党支部、178名党员的先锋模范团队。

集团党委和工会每年组织一系列活动，激发一线职工的团队精神和劳动激情，为企业发展凝聚团结奋进的力量，推动了企业的快速健康发展。比如，印染党支部带头钻研湿布丝光机新工艺，明显改善了产品质量，并且节能10%，每年节约蒸汽6万余吨；纺织党支部从内部节能降耗做起，组织党员及技术骨干不断试验，成功推广了变频节电措施。近年来，由共产党员带头自发成立的10余个技术小组，活跃在一线车间，学习知识、查找不足，帮助解决实际问题，为企业发展默默奉献。

二、实施转型升级，夯实发展后劲

近年来，受中美贸易争端、人民币汇率和东南亚纺织行业低成本的影响，国内纺织行业面临前所未遇的挑战。首先，中美贸易争端后，美国一手炮制的“新疆棉事件”，人为设置了纺织品市场的流通障碍，增加了棉纺行业的原料成本；其次，越南、印度、巴基斯坦等东南亚国家，以较低的原料和人工成本侵蚀着国内纺织行业在国际市场的竞争力。实施转型升级，是国内纺织行业保持国际市场竞争力的唯一途径。

三和集团紧紧围绕转型升级做足文章、做好文章，进一步坚实了企业发展基础。一是高起点谋划三和纺织工业园区，园区内新建项目自动化和智能化程度达到了国内先进水平，其中纺纱车间采用国内最先进的清梳联、粗细联、细络联和纱线吊运和自动包装系统，基本实现了棉纱生产的全流程自动化，万锭用工降低50%以上，既稳定了产品质量又降低了用工成本，极大地提高了市场竞争能力。二是对原有生产工艺进行升级改造，提升产品档次，比如，先后引进奥地利齐码印花机和日本东申全自动色浆调配和输送系统，既降低了色浆损耗，又提升了对花精度，集团在非洲市场的优势地位得到了进一步的巩固和提高。

三、提升创新能力，带动整体进步和共同发展

自主创新是企业依靠技术力量实现科学发展的动力源泉，因此注重科技创新体系和科技创新能力建设是企业持续健康发展的重中之重。

技术创新体系方面，三和集团主营业务涵盖纺纱、织布、印染和服装加工多个细分领域，各生产线的工艺技术既自成体系又互相影响，集团技术中心分别成立了各版块的分支机构，指导各自的工艺技术革新、产品研发和成果推广工作，比如织造板块的浆纱技术部、印染板块的印花工艺研究室和花型设计室等。为便于技术部门的协调和主导产品的持续发展，集团还效仿先进做法成立了企业内部科协组织，三和集团科学技术协会既有以车间班组参与的集体会员，也有热心工艺技术的个人会员，会员定期召开协调会为广泛性技术问题寻求解决方法、提供研究方向，成为热心职工发挥聪明才智的舞台。

技术创新能力方面，近年来，集团完善了检测仪器和实验设备，成立了聊城市纺织染整工程实验室、聊城市纺织材料与印染工艺研究重点实验室，拥有了自棉花纤维检验至面料全部技术指标的检测实验能力。2021年，集团企业技术

中心获得省级认定，截至目前集团已获得发明专利7项、实用新型专利23项，14项成果入选国家棉纺协会节能减排技术暨创新应用推荐目录。2021年集团在原技术中心花形设计室基础上，通过引进重点人才和升级设计方式组建了聊城市印花面料设计中心，为面料产品的发展提供了新的上升空间，也进一步坚实了持续健康发展的基础。

四、担当作为，继续向高质量发展奋进

为了促进纺织产业高质量发展，集团公司通过对企业、行业、产业的全方位调研了解，撰写了《关于加大力度鼓励纺织产业高质量发展的建议》，阐述了我省纺织行业的基础优势和转型升级面临的实际困难，建议将纺织行业视同“十强产业”对待。三和集团是这样想的，也是这样做的。2020年，作为聊城纺织行业的龙头企业，三和集团发起成立民办非营利性的聊城市纺织服装产业研究院，期望通过对产业政策的研究、工艺技术成果的转化和专业基础人才的培养服务，带动行业的整体提升和共同发展，充分展示了三和人促进共同发展的担当作为。

当前，国际经济环境发生了根本性变化，逆全球化思维蔓延，企业发展的外部环境不确定性增强，三和集团制定了今后的主攻方向，继续向高质量发展奋进。建设涡流纺智能工厂项目，利用先进的工艺技术、向更高端的生产方式转变；探索建设品牌服装项目，通过延伸产业链条，赋予“三和”品牌更深、更广的产业内涵。

踏入新时代，三和集团将继续坚定“听党话 跟党做”的信心和决心，坚定贯彻高质量发展新理念，统筹做好疫情防控，持之以恒地推动动能转换，坚守实业，敢于创新，以实际行动迎接党的二十大胜利召开。

立足区域特色　聚合创新要素　打造产业电商赋能区域实体经济发展新模式

（天华电商产业园）

天华电商产业园是集网商孵化、电子商务、创业培训、新媒体广告、线下体验、仓储物流、分拨配送及综合配套为一体的多功能、全要素电商产业园区。项目自2015年3月启动升级改造建设，现已集聚电商、物流、快递及各类创客团队440家，吸纳从业人员1.5万人。现已成为菏泽市电商发展和“双创示范”的重要载体；被评为国家电子商务示范基地、国家广告产业园区、省级创业示范园区、省级电子商务示范基地，国家科技部通过备案的服务性众创空间等称号；成为了菜鸟全国首个“县域智慧物流＋示范园区”，顺丰、“三通一达”、邮政等快递企业全部集聚园区，被评为山东省5A级电商物流园区。

一、腾笼换鸟，旧厂房“变身”新平台

2015年初，天华集团积极响应市区委党委和政府大力发展电子商务的号召，对原有闲置厂房升级改造，在短短6个月时间，建设电商大楼、创业孵化中心、展览展示中心、众创空间、千县万村市级服务中心、仓储物流、分拨配送中心等，创造了适合电子商务发展的空间和平台，形成了以电商培训、网商孵化、电商交易、电商视觉、新媒体推广、线下体验、仓储物流、分拨配送及综合配套为一体的功能、要素齐全、配套完善的电商产业园区。引进物流快递商家和电子商务产业链上下游企业，形成产业的有效聚集，开启了以电子商务带动的菏泽现代服务业集群的初步形成。

二、强化平台建设，构建电商发展生态圈

一是突出双创孵化。园区建设了30000平方米的众创空间和3200平方米的创业孵化基地，第一年实行了免房租、免装修、免费使用办公家具、免网络费、免水电、免空调及取暖费、免物业费、免费培训及资金支持等“八免一扶持”优惠

政策，吸引了一大批网商、创意设计、新媒体推广及各类创业团队入驻。同时，组建成立商学院，与山东工艺美院、山东交通学院、菏泽学院等高等院校签署产学研合作战略，推进创意设计、新媒体广告、电子商务和现代物流等领域的互动发展。目前已举办创业培训班 200 期，培训学员 6 万人，为园区企业输送美工、设计、客服、物流等人员 1800 人。

二是突出平台建设。为促进企业发展，从创意空间、展示体验、相关服务、工作生活的环境以及交流激发新创意等方面最大潜力发挥人的主观能动性。着重搭建了政务服务、展示展览交易、专业培训和人才培养、投融资服务等为核心的多元化公共服务平台和以摄影基地、云计算和集群渲染、图形工作站、数字录音棚等为核心的专业技术服务平台，并提供优厚的产业扶持政策，助推电商产业发展。同时，引进全国领先的服务众包平台——猪八戒网，为创业者提供一站式的企业全生命周期服务；首批跨境电商试点企业之一的大龙网落户园区，为跨境 B2B 电商提供跨境实业互联服务平台。

三是搭建电商支撑体系，构筑电商发展生态闭环。园区从角色、功能、产业、服务四个维度入手，在平台支撑、人才培养、资源对接、供应链整合、产业培育等方面构建了电商发展的生态闭环。首先，成立了优博商学院，加快电商人才培训。其次，将广告与电商有机结合，引入广告产业，实现新媒体广告、策划设计、摄影美工、第三方服务企业等与电商产业融合发展和协同创新。再次，在电商园区的基础上，投资 4 亿元建设物流产业园，主要建设了 8 万平方米的物流快递分拨中心，2.6 万平方米的仓储中心，6 万平方米的大型停车场，引进了 122 家物流快递企业，顺丰、“三通一达”、邮政等快递企业全部集聚园区。整合了物流快递资源，通过物流、快运、快递有机结合，极大降低了运输成本，通过菜鸟网络，实现了最初一公里与最后一公里的畅通。目前已成为鲁苏豫皖交界处规模较大的仓储物流集散地和分拨配送中心。最后，在与阿里、腾讯、猪八戒网等深度合作基础上，积极对接京东、唯品会、拼多多、一号店等大型平台，整合供应链，为入园企业嫁接更多资源，助推入园企业成长。

三、平台赋能，催生优势产业蝶变

一是带动了传统企业及产业转型升级。通过园区的集聚赋能，电子商务的迅速发展，帮助更多企业打通线上销售渠道，直接带动了牡丹、山药、芦笋、沙土瓜子等农副产品、家纺、演出服及家具企业、产业的转型发展。2015 年 10 月 19

日“淘宝特色中国菏泽馆开馆大促活动”，一天半时间，仅农副产品网上交易额达500万元。

二是促进文化旅游产业发展。建设了6400平方米的特色菏泽馆，汇集菏泽市八县三区名优特产，重点展示和推广菏泽丰富的农特产品、风味土特产、老字号、手工艺品和特色旅游产品，自2015年开馆以来，接待各类参观活动7200场次，参观人数达8.1万人次，菏泽馆作为菏泽特色鲜明的城市名片，集中了菏泽本地名优特产，不但实现了线下产品展示体验与线上销售的融合发展，而且成为菏泽地方特色旅游景区之一，让更多前来参观的人真正能够体验菏泽乡土风情以及特色文化产业。

三是延长产业链，助推实体经济发展。在园区电商引擎带动下，按照“园区＋基地”的电商发展模式，(即“园区网络销售”＋“标准化生产基地”)，进一步延伸了产业链。一方面，实施“互联网＋家纺”战略，倾力打造品牌家纺电商，利用电商园区集聚赋能，培育了牡丹家纺，在园区电商带动下，胡集镇建设了2万平方米生产制造基地，整合推进互联网与家纺实体经济、实体商贸深度融合、一体发展。另一方面，实施“互联网＋家居”，以电商销售为依托，投资建设了天荣家居工业园区，目前已入驻各类生产性企业30余家，初步形成了集家居生产、销售、生产制造、生产性服务及综合配套为一体的综合园区，带动牡丹区吴店镇张楼、孟庄、卞庄、大刘庄等周边30余个村庄4000余人就业，极大地解决了菏泽本地扶贫、就业、返乡创业、农村剩余劳动力等社会问题。在有效解决了电商产品标准化供应的同时，带动了整个产业转型升级。吸引林氏木业、源氏木语等TOP前100家具企业前来参观订货，吸引更多优质的电商从仓储、客服等落户园区，实现产业的集聚。

天华电商产业园通过电商生态的集聚赋能，在培育网商迅速壮大带动服务业转型发展的同时，积极探索并实践了“电商＋实业”(线上＋线下)、“园区＋基地”的区域产业电商发展新模式。未来，将以新一代信息技术为核心手段，与阿里巴巴集团、腾讯、猪八戒网、大龙网等深度合作，通过多元化的公共服务平台和专业化的技术服务平台，打造以电子商务为引擎，以创新创业及新媒体广告为驱动、物流快递业为主体、加工基地为后盾、其他配套服务业为支撑的现代智慧经济产业集群。